U0123664

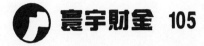

寰宇財金 105

史瓦格
期貨技術分析

（上）

Schwager on Futures
Technical Analysis

Jack D. Schwager　著

寰宇財務顧問公司　譯

John Wiley & Sons, Inc.

New York · Chichester · Brisbane · Toronto · Singapore

Schwager on Futures Technical Analysis

by Jack D. Schwager

AUTHORIZED TRANSLATION OF THE EDITION PUBLISHED BY JOHN WILEY & SONS, New York, Chichester, Brisbane, Singapore AND Toronto. No part of this book may be reproduced in any form without the written permission of John Wiley & Sons Inc.

Copyright © 1996 by Jack D. Schwager
All Rights Reserved

前 言

　　成功的交易不能濃縮成爲一種簡單的指標、公式或系統——這正是許多書籍與廣告所宣稱的功能。本書是由交易者的角度撰寫，不準備根據一些理想化的範例來提供另一套分析技巧、指標或系統。

　　本書在解釋各種分析技巧與方法的過程中，永遠記住一些其他書籍經常忽略的關鍵問題：相關的方法如何套用在實務的交易？它們適用於或不適用於實際的交易？如果某套方法失敗，將會產生什麼後果？如何設計與測試交易系統，如此才能將未來——而不是過去——的績效最大化？

　　這是一本實用的書。我曾經利用書中的方法建立一套非常成功的交易方法——沒錯！賺取真正的鈔票。若是如此，我爲什麼願意與大家分享呢？套用一個比喻，我僅是提供一些工具，而不是一份建築藍圖——這必須由讀者自行設計。我相信讀者如果對於技術分析的態度很認真，應該可以體會個人努力的重要性，而本書也確實可以提供助益。

傑克·史瓦格

紐約，紐約
1995 年 10 月

謝 辭

　　在進入期貨界的早期階段，我是一位純粹的基本分析者，完全排斥技術分析——或許需要補充說明一點，這種看法是直覺的認定，而不是來自任何的知識或經驗。當時，我在一家大型經紀商負責研究的工作。部門中的一位研究員是技術分析者，而我開始發覺一些奇怪的現象：他經常可以正確判斷行情的發展。稍後，我們成為好朋友，他教我一些基礎的圖形分析觀念。隨著經驗的累積，我對於技術分析的看法有了 180 度的大轉變。這位首先引導我瞭解技術分析，並改變我整個專業生涯的朋友是 Steve Chronowitz。如果沒有 Steve，這本書可能永遠不會存在。

　　過去七年以來，我最密切的工作夥伴是 Louis Lukac，他與我共同服務於一家商品交易顧問公司。Louis 不僅是一位極端高明的程式設計師，而且非常擅長系統設計與測試。這些年來，我設計的系統都是由 Louis 轉化為電腦程式，並協助我將這些系統結合成為複雜的電腦化交易方法。如果沒有 Louis，我絕對沒辦法眼見自己的觀念實現於交易之中，並獲取金錢的報酬。

　　本書所涵蓋的範圍相當廣泛，我在某些領域內的專業知識並不能讓自己滿意，於是我邀集一些專家共同完成某些章節的內容。這些專家與主題包括：Tom Bierovic（擺盪指標）、

Richard Mogey（循環分析）與 Steve Nison（陰陽線）。

　　雖然前述的這些幫助都很重要，但我希望對我的妻子 Jo Ann 致上最大的謝意。她瞭解我撰寫這一系列書籍的需要——甚至應該說是慾望——將內心的想法轉化為實際的文字。我感謝她對於這項計劃的支持，雖然她完全瞭解這將嚴重影響我們共處的時間與家庭的活動。最後，我也希望感謝我的小孩 Daniel、Zachary 與 Samantha，容忍我經常不能與他們相處在一起。

除非特別說明，否則本書的圖形都是由 Prudential Securities Inc. 提供。

傑克•史瓦格

目 錄

上 冊

第 I 部分：圖形分析

第 II 部分：圖形分析的實務運用

下　冊

第 III 部分：擺盪指標與循環

第 V 部分：交易實務指引

第 I 部分

圖形分析

❖ 1 ❖　　圖形：預測工具或傳統迷信？

普通常識並不普通。

伏爾泰

　　這是一段關於某位投機者的故事，他希望成為真正的贏家，每次的挫折都更強化成功的欲望。最初，他把交易決策奠定在基本分析之上，根據各種供／需的統計數據建立複雜的價格預測模型。不幸地，模型的每次預測總是被一些突發事故干擾，例如：乾旱或意外的出口。

　　受盡挫折之後，他終於放棄基本分析而改用圖形分析。他鑽研各種價格走勢圖，試圖尋找必然成功的神秘排列。首先，他發現鯊齒狀的底部型態與神殿頂的頭部排列。可是，一旦他根據這些型態進行交易時，這些不曾出差錯的排列就不再有效。當他進場放空，頭部型態僅不過是多頭行情的修正。同樣地，那些看起來強勁無比的上升趨勢，一旦他進場做多之後就反轉了。

　　「問題的癥結是圖形分析太不精確，我需要一套電腦化交易系統。」這是他評估的結論。於是，他開始測試許多交易

法則，嘗試尋找過去始終有效的交易系統。經過深入的研究之後，他發現在每個奇數天數月份的第 1 個星期四買進豬腩、可可與歐洲美元，並在同一月份的第 3 個星期四平倉，這套方法在過去 5 年以來提供可觀的獲利。當然，這套萬無一失的方法也免不了失敗的結果。運氣壞透了。

這位投機者又嘗試許多其他的方法——艾略特波浪、費伯納西數列、甘氏方陣與月亮循環——結果還是一樣不靈。這個時候，他聽說遙遠的西馬拉雅山中有一位著名的大師，他有求必應，可以回答信徒的任何問題。於是，這位交易者搭著飛機前往尼泊爾，僱用嚮導而展開 2 個月的朝聖旅程。最後，他終於找到這位著名的大師。

「請問智者，」他說道，「我深受挫折。多年以來，我一直希望尋找交易的成功之道，但任何的嘗試都失敗了。請問成功的秘訣究竟是什麼？」

稍做沉思之後，這位大師緊盯著訪客而說道，「BLASH。」然後就一言不語。

「BLASH？」交易者完全不瞭解這是什麼意思。他費盡心思也猜不透其中的涵義。於是，他又不斷重覆自己的經歷，但大師的回答都相同，直到旁聽者解釋其中的意義。

「很簡單，大師是說『買低賣高』（*Buy Low And Sell High*）。」

如果讀者希望知道交易的成功秘訣，對於大師的回答恐怕不會滿意。BLASH 不足以讓我們滿意，因為這僅代表普通常識。可是，正如伏爾泰所說的：「普通常識並不普通」，而且也不明顯。舉例來說，不妨考慮下列的問題：當市場創新高之後，這有什麼交易意涵？「普通常識」的 BLASH 理論一定認為，後續的交易行為應該站在空方。

絕大部分的投機者可能都會認同這種解釋，或許是因為 BLASH 的方法符合大部分交易者希望展現其精明反應的欲望。畢竟來說，任何的傻子都可以在行情長期上漲之後買進，但唯有天才纔能夠逆勢在頭部放空。總之，任何的交易觀念都很少像「低價買進／高價賣出」這麼符合直覺的訴求。

因此，當行情創新高價之後，許多投機者都有強烈的放空意圖。這種方法僅有一點瑕疵：無效。我們很容易說明其中的道理。價格走勢必須有強勁的力道才足以創新高價，而這股力道經常會繼續推高價格。普通常識？當然。可是，請注意，其中的交易意涵恰好與「普通常識」的 BLASH 理論相反。

前述說明所希望表達的重點是：我們對於市場行為的許多普通常識並不正確。圖形分析是培養交易常識的一種方法，雖然實際取得這方面的知識並不簡單。舉例來說，如果某人在進行交易之前曾經深入研究歷史的價格型態，明瞭行情創新高的可能後續發展，他就可以避免觸犯直覺上的錯誤。同理，其他的市場真理也會反映在歷史的價格型態中。

可是，我們必須瞭解，圖形分析是否能夠有效顯示未來

的價格方向，這是一個極具爭議性的問題。這裡不打算列舉贊成與反對的意見，僅引用一段電視上有關金融市場的訪問，藉以凸顯爭論的重點所在。對話的過程如下：

主持人： 大家好。我是《華爾街每週評論》的路易士•旁觀者。今天的節目稍有不同，我們不打算訪問某個人，而希望舉行一場辯論，探討商品價格圖形的有效性。那些歪七扭八的線條是否真的能夠預測未來？或者，正如莎士比亞對於人生的描述一樣，圖形分析僅不過是「...白痴敘述的一段故事，充滿噪音與憤怒而沒有任何意義」？今天有兩位來賓，一位是信心•趨勢女士，她是華爾街著名的技術分析師，另一位是「象牙塔大學」的菲力普•銅板教授，他也是《擊敗市場的唯一途徑——成為經紀人》一書的作者。銅板教授是屬於一個稱為「隨機漫步者」的組織成員。這是不是一種高級知識分子的俱樂部，利用投擲飛鏢來決定一切？（他面對鏡頭露出一絲惡意的笑容。）

銅板教授： 喔，不是這樣，旁觀者先生。「隨機漫步者」是代表一群經濟學家，他們認為市場價格變動具有完全隨機的性質。換言之，預測市場價格的任何系統，其效力頂多像是設計一套系統來預測輪盤所將出現的顏色順序。這兩個事件都僅能夠由純粹的機率來解釋。價格沒有記憶力，昨天發生的一切都與明天沒有關係。這也就是說圖形僅能夠告訴你過去所發生的情況；它們

完全不具備預測未來的功能。

趨勢女士： 教授，你忽略一個很重要的事實：每天的價格都不是由帽子中變出來的，它們是市場參與者集體行為的結果。人類的行為雖然不同於行星的運轉，不能夠由物理法則來精確預測，但也絕對不是純粹的隨機事件。否則的話，你的專業領域——經濟學——也免不了踏上煉金術的命運。（聽到這個比喻，銅板教授似乎有些坐立不安。）圖形可以把人類行為的基本模式反映在價格型態之中。只要買／賣雙方產生類似的互動行為，就會產生類似的價格型態，過去確實可以用來預示未來。

銅板教授： 如果過去的價格有助於預測未來的價格，為什麼無數的學術測試報告都顯示技術法則的績效不優於買進／持有的策略？這當然需要把交易佣金考慮在內。

趨勢女士： 這些研究報告中所採用的法則都過度簡化。學術報告僅能夠證明某種特定的法則無效。它們不能證明更具綜合性的價格資訊——例如：圖形分析或更複雜的交易系統——都無助於擬定交易決策。

銅板教授： 如果是這樣的話，為什麼沒有任何學術報告可以明確顯示圖形分析是一種有效的預測工具？

趨勢女士： 你的論證僅反映出圖形理論量化上的困難，而不足以指出圖形方法本身的缺失。某個人認定的頭部排列，可能是另一個人的密集交易區。

除非是最單純的型態，否則任何由數學方法界定的圖形排列，其中都免不了武斷的成分。請注意，任何特定的圖形都可能同時顯示相互矛盾的型態，這個事實或許有助於釐清一些混淆。所以，就某種角度來說，很多圖形理論都不可能接受客觀的測試。

銅板教授： 這是很方便的藉口，不是嗎？如果這些理論不能接受嚴格的測試，那還有什麼用？你如何知道圖形交易的成功機率高於 50 / 50——這是指在考慮交易佣金之前？

趨勢女士： 如果你的意思是說，盲目相信圖形的每個訊號，僅能夠讓經紀人致富。我不反對這種說法。可是，我的論點是：圖形分析是一種藝術而不是科學。熟悉基本的圖形理論僅是交易成功的起點。圖形的真正用途取決於個別交易者的能力，換言之，他如何結合個人的經驗與圖形的觀念。對於真正的好手來說，圖形可以有效預測未來的主要趨勢。事實上有很多成功的交易者，他們完全仰賴圖形分析來擬定交易決策。你怎麼解釋他們的成功——純粹的巧合？

銅板教授： 沒錯，正是如此，純粹的巧合。只要交易者的人數夠多，總有一些人會成為贏家，不論他們的交易決策是來自於圖形分析，或是在行情表上擲飛鏢。重點不在於方法，這一切都是反映機率法則。即使是在賭場，總是有某個百分率的賭客會成為贏家。你不能把他們的成功歸因於任何的技巧或系統。

趨勢女士：　這僅能證明某些圖形分析者的優越績效可能來自於巧合，但不能反證高明的圖形分析者不能透過某種知識而掌握優勢。

主持人：　我發覺這些討論遭遇相當大的壓力，或許我們應該取得一些支撐。你們是否帶來任何的證據可以支持相關的論點。

銅板教授：　當然！（銅板教授由手提箱裡拿出一疊資料，塞到旁觀者先生的手中。主持人順手翻閱這些資料，當他看見一大堆希臘字母時，僅能苦笑而搖搖頭。）

主持人：　我想這可能涉及太高深的數學。即使是教育性的電視節目恐怕也不適合處理。

銅板教授：　我還有另一份資料。（他抽出一張紙，交給趨勢女士。）請問妳如何解釋這份走勢圖？（臉上忍不住露出笑容。）

趨勢女士：　我想這是由投擲銅板而繪製的圖形。正面向上，反面向下，大概就是如此。

銅板教授：　（臉上的笑容消失而眉頭皺在一起。）妳怎麼知道？

趨勢女士：　隨便猜的。

銅板教授：　好吧！可是這並不妨礙我的論點。看看這份走勢圖。這裡是趨勢，而這裡不就是你們所謂的

「頭肩排列」？）

主持人：　談到頭肩排列，不知道你們對於 Procter & Gamble（寶僑）有什麼看法？ ❖

銅板教授：　（繼續。）你們在價格圖形中所強烈認定的型態也發生在隨機數列之中。

趨勢女士：　沒錯，但這種推理方式會造成一些荒謬的結論。舉例來說，大多數經濟學家擁有比較高的學歷，你是否同意這並不是巧合。

銅板教授：　當然。

趨勢女士：　如果一個隨機抽樣中包含一些高學歷的人，你是否因此而認定經濟學家擁有高學歷是一種巧合。

銅板教授：　可是，我還是看不出來價格走勢圖與我這份隨機圖形之間有什麼差別？

趨勢女士：　你看不出來？你看這份圖形是否是隨機方式繪製的圖形？（趨勢女士拿出 1980 年 7 月份白銀契約的走勢圖——請參考圖 1.1）。教授

銅板教授：　喔！不太像，但...

❖ 譯按：頭肩排列的英文名稱「head and shoulders」與 Procter & Gamble 出產的洗髮精「海飛絲」同名。

圖 1.1

1980 年 7 月份白銀契約

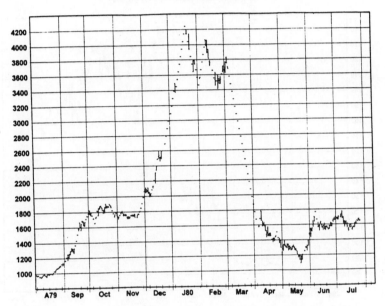

主持人： 不是每份白銀走勢圖都有這麼明顯的趨勢。

趨勢女士： 這又如何。（她拿出 1994 年 12 月份咖啡契約的
走勢圖——請參考圖 1.2）。我可以提出無數的
例子。

主持人： （針對銅板教授說道。）趨勢女士看起來很會
挑選例子。你是否可以反駁她？

銅板教授： 我認為這都是非常極端的例子，但它們還是不
能證明過去的價格可以預測未來的價格。

圖 1.2
1994 年 12 月份咖啡契約

主持人： 在節目結束之前，我希望討論另一個話題。請
問你們對於基本分析的看法如何？

銅板教授： 嗯，他們比圖形分析者稍微高明一點，因為他
們至少還解釋價格為什麼發生變動。可是，就
預測價格來說，我認為他們也一樣無能為力。
在任何特定時間，市場都已經反映全部已知的
資訊，所以根本不可能預測價格，除非你能夠
預知不可知的未來發展，例如：乾旱或出口禁
運。

趨勢女士：　首先，我希望說明一點，圖形分析者之所以忽略基本面的資料究竟有什麼意涵。事實上，我們相信價格圖形中已經反映所有基本面與心理面的淨影響，並提出明確的結論。反之，一個精確的基本面模型——如果可能建立的話——必定非常複雜。另外，我們還必須估計預測期間內的基本面資料，所以這類的價格預測非常容易產生誤差。

主持人：　所以，你們兩位都同意基本分析者將無能爲力。

趨勢女士：　是的。

銅板教授：　是的。

主持人：　很好，我們至少達成一點共識。今天晚上的節目也在此告一段落。

就某個層面上來說，「隨機漫步」與圖形分析之間的爭議永遠不可能解決。請注意，我們不可能證明價格變動的隨機性質；頂多僅能夠證明某種價格型態不存在。由於我們不能由嚴格的數學角度界定許多價格型態，所以這些型態是否代表有效的價格指標，這個命題既不能被證明爲成立，也不能被證明爲不成立。

舉例來說，我們希望測試下列的論點：價格向上突破交易區間代表有效的交易訊號。首先，我們必須定義何謂「交易區間」與「向上突破」。假定我們採用下列的定義：（1）**交易**

區間是指過去 6 個星期以來每天價格變動所涵蓋的區間，而任何的價位都不得超過期間中位數的±5%　[1]；向上突破是指收盤價向上超越 6 個星期的交易區間。根據這個明確的定義，我們雖然可以測試價格突破交易區間的訊號有效性，但恐怕有很多人不能認同前述的定義。拒絕的理由可能是：

1. 價格區間太窄。

2. 價格區間太寬。

3. 6 個星期太長。

4. 6 個星期太短。

5. 定義太過嚴格，不允許任何一天的價格脫離價格區間，大多數的圖形分析者都認為這類的短暫偏離不會改變基本的型態。

6. 沒有考慮價格區間形成之前的趨勢方向——大多數圖形分析者都會考慮這個因子，然後才能判斷向上突破的有效性。

7. 唯有當收盤價超越區間上限的某個最低程度（舉例來說，價格的 1%），才能視為有效的突破。

8. 收盤價必須連續幾天站在交易區間之上，才能視為是有效的突破。

9. 測試突破訊號的有效性，應該考慮時間落差；舉例來

---

[1] 我們採用這個價格的最大波動範圍，主要是為了避免交易區間被定義得太寬。

說，在最初穿越區間的一個星期之後，價格是否仍然位在區間之上？

這幾點僅代表前述假設性定義的一部分反對理由，而且交易區間的突破僅是最基本的價格型態。如果我們考慮比較複雜的型態，例如：頭肩排列的確認，相關的定義與反對意見恐怕更多。

反之，圖形分析者也不可能贏得這場論戰。雖然圖形分析是建立在普遍性的理論之上，但實際的運用則有賴個人的解釋。某位圖形導向的交易者或許確信他的成功是來自於圖形分析，但「隨機漫步」的支持者則認定他的成功是機率法則的結果，因爲全然透過隨機方式進行交易也會產生某一百分率的贏家。總之，這場論戰絕對不會有明確的結論。

另外，請注意，即使這場爭論不會有結果，但隨機漫步與圖形分析未必代表必然衝突的看法。我們或許可以這麼說，市場價格可能呈現長期的隨機波動，中間偶爾夾著非隨機的行爲。所以，即使價格數列基本上是呈現隨機的性質，但某個期間之內還是可能出現明確的型態。圖形分析者的工作就是辨識這些期間（換言之，主要的趨勢）。

現在，我必須說明我自己的立場。個人的經驗讓我相信圖形是一種珍貴——如果不是不可或缺的話——的交易工具。可是，這種看法並不能證明什麼。隨機漫步的支持者可能認爲我的結論是來自於選擇性的記憶——換言之，傾向於記憶圖形分析的成功案例而遺忘失敗的情況——或純屬運氣。這種解釋

或許沒錯。

　　重點是：每位交易者都必須自行評估圖形分析的有效性，並達成自己的結論。可是，我希望在此強調一點，許多成功的交易者認為圖形分析是一種非常值得參考的工具，所以初學者如果直覺上認定這種方法不可行而拒絕深入研究，請各位三思。以下將列舉圖形分析方法主要的潛在效益。請注意，即使圖形不能用來預測價格，下列的許多效益還是存在。

1. 圖形可以提供簡潔的價格歷史資料——這是任何交易者都必須掌握的資訊。

2. 圖形可以讓交易者體會價格的波動程度——這是評估風險的重要考量。

3. 圖形對於基本分析者非常重要。長期的價格走勢圖可以讓基本分析者迅速掌握主要的價格走勢期間。觀察這些期間內的基本面條件或相關事件，藉以辨識價格的主要影響因子。然後，運用這些資料來建立價格預測或解釋模型。

4. 即使交易者是根據其他的資訊擬定交易決策（例如：基本分析），還是可以透過圖形設定進／出場的時間。

5. 圖形是一種資金管理工具，協助建立合理的停損點。

6. 圖形可以反映市場的行為，而市場行為具有高度的重覆性質。某些有經驗的交易者，可以由圖形中察覺一些徵兆，藉以判斷未來的價格走勢。

7. 瞭解圖形解釋上的普遍概念，這是發展技術交易系統

的必要知識。

8. 在某些情況下，針對傳統的圖形訊號進行反向的操作，這往往是非常有利可圖的交易機會。第 11 章將深入討論這點。

　　總之，不論交易者對於圖形分析的看法如何，深入研究都應該有些收穫。第 I 部分的剩餘各章，將介紹與評估傳統圖形分析的主要概念，並處理一個最重要的問題：如何運用圖形而成為有效的交易工具。

❖ 2 ❖ 繪圖方法

瞭解風向不需仰賴氣象分析。

Bob Dylan

長條圖

長條圖（bar charts）是最常用的一種繪圖方法。在長條圖中，每天的價格是以垂直線段來表示，涵蓋最低價與最高價的區間，收盤價則以一個小橫劃來表示。圖 2.1 就是 1995 年 3 月份黃豆契約的長條日線圖。

一般的交易最常採用日線圖，但較長期間的走勢圖有助於擴大視野。這些較長期間的長條圖（例如：週線圖與月線圖）完全類似於日線圖，垂直線段是代表相關期間內的價格區間，小橫劃代表該期間的收盤價。圖 2.2 是黃豆期貨價格的週線圖，方框內的部分對應圖 2.1 的期間。圖 2.3 是黃豆期貨的月線圖，小方框與大方框分別對應圖 2.1 與圖 2.2 的期間。

配合採用日線圖、週線圖與月線圖，可以產生遠、近對照的效果。月線圖與週線圖可以提供較寬的視野，適合判斷較

圖 2.1
長條日線圖：1995 年 3 月份黃豆

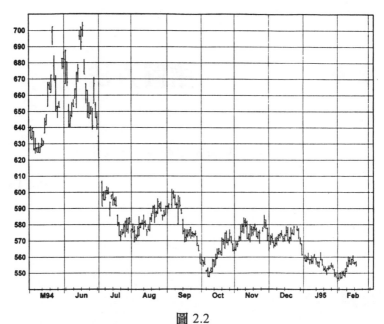

圖 2.2
長條週線圖：黃豆（最近月份期貨）

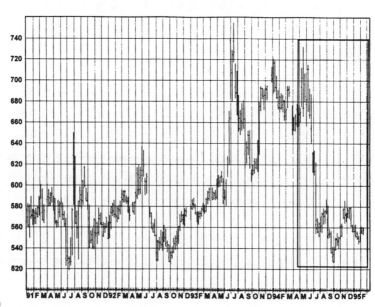

20

圖 2.3
長條月線圖：黃豆（最近月份期貨）

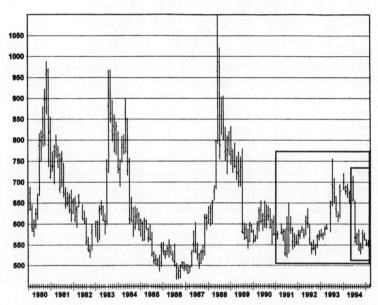

長期的潛在趨勢。然後，利用日線圖決定交易的時機。如果長期的技術面非常明確，當交易者觀察日線圖時，已經有非常強烈的立場。舉例來說，如果他認為月線圖與週線圖中正在形成長期的頭部，就僅會在日線圖中尋找賣出的訊號。

　　日線圖與週線圖所提供的景觀可能截然不同。舉例來說，1995 年 3 月份白銀的日線圖顯然呈現空頭的頭部排列（圖2.4）。可是，白銀週線圖（圖 2.5）卻提供完全不同的觀點。雖然 1993~1994 期間看起來還是做頭的走勢，但也顯示價格已經接近長期的歷史低點，而且 1991 年初到 1993 年初之間形

圖 2.4
日線圖的觀點：1995 年 3 月份白銀

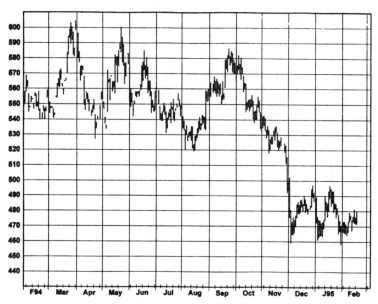

圖 2.5
週線圖的觀點：白銀最近月份期貨

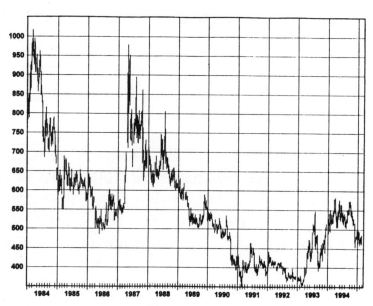

成一個相當堅實的底部。因此，雖然兩份圖形都有短期的空頭意味，但週線圖強烈暗示下一波的跌勢可能代表主要的買進機會，日線圖中卻完全沒有這類潛在的多頭訊號。總之，較長期走勢圖對於價格型態的解釋，可能截然不同於日線圖；所以，我們必須同時觀察這兩種不同時間架構的圖形。

銜接契約系列：
最近契約與連續契約的比較

週線圖或月線圖所涵蓋的期間相當長，通常必須採用一系列的契約。銜接不同到期月份的契約，一般是採用最近交割月份的方法（nearest futures approach）：持續繪製最近交割月份契約的價格；換言之，當某最近交割月份契約到期之後，**繼續**採用原本次一交割月份而當時成為最近交割月份的契約。可是，請注意，採用這種方法繪製價格走勢圖，將會因為契約銜接之間的價格缺口而產生扭曲。

圖 2.6 可以清楚顯示這類扭曲的影響。請注意，價格基本上是呈現整理的走勢，但每隔三個月就會出現單週的突兀漲勢。在整段期間內，歐洲德國馬克是否每隔三個月就會出現某種多頭的事件？事實上，這種定期出現的單週「漲勢」並不代表真正的價格上漲，這是因為最近交割月份到期而改採用次一交割月份契約時，價格將反映遠月份契約的溢價（在這段期間內，遠月份契約始終呈現溢價）。

圖 2.6
歐洲德國馬克最近契約週線圖：價格扭曲

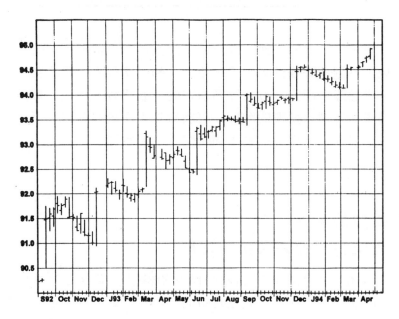

圖 2.7
歐洲德國馬克連續契約週線圖：反映淨值的波動

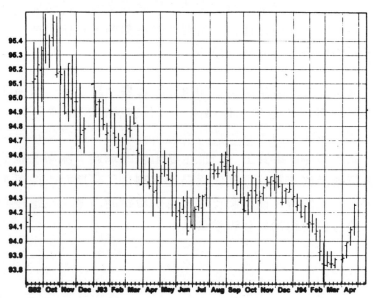

　　事實上，在圖 2.6 所涵蓋的期間內，如果交易者持有**多頭**部位而在契約瀕臨到期之前持續展延爲次一交割月份的契約，部位將發生虧損。所以，就這個角度來說，價格是處於跌勢之中。圖 2.7 可以凸顯這個事實，它是根據連續契約繪製圖 2.6 中的價格走勢。（連續契約走勢圖中的價格擺動，將精確反**映****繼**續持有多頭部位的淨值波動，本章稍後會解釋連續契約的定義。）如果交易者繼續持有多頭部位，他不能實現圖 2.6 中定期出現的價格漲勢，因爲契約平倉之後將取代爲價格較高的次一月份契約。這種每隔三個月發生一次的價格漲勢，實際上是一種並不存在的幽靈價格跳動。

　　由於最近契約價格走勢圖中存在嚴重的扭曲，完全不能精確反映交易者實際持有部位的結果（請參考圖 2.6），所以我們必須考慮其他的方法來銜接不同到期月份的契約。連**續期**貨契約走勢圖（continuous futures chart）就不會產生前述的缺點。

　　連續契約是銜接一系列相鄰的月份契約，其銜接方式可以消除契約展延時的價格跳動。雖然連續契約可以精確反映**價**格的擺動，但連續契約走勢圖中的過去價格並不等於實際上發生的歷史價格水準。（反之，最近契約走勢圖可以精確反映**實**際上發生的價格水準，但不能反映價格的擺動。）究竟應該採用那一種價格數列，這取決於其用途何在。如果希望知道過去實際發生的價格，應該採用最近交割月份契約的價格走勢圖。如果希望知道部位淨值的演變，應該採用連續契約繪製的**價格****走勢圖。關於這方面的細節討論，請參考第 12 章。**

收盤價走勢圖

收盤價走勢圖是僅根據收盤價繪製的圖形，沒有顯示最高價／最低價的資料。某些價格數列僅適合採用收盤價走勢圖，因爲盤中價格不易或無法取得。讓我們舉兩個例子。圖 2.8 是現貨價格的走勢圖，圖 2.9 是價差走勢圖（spread chart）。（價差走勢圖顯示兩種契約之間的價格差值。）

圖 2.8

現貨價格走勢圖：小麥

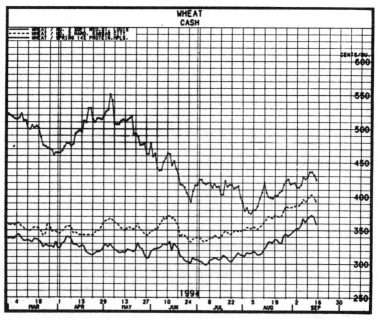

資料來源：翻印經過許可，© 1995 Knight-Ridder Financial, 30 South Wacker Drive, Suite 1810, Chicago, Illinois 60606。

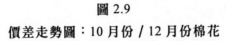

圖 2.9
價差走勢圖：10 月份 / 12 月份棉花

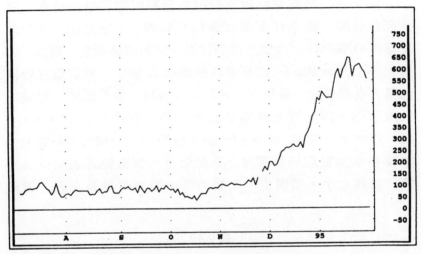

資料來源：FutureSource；© 1986-1994; 版權所有。

　　即使高／低價的資料存在，某些交易者還是偏好採用收盤價走勢圖，因爲這類的圖形顯得比較清晰。根據他們的觀點，高／低價僅會構成視覺上的妨礙。當然，收盤價是最重要的價格資料，這一點絕對無庸置疑。可是，很多價格型態必須參考高／低價的資料；所以，是否應該完全忽略這方面的資料，最好三思而後行。另外，大部分的現成圖形都是採用長條圖的格式，收盤價走勢圖相對難以取得。

圈叉圖

圈叉圖的特質是將所有的價格資料視爲連續的流量，完全忽略時間。圖 2.10 是圈叉圖的一個例子，它是由一系列的 X 欄與 O 欄構成。每個方格都代表一定的價格刻度，稱爲「方格大小」（box size）。如果當時是處在 X 欄中，只要價格繼續上漲，就繼續向上繪製 X，藉以反映價格上漲的幅度。可是，如果價格下跌，而且跌幅等於或大於「反轉大小」（reversal size，通常是方格大小的某個倍數），就換到次一欄向下繪製 O。繪製 O 的個數取決於價格下跌的幅度，但根據定義至少必須等於反轉大小。習慣上，O 欄的第一個 O 是繪製在前一欄最

圖 2.10

圈叉圖：1995 年 3 月份公債

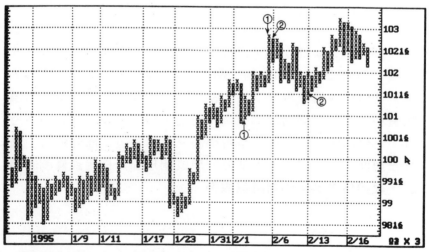

資料來源：CQG Inc.; copyright © 1994 by CQG Inc.

高 X 的低一格。當價格向上反轉時，也做類似的反向處理。
每個方格的刻度與反轉的格數可以任意設定。

　　圖 2.10 中的每個方格代表 3 點，採用 3 格（9 點）反轉
的準則。假定當時處在 X 欄中，如果價格持續上漲或下跌的
幅度不足 9 點，繼續停留在原來的 X 欄中而不需換欄繪製。
如果價格下跌 9 點或以上，則換到次一欄繪製 O，第一個 O
的位置是在前一欄最上端 X 的次一格。

圖 2.11
圖 2.10（圈叉圖）的對應長條圖

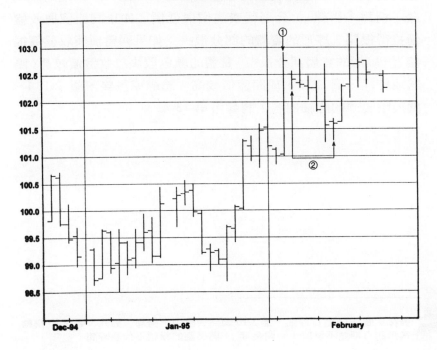

如同前述的說明，圈叉圖完全不反映時間的觀念。某一欄可能代表一天的價格變動，也可能涵蓋兩個月的期間。舉例來說，圖 2.11 是圖 2.10 的對應長條圖✤。長條圖中標示為①的單日線形，對應圈叉圖中的 7 欄（①~①）；長條圖中標示為②的隨後 6 天走勢，對應圈叉圖中的 10 欄（②~②）。

陰陽線

相對於長條圖來說，陰陽線提供一些額外的資訊。陰陽線的實體部分涵蓋開盤價與收盤價的區間，上、下兩端的延伸線（稱為「影線」）分別代表高價與低價。如果開盤價與收盤價拉得很開，線形的實體的部分很長；如果開盤價與收盤價很接近，線形的實體部分很短。實體的顏色取決於收盤價較高（陽線或紅線，圖 2.12）或開盤價較高（陰線或黑線，圖 2.13）。關於陰陽線的詳細內容，請參考第 13 章。

✤ 譯按：圖 2.11 是日線圖，圖 2.10 顯然是盤中走勢圖。另外，圖 2.10 橫軸上標示的日期並不反映「時間長度」；圈叉圖的橫軸不代表時間。

圖 2.12
陰陽線：陽線

圖 2.13
陰陽線：陰線

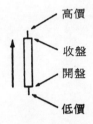

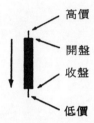

❖ 3 ❖

趨　勢

趨勢是你的朋友，但尾端的反轉為例外。

Ed Seykota

由高價與低價界定趨勢

　　一系列不斷墊高的高點與低點，這是上升趨勢的標準定義之一。以圖 3.1 為例，在 3 月份~9 月份的期間內，每個相對高點（標示為 RH）都高於前一個高點，每個相對低點（標示為 RL）也高於前一個低點。原則上來說，只要價格沒有跌破前一個折返低點，上升趨勢就繼續有效。一旦折返低點被跌破，這代表上升趨勢可能結束的警訊。繼續觀察圖 3.1，當 10 月份的價格跌破 9 月份的相對低點時，這可以視為是後續跌勢的前兆。可是，我們必須強調一點，當高價與低價不斷墊高（或高價與低價不斷下滑）的型態中止時，這僅代表長期趨勢可能反轉的徵兆而已，並不是結論性的訊號。圖 3.2 是另一個上升趨勢的範例，其高點與低點都不斷墊高。

　　同理，下降趨勢可以定義為不斷下滑的高點與低點（參考圖 3.3）。如果價格沒有穿越前一個相對高點，下降趨勢就

繼續有效。

我們也可以透過趨勢線來定義上升趨勢與下降趨勢。上升趨勢線是一條直線，銜接一系列不斷墊高的低點（參考圖 3.4 與圖 3.5）；下降趨勢線是一條直線，銜接一系列不斷下滑的高點（參考圖 3.6）。趨勢線可能持續多年的時間。舉例來說，圖 3.7 與圖 3.8 就分別代表可可期貨最近月份契約與連續契約將近 10 年的下降趨勢。

在主要的趨勢中，逆勢折返價位也經常構成一條與**趨勢線**幾乎平行的直線。這類侷限趨勢的一組平行線，稱為**趨勢通道**（trend channel）。圖 3.9 與圖 3.10 分別是上升與下降**趨勢通道**的例子。

趨勢線與通道經常適用下列的法則：

1. 當價格下跌而接近上升趨勢線，或價格反彈而接近下降趨勢線，這經常是順著主要趨勢方向建立部位的**理想時機**。

2. 貫穿上升趨勢線（尤其是以收盤價為準）代表賣出訊號，貫穿下降趨勢線代表買進訊號。一般來說，**貫穿**需要經過確認，通常是設定價格穿越的最低百分率，或價格停留在趨勢線對側的收盤最低次數。

3. 當價格接近下降趨勢通道下端的平行折返線，或**接近**上升趨通道上端的平行折返線，通常代表可能的**短線**獲利位置。

圖 3.1
上升趨勢為不斷墊高的高點與低點:
1992 年 12 月份歐洲美元

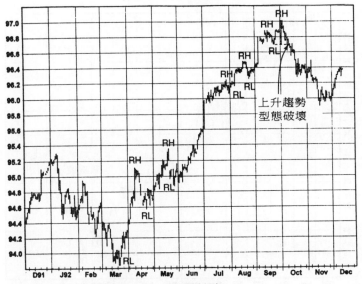

附註：RH = 相對高點，RL = 相對低點

圖 3.2
上升趨勢為不斷墊高的高點與低點:
1992 年 12 月份長期公債

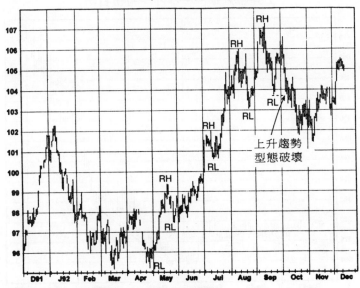

附註：RH = 相對高點，RL = 相對低點

35

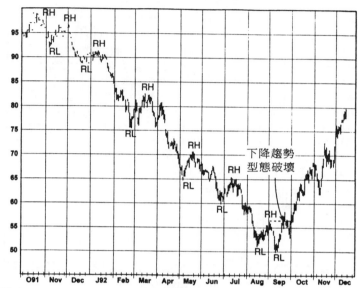

圖 3.3
下降趨勢為不斷下滑的高點與低點：
1992 年 12 月份咖啡

附註：RH = 相對高點，RL = 相對低點

圖 3.4
上升趨勢線：1993 年 7 月份白銀

圖 3.5
上升趨勢線：1991 年 6 月份歐洲美元

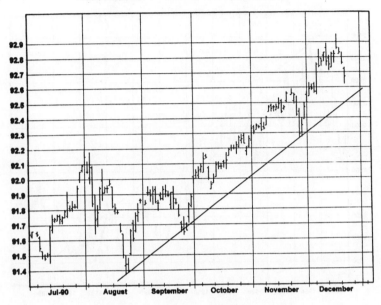

圖 3.6
下降趨勢線：MATIF 名義債券連續期貨

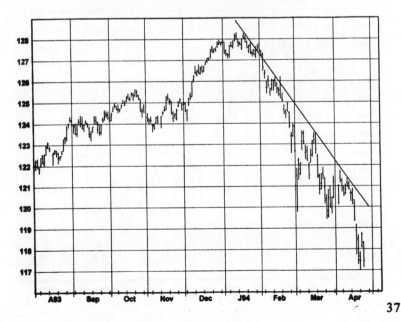

圖 3.7
下降趨勢線：可可最近期貨

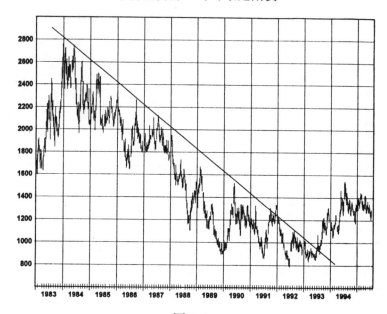

圖 3.8
下降趨勢線：可可連續期貨

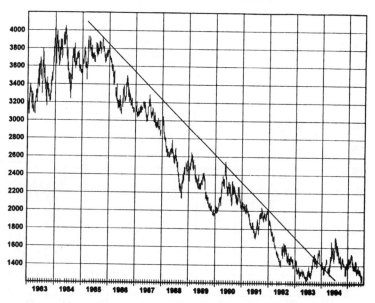

圖 3.9
上升趨勢通道：1991 年 7 月份歐洲美元

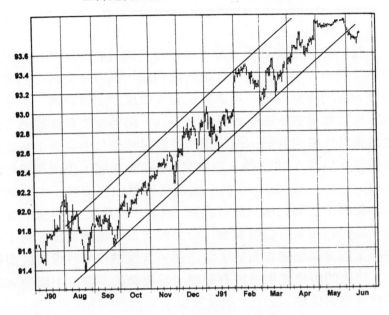

圖 3.10
下降趨勢通道：1992 年 9 月份可可

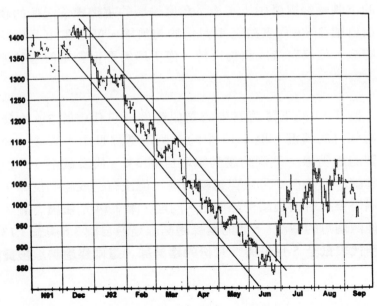

39

　　趨勢線與通道雖然很有用，但它們的重要性經常被誇大。如果我們由「事後」的角度繪製趨勢線，很容易高估它們的可靠性。我們經常忽略一項事實，當多頭或空頭市場進一步延伸時，經常需要重新繪製趨勢線。所以，趨勢線的貫穿雖然可以做為趨勢反轉的警訊，但後續的發展經常僅代表需要重新繪製趨勢線。以圖 3.11 為例，它與圖 3.4 完全相同，但繼續延伸兩個月的走勢。圖 3.11 中的下側趨勢線是由「事後」角度繪製的趨勢線；上側的趨勢線取自圖 3.4，代表截至 6 月份的趨勢線。趨勢線在 6 月份被貫穿，但並沒有造成趨勢反轉，僅不過需要重新繪製趨勢線而已。請注意，當價格在 6 月份跌破趨勢線，隨後的價格走勢並沒有破壞上升趨勢的型態：不斷墊高的相對高點與低點。

　　同理，圖 3.12 與圖 3.5 也相同，但向後延伸五個月。圖 3.12 中的下側趨勢線是由「事後」角度繪製的趨勢線；上側的趨勢線取自圖 3.5，代表截至 1 月份的趨勢線。價格在 1 月份跌破趨勢線，但沒有造成趨勢反轉，僅不過需要重新繪製趨勢線而已。

　　圖 3.13 是下降趨勢中的類似範例，它代表圖 3.6 向後延伸兩個月的情況。圖 3.13 中的上側趨勢線是由「事後」角度繪製的趨勢線；下側的趨勢線取自圖 3.6，代表截至 5 月份的趨勢線。價格在 5 月份穿越趨勢線，但沒有造成趨勢反轉，僅不過需要重新繪製趨勢線而已。同理，圖 3.14 是繼續將圖 3.13 延伸四個月的情況。下側的兩條趨勢線是取自圖 3.6 與圖 3.13，分別代表截至 5 月份與 7 月份的趨勢線。這兩條趨勢線被貫穿

圖 3.11
重新定義上升趨勢線：1993 年 7 月份白銀

圖 3.12
重新定義上升趨勢線：1991 年 6 月份歐洲美元

41

圖 3.13
重新定義下降趨勢線：MATIF 名義債券連續期貨

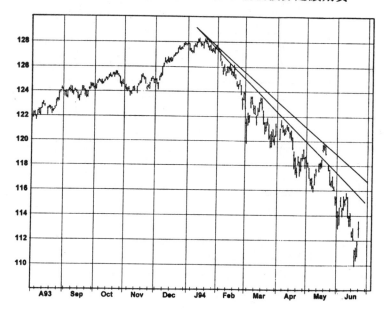

圖 3.14
再次定義下降趨勢線：MATIF 名義債券連續期貨

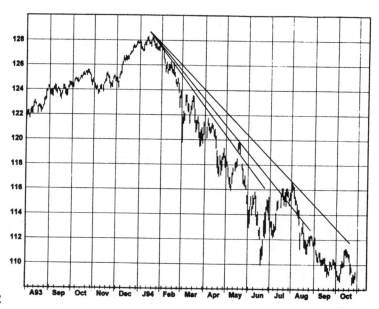

並沒有造成趨勢反轉，僅不過需要重新繪製趨勢線而已。由這些例子中可以發現，趨勢線往往需要經過數次的重新繪製。

前述的例子希望釐清一個重要的觀念，趨勢線貫穿是常態而不是例外事件。在趨勢線的演變過程中，經常重覆被貫穿；換言之，隨著時間的經過，趨勢線需要重新定義。這項結論代表一個重要的意涵：趨勢線的事後有效性高於當時的可靠性，貫穿趨勢線經常是錯誤的訊號。第 11 章會重新討論這個問題。

TD 線

湯瑪斯•迪馬克（Thomas DeMark）在《技術分析科學新義》一書中指出[1]，繪製趨勢線是一種非常主觀的程序。對於同一份走勢圖，兩個人繪製的趨勢線可能完全不同。事實上，即使同一個人在不同的時候處理同一份圖形，所繪製的趨勢線也可能不同。

我們很容易瞭解缺乏精確性的理由。趨勢線是用來銜接數個相對高點或相對低點。如果總共僅有兩個點，趨勢線當然非常明確。可是，如果所銜接的點數為 3 點或以上——通常都是如此——幾乎不太可能藉由真正的直線來銜接相關的各點。嚴格來說，趨勢線通常僅能銜接兩個相對高點（或相對低點），

---

[1] *The Science of Technical Analysis*，John Wiley & Sons Inc., New York, 1994（「寰宇」）。譯按：「TD」是代表作者 *Thomas DeMark* 的英文字首。

其他的相對高（低）點僅仍落在直線的附近。所以，趨勢線僅代表個人眼中的最佳套入直線。

為了界定趨勢線的精確定義，迪馬克認為趨勢線僅能夠由兩點構成。另外，迪馬克也提出一種反傳統的新觀念，他認為趨勢線應該由右向左繪製，因為「最近價格行為的重要性高於歷史走勢」。以上是迪馬克繪製趨勢線的根本觀念，以下簡介相關的定義[2]：

相對高點. 相對高點是指某天的高價，它高於 N 天之前與 N 天之後的高價，其中 N 是參數而由分析者自行設定。舉例來說，如果 N = 5，相對高點必須高於前 5 天與後 5 天的任何價格。（其他的時間架構也可以採用類似的定義。以 60 分鐘的長條圖來說，相對高點必須高於前 N 個與後 N 個 60 分鐘內的任何價格。）

相對低點. 相對低點是指某天的低價，它低於 N 天之前與 N 天之後的低價。

TD 下降趨勢線. 目前的下降趨勢線是銜接最近相對高點與前一個相對高點的直線，而且前一個相對高點必須高於最近的相對高點。後者的條件足以確保下降趨勢線的斜率向下。圖 3.15 中的直線即是目前的 TD 下降趨勢線，其中 N = 3。

---

[2] 此處所採用的定義與術語不同於迪馬克本人的用法，但所繪製的趨勢線完全相同。我認為這裡的處理方式比較清晰，更能夠顯示迪馬克的觀念。

圖 3.15

TD 下降趨勢線(*N*=3)：1995 年 7 月份黃豆

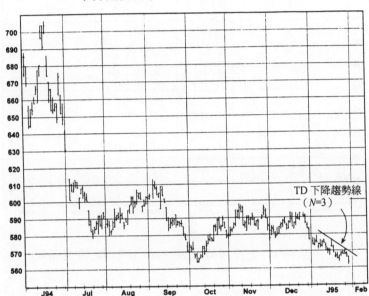

TD 上升趨勢線. 目前的上升趨勢線是銜接最近相對低點與前一個相對低點的直線，而且前一個相對低點必須低於最近的相對低點。圖 3.16 中的直線即是目前的 TD 上升趨勢線，其中 *N* = 8。

TD 趨勢線是以最近的相對高點（低點）為基準，所以只要發生新的相對高點（低點），就需要重新定義新的目前趨勢線。以圖 3.17 為例，其中顯示新相對低點所定義的一系列 TD 上升趨勢線（ *N* = 10），直到發生趨勢反轉為止。在這份走勢圖中，趨勢反轉是定義為連續 3 個收盤價位在目前上升趨勢線的下方。同理，圖 3.18 顯示新相對高點所定義的一系列 TD

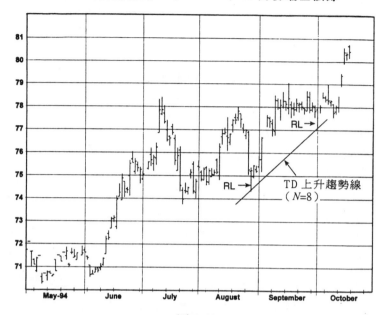

圖 3.16
TD 上升趨勢線(*N*=8)：1994 年 12 月份瑞士法郎

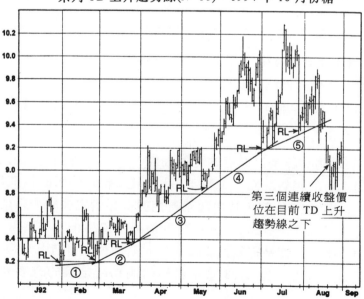

圖 3.17
一系列 TD 上升趨勢線(*N*=10)：1994 年 10 月份糖

46 附註：標示①~⑤的直線是一系列的 TD 上升趨勢線， 利用 *N*=10 定義
相對低點（RL）

圖 3.18

一系列的 TD 下降趨勢線(*N*=8)：1992 年 12 月份玉米

附註：標示①~③的直線是一系列的 TD 下降趨勢線， 利用 *N*=8 定義相對高點（RH）

下降趨勢線（ *N* = 8），直到發生趨勢反轉爲止（趨勢反轉也是定義爲連續 3 個收盤價位在目前下降趨勢線的上方）。

不同的 *N* 値將產生截然不同的趨勢線。舉例來說，圖 3.19~3.21 就是針對相同走勢圖而採用不同 *N* 値繪製的 TD 下

圖 3.19

一系列的 TD 下降趨勢線(N=2)：1994 年 6 月份公債

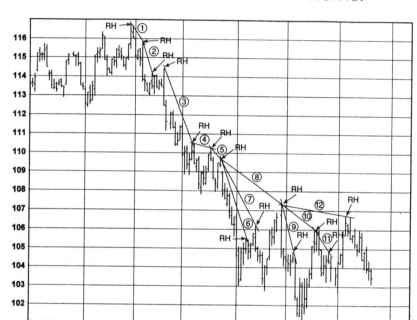

附註：標示 1~12 的直線是一系列的 TD 下降趨勢線， 利用 N=2 定義相對高點（RH）

降趨勢線。N 值愈小，下降趨勢線愈經常需要重新定義，而且也比較容易被突破。舉例來說，當 N = 2 時，走勢圖中總共定義 12 條趨勢線，當 N = 10 時，同一份走勢圖中僅有 3 條趨勢線。

同理，圖 3.22~3.24 也是針對相同走勢圖而採用不同 N 值

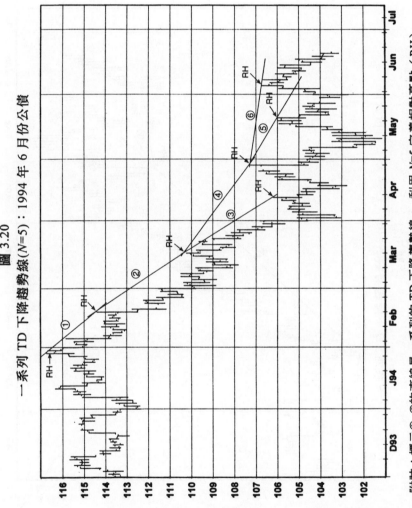

圖 3.20

一系列 TD 下降趨勢線(*N*=5)：1994 年 6 月份公債

附註：標示①～⑥的直線是一系列的 TD 下降趨勢線，利用 *N*=5 定義相對高點（RH）

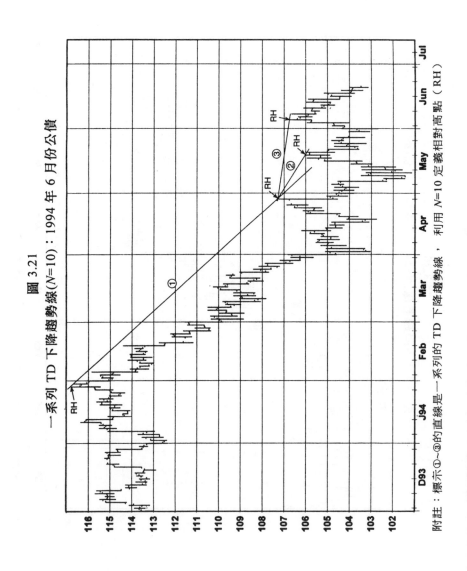

圖 3.21

一系列 TD 下降趨勢線(N=10)：1994 年 6 月份公債

附註：標示①~③的直線是一系列的 TD 下降趨勢線，利用 N=10 定義相對高點（RH）

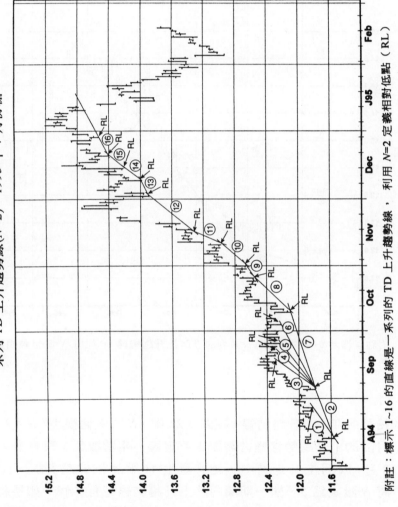

圖 3.22

一系列 TD 上升趨勢線(N=2)：1995 年 7 月份糖

附註：標示 1~16 的直線是一系列的 TD 上升趨勢線，利用 N=2 定義相對低點（RL）

圖 3.23

一系列的 TD 上升趨勢線(N=5)：1995 年 7 月份糖

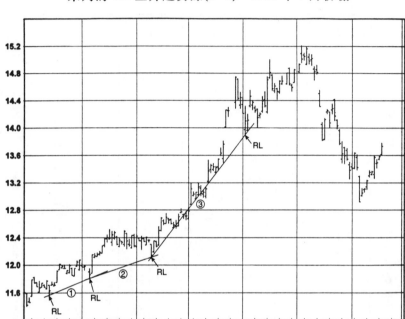

附註：標示①~③的直線是一系列的 TD 上升趨勢線， 利用 N=5 定義相對低
點（RL）

繪製的 TD 上升趨勢線。在圖 3.22 中，N 的數值很小（N = 2），
目前的上升趨勢線經常需要重新定義，相當敏感；事實上，在
8 月~12 月上升走勢中，總共產生 16 條不同的趨勢線。如果
將 N 設定爲 5，同一期間內的上升趨勢線僅有 3 條；如果將 N
設定爲 10，總共僅有 1 條趨勢線。由這些例子中可以發現，

圖 3.24

單一的 TD 上升趨勢線(N=10)：1995 年 7 月份糖

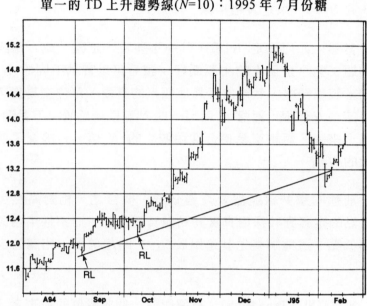

附註：TD 上升趨勢線是採用 N=10 定義相對低點（RL）

如何設定 N 值將產生全然不同的趨勢線與交易意涵。

　　迪馬克對於趨勢線的根本定義相當於是前述定義中將 N 設定為 1。雖然他瞭解 N 可以設定為較大的數值——他的術語是「較高級數的 TD 線」——但還是偏好採用根本的定義。就個人的觀點而言，我的看法恰好相反。將 N 設定為 1，雖然可以提早產生有效的趨勢線突破訊號，但還是必須付出相對的代價，因為趨勢線僅能維持相對短暫的時間，比較容易產生假突破的訊號。原則上來說，我認為避開假突破訊號的重要性遠高

於及早掌握訊號；所以，我強烈建議採用較大的 N 值（例如：
N=3 到 N=12）來定義趨勢線。

當然，如何設定 N 值，其中不涉及「正確」或「錯誤」
的問題；完全是個人的主觀偏好。讀者可以嘗試不同的 N 值
分別繪製趨勢線，然後自行評估個人的喜愛。每位交易者可能
覺得某些 N 值很「對盤」，而另一些 N 值就是感覺「不對勁」。
大體上來說，短線交易適合採用較小的 N 值，長線交易適用
較大的 N 值。

前述的趨勢線還需要經過微調；換言之，相對高點與相
對低點的定義應該採用真實高點與真實低點，而不採用名義高
點與低點。這種調整尤其適用於 N=1 的趨勢線。相關的定義
如下：

真實高點（True High） 高價與前一個收盤價的較高者。

真實低點（True Low） 低價與前一個收盤價的較低者。

在大多數的情況下，真實高點即是當天的高價，真實低
點即是當天的低價。真實高點與名義高點的差別是發生在向下
跳空缺口（某天的整體線形低於前一天的收盤價），真實低點
與名義低點的差別是發生在向上跳空缺口（某天的整體線形高
於前一天的收盤價）。在這種情況下，採用真實高點（真實低
點）來定義相對高點（相對低點）比較符合直覺上的概念。

以圖 3.25 為例（N=1），如果採用名義低點，A 點將是相
對低點。可是，A 點之所以是相對低點，僅僅是因為前一天的

線形向上跳空，這完全不符合我們對於相對低點的直覺觀念❖。
同理，如果採用名義高點，B 點將是相對高點，但如果採用真
實高點，B 點不是相對高點（因爲前一天的高價低於再前一天
的收盤價）。在這兩種情況下，利用真實高點與低點取代名義
高點與低點，如此定義的相對高點與低點比較符合直覺上的觀
念。

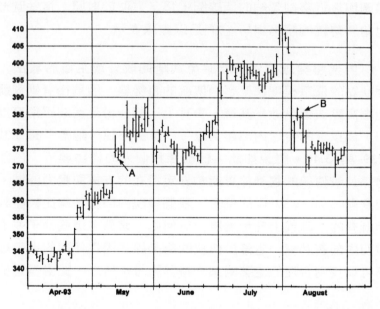

圖 3.25
名義高點／低點 & 真實高點／低點的比較：
1993 年 12 月份黃金

❖ 譯按：A 點雖然高於當時的名義低點（前一天的低價），但不低於當時的
真實低點（跳空缺口發生之前一天的收盤價）。

內部趨勢線

　　傳統的趨勢線大多是銜接極端的高價與低價。可是，這些極端的高價與低價僅是市場過度情緒化的異常表現，它們或許不能代表市場的主要趨勢。內部趨勢線（internal trend line）採用一種隱含的條件，不特別重視極端的價格偏離行為。換言之，內部趨勢線是代表絕大部分的相對高點或相對低點，不特別考慮極端點。大體上來說，內部趨勢線可以被視為是相對高點（相對低點）的最佳套入直線。圖 3.26~3.37 中提供一系列內部上升與下降趨勢線的範例，包括個別契約、連續契約的日線圖與最近交割契約的週線圖。為了方便於對照，這些圖形中也繪製傳統的趨勢線[3]，它們是以虛線表示。

　　內部趨勢線顯然不能避免武斷的成分或主觀的看法，這種缺點的嚴重程度甚至超過傳統的趨勢線，因為後者畢竟還有極端高點或低點做為基準。事實上，同一份走勢圖經常可以繪製一條以上的合理內部趨勢線——舉例來說，請參考圖 3.38、3.39 與 3.40。雖說如此，但根據我個人的經驗顯示，內部趨勢線遠較傳統的趨勢線更能夠界定潛在的支撐與壓力區域。請觀察圖 3.26~3.37 中的例子，我們發現內部趨勢線比較能夠顯示既有的下降或上升走勢將止於何處。當然，這些例子並不能證明內部趨勢線一定優於傳統的趨勢線，因為任何的主張幾乎都可以找到合理的走勢圖來支持其論證；所以，此處僅是提出

---

[3] 為了避免圖形過於繁雜，我們儘可能以一、兩條傳統的趨勢線來表達整體期間的價格走勢。

一些可能性供讀者參考，說明內部趨勢線可能較適合於反映市
場的潛在支撐與壓力。

　　我個人認爲內部趨勢線的運用功能高於傳統趨勢線，這
當然不能證明什麼──個人的觀察絕對不足以代表科學的證
明。事實上，由於內部趨勢線充滿主觀的性質，我們很難以科
學的方式檢驗它的效力。可是，我個人還是強烈認爲，態度嚴
肅的圖形分析者應該探討內部趨勢線的觀念。透過深入的研
究，我相信很多讀者將認同我的觀點，至少覺得內部趨勢線是
一項非常重要的圖形分析工具。

圖 3.26
內部趨勢線與傳統趨勢線的比較：1991 年 3 月份棉花

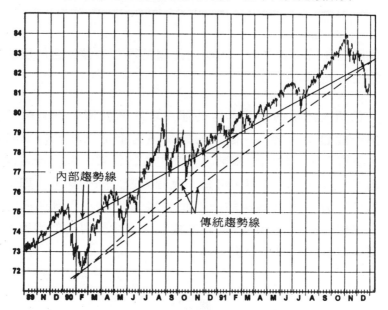

圖 3.27
內部趨勢線與傳統趨勢線的比較：加拿大元連續期貨

內部趨勢線

傳統趨勢線

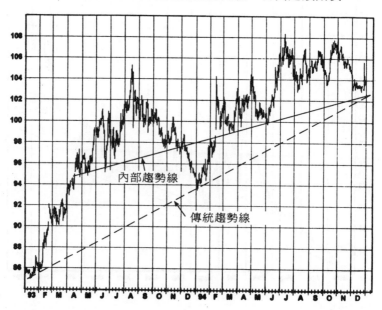

圖 3.28
內部趨勢線與傳統趨勢線的比較：日圓連續期貨

內部趨勢線

傳統趨勢線

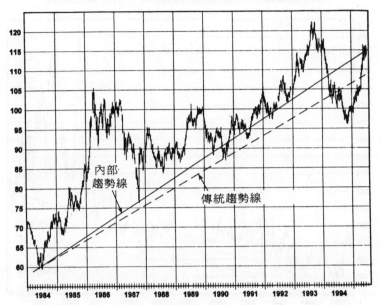

圖 3.29
內部趨勢線與傳統趨勢線的比較：公債最近期貨

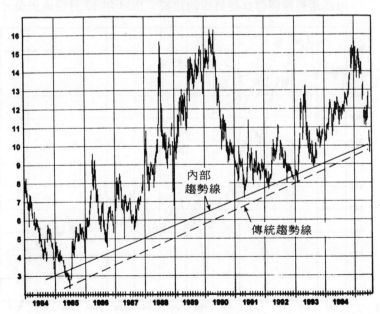

圖 3.30
內部趨勢線與傳統趨勢線的比較：糖最近期貨

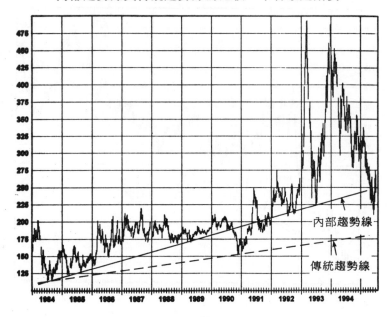

圖 3.31
內部趨勢線與傳統趨勢線的比較:木材最近期貨

內部趨勢線

傳統趨勢線

圖 3.32
內部趨勢線與傳統趨勢線的比較:1994 年 12 月份歐洲美元

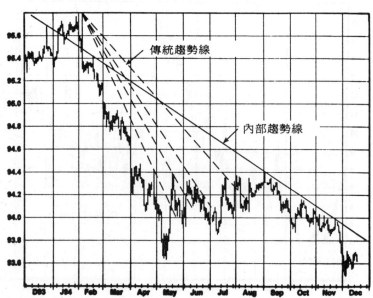

傳統趨勢線

內部趨勢線

圖 3.33
內部趨勢線與傳統趨勢線的比較：1992 年 12 月份白銀

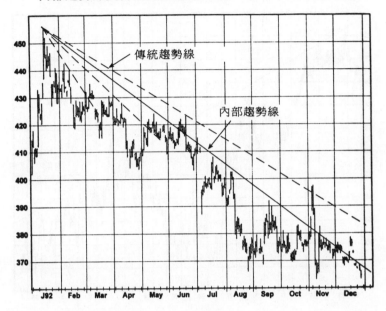

圖 3.34
內部趨勢線與傳統趨勢線的比較：黃豆餅連續期貨

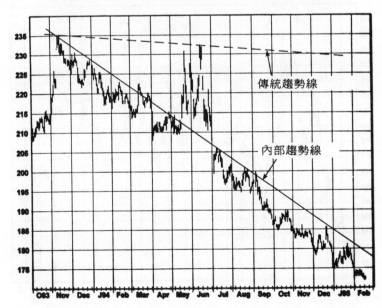

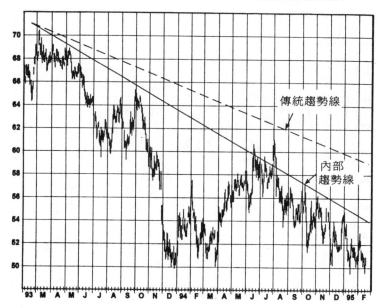

圖 3.35
內部趨勢線與傳統趨勢線的比較:熱燃油連續期貨

傳統趨勢線

內部
趨勢線

圖 3.36
內部趨勢線與傳統趨勢線的比較:黃金連續期貨

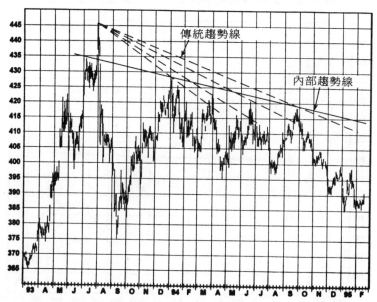

傳統趨勢線

內部趨勢線

圖 3.37
內部趨勢線與傳統趨勢線的比較：熱燃油最近期貨

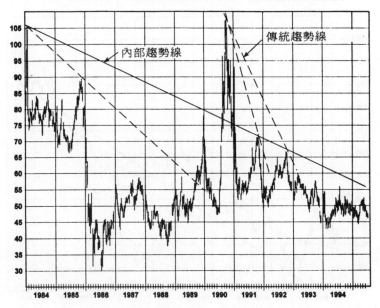

圖 3.38
替代的內部趨勢線：1991 年 12 月份咖啡

圖 3.39
替代的內部趨勢線：英鎊連續期貨

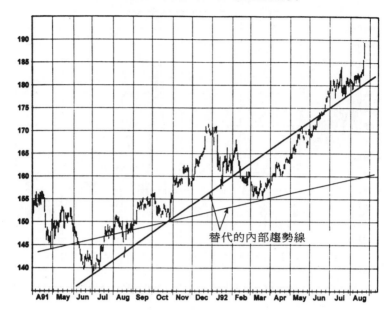

替代的內部趨勢線

圖 3.40
替代的內部趨勢線：銅連續期貨

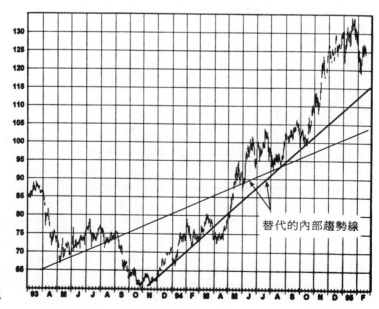

替代的內部趨勢線

移動平均

　　移動平均是將價格數列平滑化的一種簡單方法，藉以凸顯根本的趨勢。簡單移動平均是指截至當天為止的最近 N 天收盤價平均值。舉例來說，40 天期的移動平均是等於最近 40 天收盤價（包括當天在內）的平均數[4]。所謂「移動平均」（moving average），這是指加總平均的資料將隨著時間而不斷移動。圖 3.41 列示價格數列與 40 天期的移動平均。請注意，移動平均可以清楚反映價格數列的趨勢，將沒有意義的價格波動平滑化。如果根本市場呈現橫向的走勢，移動平均也會呈現橫向的波動（舉例來說，請參考圖 3.42 中 1993 年 10 月~1994 年 5 月的期間）。

　　透過移動平均界定趨勢的一種簡單方法，是觀察移動平均相對於前一天的方向變動。舉例來說，如果今天的移動平均讀數高於昨天的讀數，則移動平均（代表趨勢）處於上升狀態；如果今天的讀數比較低，代表下降的趨勢。

　　請注意，如果移動平均處於上升狀態，這相當於是今天的收盤價高於 N 天之前的收盤價。為什麼？不妨考慮昨天移動平均與今天移動平均之間有何差別。根據定義，兩者的唯一

---

[4] 移動平均通常是根據收盤價計算，但也可以採用開盤價、最高價與收盤價，或是計算前四種價格平均價的移動平均。另外，移動平均也可以用來計算其他期間的價格（例如：週或月）；在這種情況下，收盤價是指該期間最後的價格。

圖 3.41
趨勢行情中的移動平均(40 天期)：
1994 年 12 月份天然瓦斯

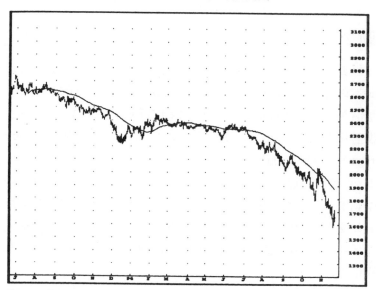

Source: FutureSource; copyright © 1986–1994; all rights reserved.

圖 3.42
橫向行情中的移動平均(40 天期)：
1995 年 3 月份可可

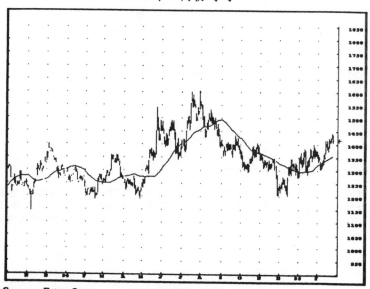

66

Source: FutureSource; copyright © 1986–1994; all rights reserved.

差別是前者包括 N 天之前的收盤價，後者包括今天的收盤價。所以，如果今天的收盤價高於 N 天之前的收盤價，今天的移動平均就高於昨天的移動平均。同理，如果移動平均處於下降狀態，相當於是今天的收盤價低於 N 天之前的收盤價。

移動平均雖然可以提供的平滑效果，但也必須付出對應的代價，換言之，讀數的變動將出現時間落差。由於移動平均是過去價格的平均數，其讀數的轉折必然會落後原始資料的變動。圖 3.41 與 3.42 都清楚顯示這種性質。

在趨勢明確的行情中，移動平均是辨識趨勢的一種簡單

圖 3.43

移動平均在趨勢行情中提供的訊號：1994 年 12 月份天然瓦斯

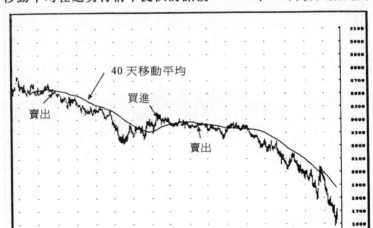

附註：買進 = 移動平均高於前一個低點 10 檔。賣出 = 移動平均低於前一個高點 10 檔。

而有效的方法。圖 3.43 是複製圖 3.41，其中的買進訊號是移
動平均向上反轉至少 10 檔，賣出訊號是移動平均向下反轉至
少 10 檔。（交易系統內設定最低的反轉變動量，這是避免移動
平均上下波動而產生反覆的訊號。）由圖 4.43 中可以發現，
這種單純的技巧提供非常理想的訊號。在 17 個月的期間內，
總共只有 3 個訊號：第一個訊號掌握 8 月份~12 月份的大部分
跌勢；第二個訊號造成些微的損失；第三個訊號幾乎涵蓋 1994
年的整個重大跌勢。任何精密的交易系統也未必可以媲美這套
簡單的方法。

圖 3.44
移動平均在橫向行情中提供的訊號：1995 年 3 月份可可

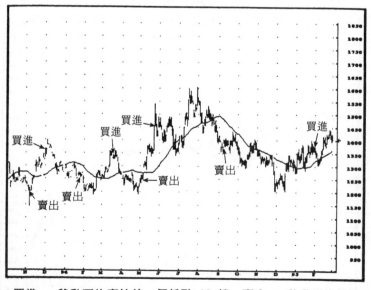

附註：買進 = 移動平均高於前一個低點 10 檔。賣出 = 移動平均低於前一
個高點 10 檔。

移動平均非常適用於趨勢明確的市場，但在來回震盪的橫向走勢中，它將提供許多錯誤的訊號。舉例來說，圖 3.44 是複製圖 3.42，這裡仍然採用前述的交易法則：買進訊號是移動平均向上反轉至少 10 檔，賣出訊號是移動平均向下反轉至少 10 檔。這套方法在圖 3.43 中非常有效，但在 3.44 中卻造成一場災難：連續六筆的虧損交易，僅有一筆勉強持平。

除了本章討論的簡單移動平均之外，還有很多其他的方法可以計算移動平均。第 17 章將探討其中的一些方法，並說明如何將移動平均納入交易系統中。

4

交易區間

> 一般的傻子總是無時無刻地犯錯，但還有
> 一種華爾街的傻子，他認為自己必須無時無刻
> 地進行交易。
>
> Edwin Lefèvre

交易區間：交易的考量

交易區間是一種水平狀的走勢，價格陷入長期的橫向波動。如果將市場區分為橫向走勢與趨勢明確的行情，前者所佔的時間通常遠多過後者。不幸地，橫向走勢是一種非常難以交易獲利的行情。事實上，對於絕大部分的技術交易者來說，**對付區間交易的最佳策略往往是儘可能侷限自己進場的次數，但這是一種「知易行難」的觀念。**

就理論上來說，雖然還是有辦法在交易區間中獲利——**舉例來說，擺盪指標（請參考第 15 章）——但這些方法在趨勢行情中將帶來災難性的後果；而且，交易區間由「事後」的角度判斷很清楚，但幾乎不可能預測。另外，在交易區間內，大多數的價格型態（例如：跳空缺口與旗形等排列）都沒有意義。**

（價格型態請參考第 6 章。）

交易區間可能持續數年之久。舉例來說，當本文撰寫的時候，白銀市場已經持續四年多的交易區間，而且還在發展中（請參考圖 4.1）。圖 4.2 中的黃豆餅也曾經發生四年的交易區間。圖 4.3 與 4.4 的木材市場也一度陷入多年的橫向走勢。請注意最後兩份走勢圖，最近交割月份與連續契約中所呈現的交易區間不相同，雖然有相當大的部分重疊。

一旦交易區間形成之後，區間的上限與下限經常界定價格走勢的壓力與支撐區域。下一章將深入探討這個問題。區間的突破往往代表重要的交易訊號——這是下一節的主題。

交易區間的突破

交易區間的突破（請參考圖 4.5 與 4.6），意味著價格可能立即朝突破方向發展。下列因子經常會影響突破訊號的可靠性與價格發展的幅度：

1. **交易區間涵蓋的期間.** 交易區間涵蓋的期間愈長，突破之後的價格走勢愈具有潛在的意義。關於這一點，請參考圖 4.7 的週線圖與圖 4.8 的日線圖。

2. **狹小的交易區間.** 價格由狹小的交易區間突破，交易訊號通常比較可靠（請參考圖 4.9 與圖 4.10）。另外，這類的交易機會相對有利，因為停損點所蘊含的金額

圖 4.1
多年的交易區間：白銀連續期貨

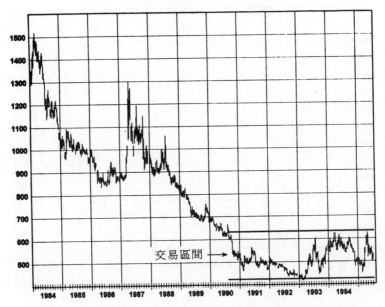

交易區間 →

圖 4.2
多年的交易區間：黃豆餅最近期貨

交易區間

73

圖 4.3
多年的交易區間：木材最近期貨

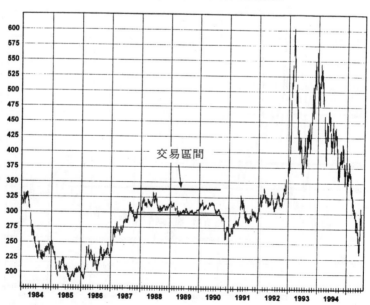

圖 4.4
多年的交易區間：木材連續期貨

74

圖 4.5
交易區間的向上突破：1993 年 12 月份公債

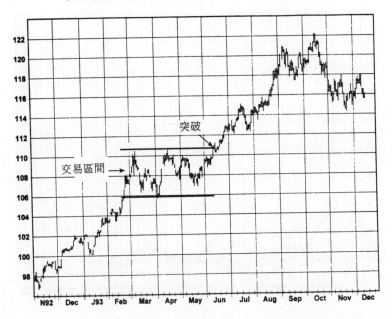

圖 4.6
交易區間的向下突破：活牛連續期貨

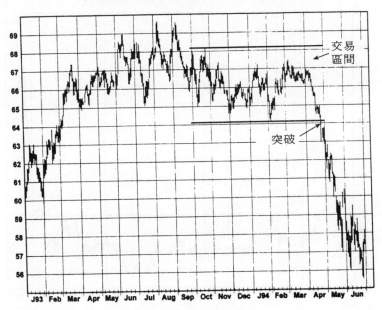

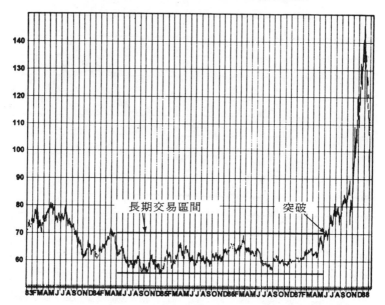

圖 4.7
長期交易區間的向上突破：銅最近期貨

長期交易區間

突破

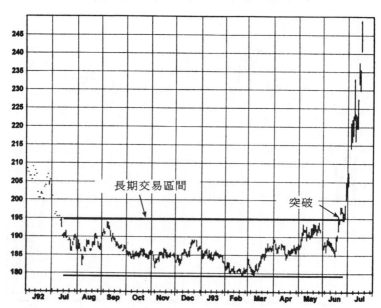

圖 4.8
長期交易區間的向上突破：1993 年 7 月份黃豆餅

長期交易區間

突破

圖 4.9
狹小交易區間的向上突破：1990 年 9 月份英鎊

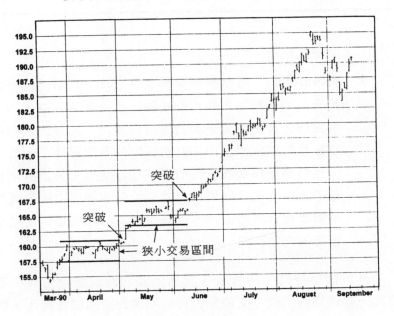

圖 4.10
狹小交易區間的向上突破：1990 年 10 月份無鉛汽油

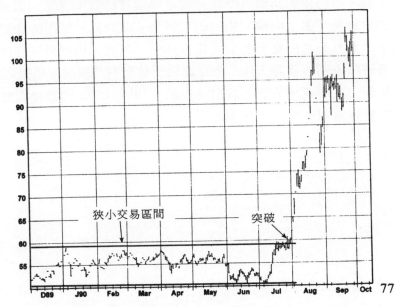

風險比較小。

3. **突破的確認.** 價格突破交易區間之後，經常僅能持**續**幾天，或僅能展現些微的走勢，然後又落入原先的交易區間。發生這類走勢的主要理由之一，是因為有相當數量的停止單集中在交易區間的外側邊緣。因此，一旦價格小幅突破，將引發這些停止單。當這些停止單都成交之後，如果沒有強烈的基本面理由或強勁的買盤或賣盤繼續支持，突破走勢將無以為繼而價格重新落入交易區間。

基於前述行為上的考量，交易區間的突破是否可靠，取決於一些確認的訊號：價格是否可以停留在區間之外幾天（例如：5 天）？衝刺線形（thrust days，請參考第 6 章）是否可以提供某最低的百分率走勢？以及其他等等。對於有效的突破來說，等待確認訊號可能會造成進場價格比較不理想，但這有助於避免「假」突破。相關的「得失」取決於所採用的確認方法，而且必須由交易者個人自行評估。然而，重點是交易者必須嘗試不同的確認方法，不可盲目相信所有的突破。相對於 10 年前，這項建議或許更適用於目前（1995 年），因為技術分析的普遍運用似乎造成更多的假突破。

5

支撐與壓力

> 在狹幅的橫向走勢中，價格僅是漫無目標
> 的游走，這就沒有必要預測次一波的大行情將
> 朝上或朝下發展。
>
> Edwin Lefèvre

交易區間

一旦交易區間形成之後（至少 1 到 2 個月的價格橫向走勢），價格將在區間的上限遭遇壓力，在下限受到支撐。雖然圖形分析最適用於順勢交易，但某些精明的交易者會採用「漲勢賣出／下跌買進」的策略來因應交易區間。一般來說，這類的策略很難成功。另外，我們必須強調一點，在交易區間之內逆勢而爲，這很可能導致一場災難，除非交易者能夠在必要的情況下斷然認賠（例如：當價格穿越區間某個最低百分率，或價格停留在區間之外某個最少天數，就立即平倉）。

當價格脫離交易區間之後，壓力與支撐的角色將互換。換言之，如果價格向上突破，區間的上限將轉變爲支撐區域。圖 5.1 與 5.2 中的延伸線，代表原先交易區間上限壓力轉變爲

圖 5.1
先前交易區間上限的支撐：銅最近期貨

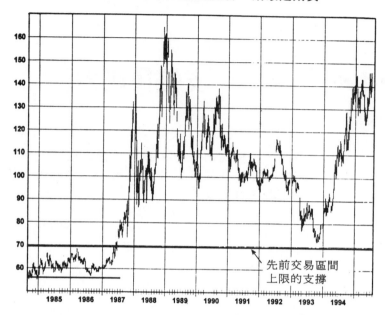

先前交易區間
上限的支撐

圖 5.2
先前交易區間上限的支撐：1993 年 12 月份黃豆油

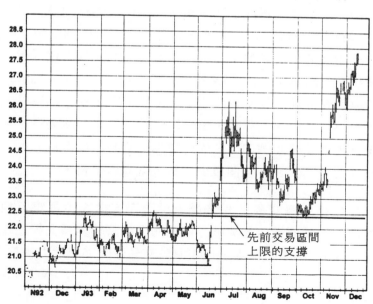

先前交易區間
上限的支撐

圖 5.3
先前交易區間下限的壓力：1992 年 12 月份加拿大元

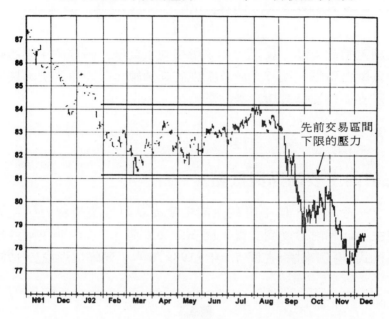

先前交易區間
下限的壓力

圖 5.4
先前交易區間下限的壓力：無鉛汽油連續期貨

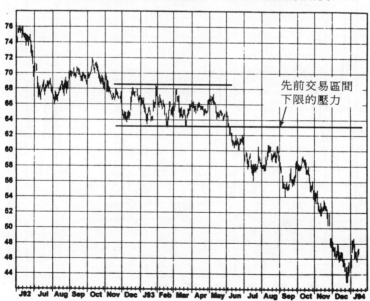

先前交易區間
下限的壓力

後續走勢的支撐。反之，如果價格向下突破，區間的下限將轉變為壓力區域。圖 5.3 與 5.4 中的延伸線，代表原先交易區間下限支撐轉變為後續走勢的壓力。

先前的主要高點與低點

一般來說，價格將在先前主要高點附近遭逢壓力，在先前主要低點附近受到支撐。圖 5.5、5.6 與 5.7 都說明這兩種行為模式。舉例來說，在圖 5.5 中，1989 年的主要峰位形成於 1985

圖 5.5

先前高點的壓力與先前低點的支撐：黃豆油最近期貨

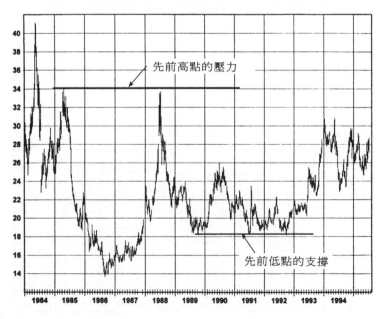

先前高點的壓力

先前低點的支撐

年的高點稍下側，1989 年的低點成爲 1991 年與 1992 年的下
檔支撐。在圖 5.6 中，1990 年底的低點大約對應 1986 年的底
部，1992 年初的頭部反轉大約在 1989 年初的峰位稍上方。這
個觀念——先前峰位代表壓力，先前的低點代表支撐——雖然
最適用於週線圖（例如：圖 5.6 與 5.7），但原則上也適用於日
線圖，例如圖 5.7。在這份圖形中，1994 年 5 月與 1994 年 12
月的價格反轉頭部都在 1994 年 1 月峰位的稍上方，1994 年 10
月的低點則稍高於 1994 年 7 月的低點。

此處必須強調一點，先前的高點並不代表隨後的漲勢會

圖 5.6

先前高點的壓力與先前低點的支撐：小麥最近期貨

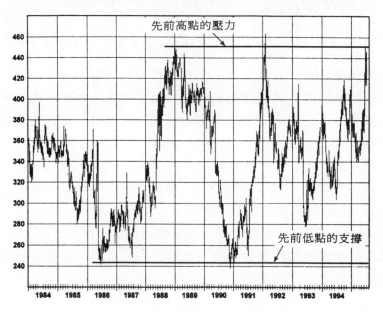

圖 5.7

先前高點的壓力與先前低點的支撐：黃豆油連續期貨

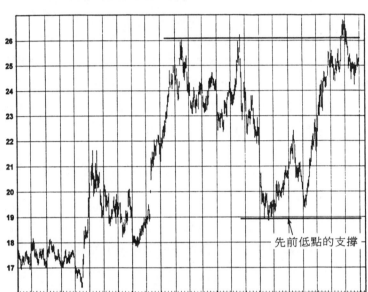

先前低點的支撐

恰好結束於該點或其下方，壓力是存在於該點的附近。同理，
先前的低點並不代表隨後的跌勢會恰好結束於該點或其上方，
支撐是存在於該點的附近。某些技術分析者賦予先前的高點與
低點神聖的意義。如果先前的高點是 1078，則他們就把 1078
視為主要的壓力，假定價格上漲到 1085，就判定壓力被突破。
這是無稽之談。支撐與壓力是一個區域而不是特定的價位。請
注意，雖然先前的高點與低點在這三份走勢圖中——圖 5.5、5.6
與 5.7——都提供重要的壓力與支撐功能，但唯有在圖 5.5 中
價格的反彈與回挫是恰好發生在這些點或之前。前述圖形中的
行為相當具有代表性。

　　價格穿越先前的高點，可以視爲是買進訊號；價格貫穿先前的低點，可以視爲是賣出訊號。可是，就如同交易區間的突破一樣，這些突破訊號的意義也取決於價格走勢的幅度、時間的長度或兩者。所以，在圖 5.6 與 5.7 中，當價格發生一個期間（日線圖中的一天，週線圖中的一週）的小幅與短暫突破，這並不代表重大的意義。我們必須根據某種確認條件來判斷突破先前高點或低點的交易訊號是否有效，舉例來說，收盤價是否停留在高點之上或低點之下某個最低天數，或貫穿是否到達某個最低的價格百分率，或是兩者同時發生。

　　圖 5.8 與 5.9 說明突破先前高點的買進訊號，確認條件是至少有 3 個收盤價停留在高點之上。同理，圖 5.10 與 5.11 說明突破先前低點的賣出訊號，採用類似的確認條件。請注意，圖 5.8 中也顯示先前高點與低點所提供的壓力與支撐功能（至少在實際突破之前是如此），圖 5.11 中的先前高點代表主要的壓力。

　　當價格顯著突破先前的高點或低點之後，壓力與支撐的角色將互換，原先的高點成爲後續走勢的支撐，原先的低點成爲後續走勢的壓力。以圖 5.12 爲例（複製圖 5.9），1991 年 2 月份的高點在 1992 年 7 月份被突破，隨後成爲 1992 年 9 月份的下檔支撐。9 月份低點在 10 月份被跌破之後，隨後成爲 11 月底~12 初反彈走勢的上檔壓力。其次，讓我們考慮圖 5.13（複製圖 5.10），1987 年低點在 1989 年被突破之後，成爲 1990 年與 1991 年數波反彈走勢的上檔壓力。（順便提及一點，這份走勢圖也顯示先前的高點爲主要的壓力，1994 年的強勁漲勢結

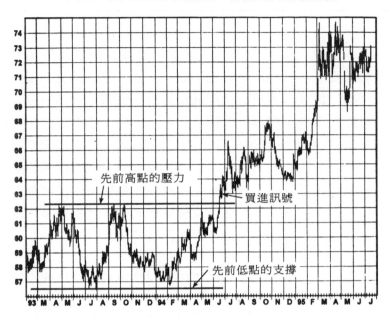

圖 5.8
突破先前高點的買進訊號：德國馬克連續期貨

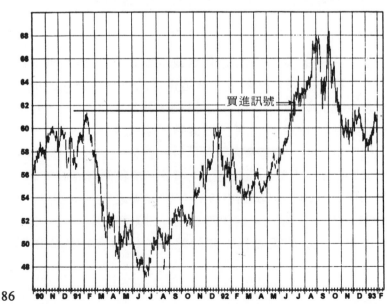

圖 5.9
突破先前高點的買進訊號：德國馬克連續期貨

圖 5.10
突破先前低點的賣出訊號：咖啡最近期貨

圖 5.11
突破先前低點的賣出訊號：黃豆油連續期貨

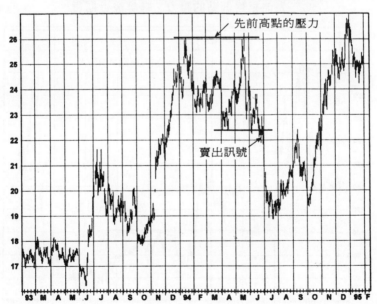

圖 5.12
先前相對高點的支撐與先前相對低點的壓力： 德國馬克連續期貨

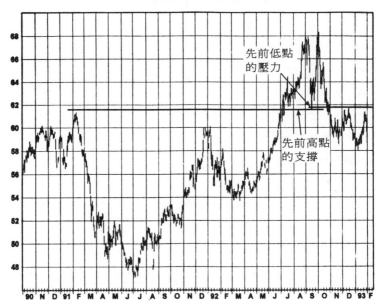

先前低點
的壓力

先前高點
的支撐

圖 5.13
先前相對低點的壓力：咖啡最近期貨

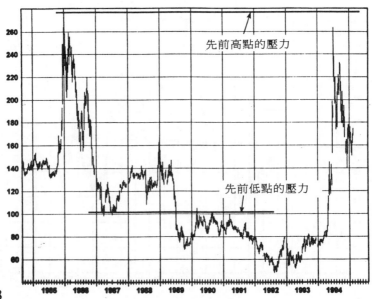

先前高點的壓力

先前低點的壓力

圖 5.14

先前相對低點的壓力：黃豆油連續期貨

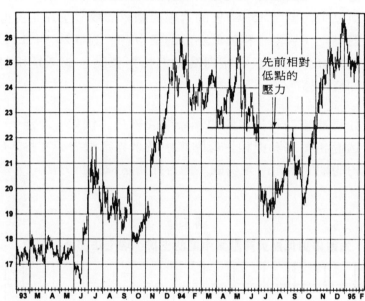

束於 1986 年初峰位的稍下方。）最後，請參考圖 5.14（複製圖 5.11），1994 年 4 月份低點在 6 月份被貫穿，隨後迫使 9 月份的漲勢在此反轉。

相對高點與相對低點的集中區

前一節是處理先前主要高點與低點——單一的峰位與谷底——的壓力與支撐。這一節將處理相對（不是「絕對」）高點與低點價格集中區的壓力與支撐。一般來說，相對高點與相

對低點經常集中在非常狹小的價格區間內。這些區間代表下檔的支撐或上檔的壓力。這種角度特別適用於分析長期走勢圖的支撐與壓力。圖 5.15~5.19 的週線圖顯示支撐發生在相對低點與相對高點（或僅是相對低點）的集中區。圖 5.20 與 5.21 的週線圖顯示壓力發生在相對高點與相對低點（或僅是相對高點）的集中區。

如果連續期貨日線圖的涵蓋期間夠長（例如：2 年），也可以透過相對高點與相對低點集中區來界定壓力與支撐。（個別契約的期間太短，走勢圖不適合採用這種分析方法。）舉例

圖 5.15

先前相對低點與高點集中區的支撐：瑞士法郎最近期貨

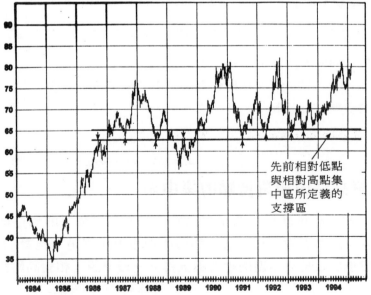

附註：↑ = 相對低點；↓ = 相對高點

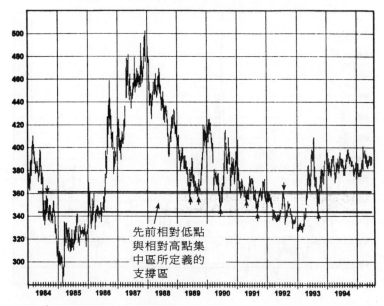

圖 5.16
先前相對低點與高點集中區的支撐:黃金最近期貨

附註:↑= 相對低點;↓= 相對高點

圖 5.17
先前相對低點集中區的支撐:棉花最近期貨

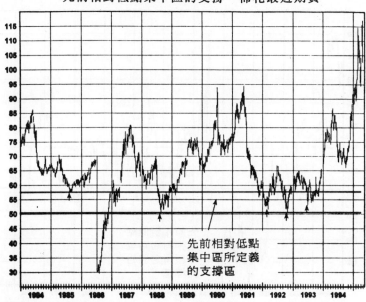

91

附註:↑= 相對低點

圖 5.18
先前相對低點集中區的支撐：黃豆最近期貨

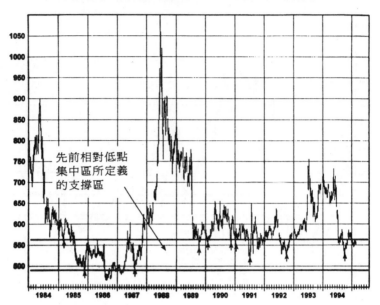

先前相對低點
集中區所定義
的支撐區

附註：↑ = 相對低點

圖 5.19
先前相對低點與高點集中區的支撐：玉米最近期貨

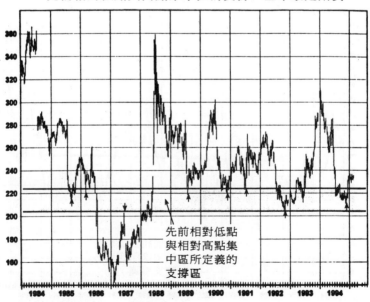

先前相對低點
與相對高點集
中區所定義的
支撐區

92

附註：↑ = 相對低點；↓ = 相對高點

圖 5.20
先前相對高點與低點集中區的壓力：原油最近期貨

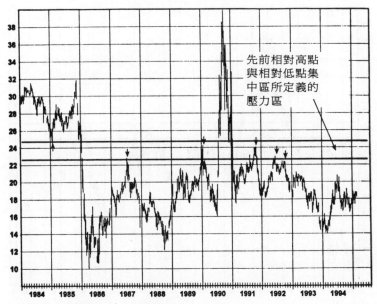

附註：↑ = 相對低點；↓ = 相對高點

圖 5.21
先前相對高點與低點集中區的壓力：白銀最近期貨

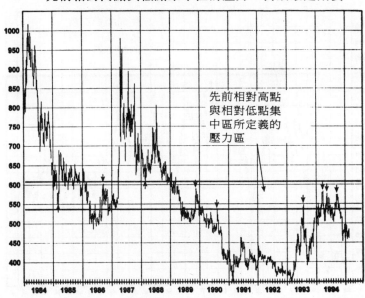

附註：↑ = 相對低點；↓ = 相對高點

圖 5.22
先前相對高點與低點集中區的壓力：德國馬克連續期貨

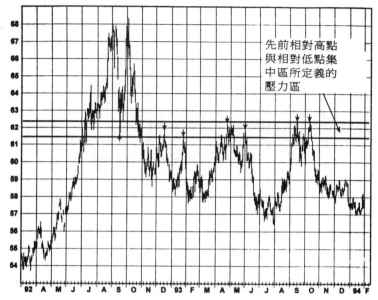

先前相對高點
與相對低點集
中區所定義的
壓力區

附註：↑＝相對低點；↓＝相對高點

圖 5.23
先前相對高點集中區的壓力：黃金連續期貨

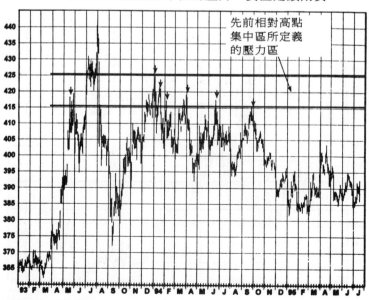

先前相對高點
集中區所定義
的壓力區

附註：↓＝相對高點

圖 5.24

先前相對低點與高點集中區的支撐：瑞士法郎最近期貨

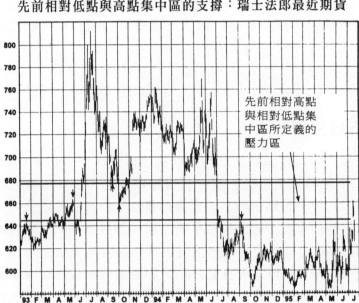

附註：↑ ＝ 相對低點；↓ ＝ 相對高點

來說，圖 5.22、5.23 與 5.24 的連續期貨日線圖就是利用先前
相對高點與低點來界定壓力區。

趨勢線、通道與內部趨勢線

　　第 3 章討論的趨勢線、通道線與內部趨勢線都代表潛在
的支撐與壓力。如同前述的說明，根據個人的經驗顯示，我認
爲內部趨勢線的可靠性優於傳統的趨勢線。可是，究竟那一種

趨勢線比較理想，這是非常主觀的問題，某些讀者的看法可能恰好與我相反。事實上，我們甚至不能以嚴格的數學方法來定義趨勢線與內部趨勢線，每個人所繪製的趨勢線可能都不相同。

價格包絡帶

我們可以透過移動平均來推演價格包絡帶（price envelope band）。價格包絡帶的上限定義為移動平均加上其讀數的某百分率；同理，包絡帶的下限定義為移動平均減去其讀數的某百分率。舉例來說，假定移動平均目前的讀數是 600，我們希望計算 3% 的包絡帶。在這種情況下，包絡帶的上限是 618，下限是 582。對於特定的移動平均，如果選擇適當的百分率，包絡帶可以涵蓋大部分的價格走勢，包絡的上限代表相對高點，下限代表相對低點。

在圖 5.25 中，我們取 1994 年 3 月份公債契約的 20 天移動平均，計算 2.5% 的價格包絡帶。由圖形中可以發現，價格包絡帶可以合理反映支撐與壓力。由另一個角度來解釋，價格包絡帶的上限與下限分別代表超買與超賣水準。價格包絡的觀念也適用於其他的時間架構。舉例來說，圖 5.26 就是計算 90 分鐘長條圖的 1.2% 包絡帶，這個 60 分鐘走勢圖與圖 5.25 代表相同的市場。

可是，請注意，我們不可以過分誇大價格包絡的功能。

圖 5.25
價格包絡帶可以反映日線圖中的支撐與壓力:
1995 年 3 月份公債期貨

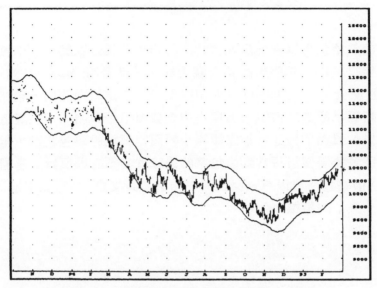

Source: FutureSource; copyright © 1986–1995; all rights reserved.

圖 5.26
價格包絡帶可以反映 90 分鐘走勢圖中的支撐與壓力:
1995 年 3 月份公債期貨

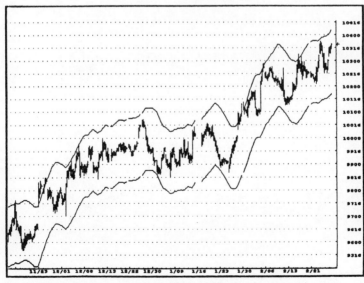

Source: FutureSource; copyright © 1986–1995; all rights reserved.

雖然包絡帶可以合理反映當時的行情是否接近反轉點，但價格可能長期處在包絡帶的某一端邊緣。請參考圖 5.25，1994 年2 月底到 4 月的期間就是典型的例子。在這段期間內，包絡帶不斷顯示超賣的情況，但價格還是繼續沿著包絡的下限走低。所以，雖然價格通常都僅能夠小幅而短暫地脫離包絡帶，但這並不意味著價格每當到達包絡的邊緣就必須立即反轉。整體而言，價格包絡可以有效反映潛在的壓力與支撐，但它並不是「萬無一失」的指標。

❖ 6 ❖　　　　　　價格型態

傑出的績效不一定發生在多頭市場。

Paul Rubin

單日的型態

跳空缺口

跳空缺口（gap）是指某天的低價高於前一天的高價，或某天的高價低於前一天的低價。缺口有四種基本的類型：

1. **普通缺口（common gap）.** 這類的缺口發生在交易區間內，不代表特別的意義。請參考圖 6.1、6.2 與 6.3，其中有一些普通缺口。

2. **突破缺口（breakaway gap）.** 這類的缺口經常發生在交易區間的端點，留下一個沒有交易行為的價格空檔（請參考圖 6.1 與 6.2）。如果突破缺口在幾天之內沒有被填補，往往代表圖形分析中最重要而可靠的訊號。

3. **逃逸缺口（runaway gap）.** 這類的缺口代表趨勢加速

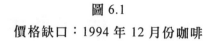

圖 6.1
價格缺口：1994 年 12 月份咖啡

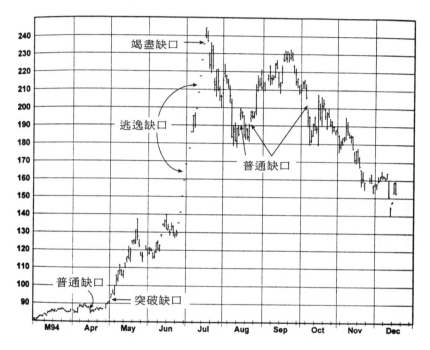

發展，屬於強勁多頭或空頭走勢的性質。在特別強勁
的多頭或空頭走勢中，可能出現連續幾天的逃逸缺口
（請參考圖 6.1、6.2 與 6.3）。

4. **竭盡缺口（exhaustion gap）.** 這類的缺口發生在延伸
   性的走勢之後，代表趨勢即將反轉的訊號（請參考圖
   6.1 與 6.2）。根據竭盡缺口的定義顯示，這似乎是非

圖 6.2
價格缺口：1995 年 2 月份活豬

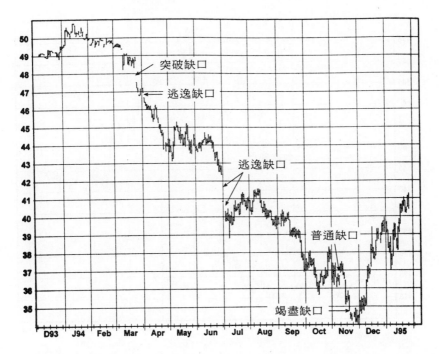

常有用的趨勢反轉指標，但竭盡缺口與逃逸缺口之間
的差別唯有在「事後」才會明朗化。雖說如此，在某
些情況下，我們還是可以及時判斷竭盡缺口（請參考
本章「頭部與底部排列」一節中的「島狀反轉」[island
reversals]）。

圖 6.3

價格缺口：1992 年 3 月份冷凍濃縮橙汁

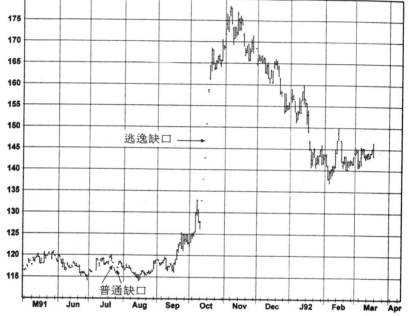

突兀線形

突兀高點（spike high）是當天的高價顯著高於先前與後續幾天的高價。一般來說，突兀高點的收盤都在當天的低價附近。突兀高點唯有發生在延伸性的漲勢之後才具有意義，這至少代表暫時性的買進高潮，可以視為是潛在相對高點的訊號。某些

情況下，突兀高點可能演變爲主要的頭部。

一般來說，下列因子將強化突兀高點的重要性：

1. 突兀高點的高價遠超過先前與後續幾天的高價。

2. 當天的收盤非常接近低價。

3. 突兀高點發生之前，曾經出現顯著的漲勢。

前述條件愈極端，突兀高點愈有可能演變爲相對高點，甚至於主要的頭部。

同理，突兀低點（spike low）是當天的低價顯著低於先前與後續幾天的低價。一般來說，突兀低點的收盤都在當天的高價附近。突兀低點唯有發生在延伸性的跌勢之後才具有意義，這至少代表暫時性的賣壓高潮，可以視爲是潛在相對低點的訊號。某些情況下，突兀低點可能演變爲主要的底部。

一般來說，下列因子將強化突兀低點的重要性：

1. 突兀低點的低價遠低於先前與後續幾天的低價。

2. 當天的收盤非常接近高價。

3. 突兀高點發生之前，曾經出現顯著的跌勢。

前述條件愈極端，突兀低點愈有可能演變爲相對低點，甚至於主要的底部。

圖 6.4~6.6 中包含幾個突兀高點與突兀低點的例子。在圖

圖 6.4
突兀高點：1995 年 3 月份可可

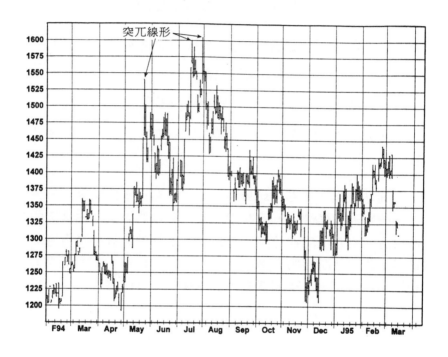

6.4 中，大約在兩個月之內發生三個突兀高點，第一個是相對高點，第二個與第三個發生在約略相同的價位，構成主要的頭部。圖 6.5 與 6.6 中包含相對高點與相對低點的突兀線形。

前述討論的突兀線形都具有三個基本的條件。可是，這些條件的定義有些含糊。當天的高價（低價）高（低）於先前與隨後數天高價（低價）到達多大的程度才稱得上突兀高點（低

圖 6.5

突兀高點與突兀低點：1991 年 7 月份咖啡

點）？當天收盤究竟應該多接近反向的極端價格，才稱得上突
兀線形？最後，先前的漲勢或跌勢又應該有多顯著，才符合突
兀線形的定義？這些問題都沒有明確的答案，需要由分析者主
觀認定。可是，圖 6.4~6.6 中的例子還是可以提供一些直覺上
的標準。

圖 6.6

突兀高點與突兀低點：1991 年 3 月份棉花

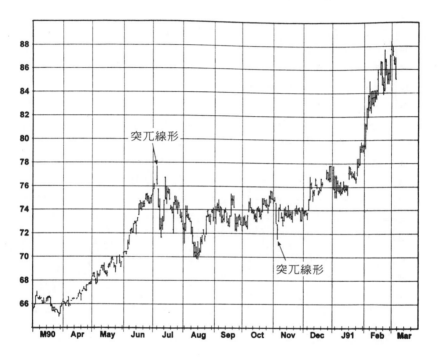

　　雖說如此，我們還是可以由數學角度界定突兀線形的意義。舉例來說，當價格走勢符合下列三個條件時，就滿足突兀高點的定義（突兀低點也可以採用類似的定義）：

1. $H_t - \text{Max}(H_{t-1}, H_{t+1}) > k \cdot \text{ADTR}$

　　其中　　　H_t ＝ 當天的高價

H_{t-1} = 前一天的高價

H_{t+1} = 次一天的高價

k = 參數（例如：$k = 0.75$）

ADTR = 過去 10 天的每天真實區間平均值[1]

2. $H_t - C_t > 3 \cdot (C_t - L_t)$

其中　　　C_t = 當天收盤價

L_t = 當天低價

3. H_t > 先前 N 天的最高價，其中 N 是參數（例如：$N = 50$）。

　　前述的第 1 個條件要求突兀高點的高價高於前一天與次一天高價的程度，至少必須大於先前 10 天平均真實區間的四分之三（假定 k 爲 0.75）。第 2 個條件要求突兀高點的收盤必須落在當天交易區間下端的四分之一以內。第 3 個條件要求突兀高點的高價必須高於先前 50 天的最高價（假定 $N = 50$），這可以確保先前的走勢是處於明確的漲勢中。（一般來說，N 設定得愈大，先前的漲勢持續得愈久。）

　　前述的例子僅是說明如何訂定突兀高點的嚴格數學定義，我們當然可以採用其他的定義。

---

[1] 真實區間是真實高價減去真實低價。真實高價是當天高價與前一天收盤價的較高者，真實低價是當天低價與前一天收盤價的較低者。（真實高價與真實低價的定義，請參考第 3 章。）

反轉日

高點反轉日（reversal high day）的標準定義是：當天價格創新高，但收盤反轉而低於前一天的收盤價。同理，低點反轉日是當天價格創新低，但收盤反轉而高於前一天的收盤價。以下的討論將以高點反轉日為準，但相同的評論也適用於低點反轉日。

如同突兀高點一樣，高點反轉日通常被解釋為買進高潮的相對高點。可是，根據標準的定義來說，高點反轉日的條件相當寬鬆；換言之，高點反轉日經常出現而不足以成為有效的訊號。由另一個角度來說，行情的高點偶爾是高點反轉日，但高點反轉日經常不是行情的高點。圖 6.7 可以說明這種普遍的現象。請注意，這波大多頭行情的峰位確實是高點反轉日，這似乎代表絕佳的賣出訊號。可是，在最後的高點反轉日發生之前，曾經出現 6 個高點反轉日，它們顯然都是不成熟的賣出訊號。圖 6.8 的情況也是如此，市場峰位確實是高點反轉日，但先前也曾經出現 5 個類似的不成熟訊號。如果任何人僅根據這種反轉訊號進行交易，在最後的有效訊號出現之前，他恐怕已經被整慘了。

在前述的兩個例子之中，至少最後的高點確實是高點反轉日。可是，更常見的情況往往不是如此；在整個上升走勢中出現許多錯誤的高點反轉訊號，但最後的高點卻不是高點反轉日。我們可以這麼說，每 100 個高點反轉日中，可能僅有 10 個真正的高點。換言之，高點反轉日偶爾是絕佳的訊號，但通常都是錯誤的訊號。

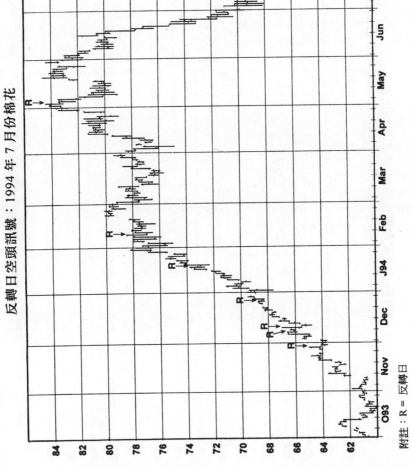

圖 6.7
反轉日空頭訊號：1994 年 7 月份棉花

附註：R ＝ 反轉日

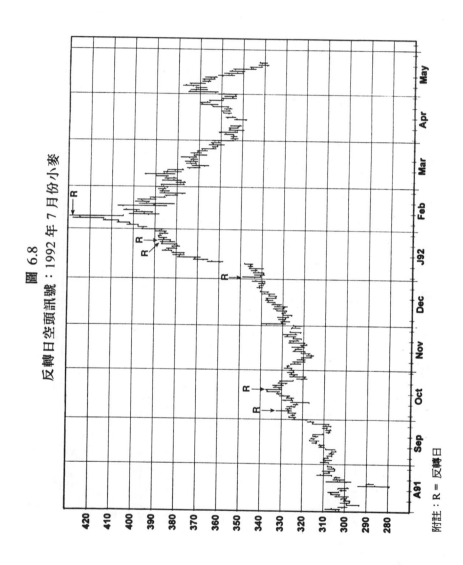

圖 6.8

反轉日空頭訊號：1992 年 7 月份小麥

附註：R ＝ 反轉日

　　根據我個人的看法，反轉日的定義太過於寬鬆，使得這個指標的假訊號過度頻繁而沒有實務上的用途。標準定義的問題在於規定「當天收盤價低於前一天的收盤價」，這個條件不夠嚴格。我建議更改這部分的條件為「當天收盤價低於前一天的低價」。（或是更嚴格一點，「低於前兩天的低價」。）採用這種嚴格的定義，顯然可以避免許多假訊號，但也可能篩除有效的訊號。舉例來說，修正後的定義可以避開圖 6.7 中的全部 6 個假訊號；可是，不幸地，最後的有效訊號也同時被篩除。圖 6.8 的情況比較理想，修正後的定義可以避開全部 5 個假訊號，但保留最後的有效訊號。

　　乍看之下，反轉線形與突兀性形頗為類似，但它們並不是對等的型態。突兀線形未必是反轉線形，反轉線形也未必是突兀線形。舉例來說，突兀高點的收盤價未必低於前一天的收盤價（或最低價），即使突兀高點的收盤價收在最低也是如此。由另一個角度來說，高點反轉日的高價未必顯著高於前一天的高價（這是突兀高點的定義），也不一定高於次一天的高價（因為反轉日的定義中完全沒有考慮隔天的價格行為）。另外，即使高點反轉日的收盤價遠低於前一天的收盤價，這也未必就位在當天的最低價附近（後者是突兀高點的定義）。

　　當然，某些線形可能同時符合反轉日與突兀日的條件，這可以強化反轉訊號的可靠性。因此，我們可以考慮把突兀線形的條件納入反轉日的標準定義中。（可是，這雖然可以強化訊號的可靠性，但還是可能篩除標準定義中的有效訊號。）請參考圖 6.9，在整個多頭走勢中，有兩支線形同時符合突兀與

圖 6.9
突兀反轉日：1994 年 9 月份咖啡

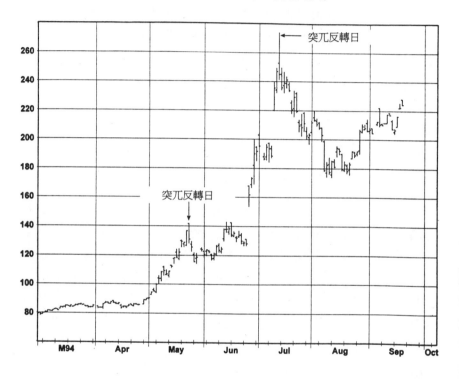

反轉日的條件。第一支線形是相對高點，結果也是不成熟的訊
號。第二支線形確實是整段走勢的峰位。

衝刺日

上衝日（upthrust day）是指當天的收盤價高於前一天的最高價。下衝日（downthrust day）是指當天的收盤價低於前一天的最低價。衝刺日之所以有意義，這是因為收盤價代表一天當中最重要的價位。單一的衝刺日並沒有特別的意義，因為這是很普遍的線形。可是，一系列的上衝日（不一定需要連續發生）可以反映走勢的根本勁道。同理，一系列的下衝日可以反映行情的根本疲態。

在多頭行情中，上衝日的數量顯然多於下衝日，請參考圖 6.10 中 3 月份~7 月份的期間。反之，在空頭行情中，下衝日的數量顯然多於上衝日，請參考圖 6.11 中 2 月份~3 月份的期間。在橫向發展的走勢中，上衝日與下衝日的數量大約相當，請參考圖 6.11 中 4 月份~6 月份的期間。

奔騰日

奔騰日（run day）是趨勢明確的線形。基本上來說，奔騰日的勁道強於衝刺日（雖然奔騰日可能不符合衝刺日的條件）。奔騰日的定義如下：

向上奔騰日（up run day）. 當天的線形符合下列兩個條件：

1. 當天的真實高價高於先前 N 天的真實高價（例如：$N =$

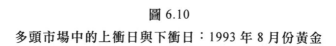

圖 6.10

多頭市場中的上衝日與下衝日：1993 年 8 月份黃金

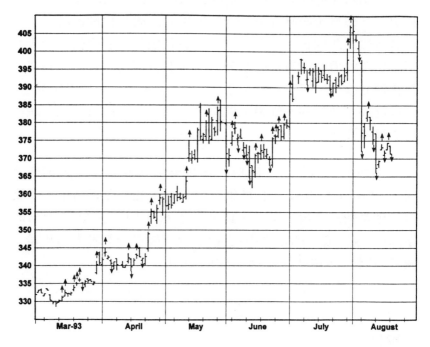

附註：↑ = 上衝日；↓ = 下衝日

5）[2]。

2. 當天的真實低價低於隨後 N 天的真實低價[3]。

---

[2] **真實**高價是指當天高價與前一天收盤價的較高者（參考第 3 章）。
[3] **真實**低價是指當天低價與前一天收盤價的較低者（參考第 3 章）。

圖 6.11

空頭市場中的上衝日與下衝日：1994 年 6 月份公債

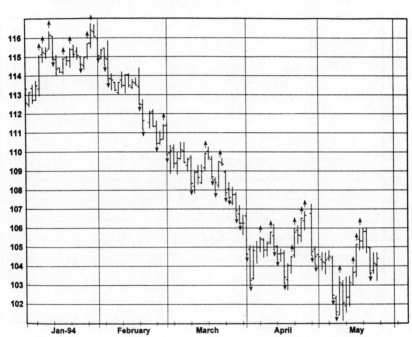

附註：↑ = 上衝日；↓ = 下衝日

向下奔騰日（down run day）. 當天的線形符合下列兩個
條件：

1. 當天的真實低價低於先前 N 天的真實低價。

2. 當天的真實高價高於隨後 N 天的真實高價。

圖 6.12

多頭市場中的奔騰日：1993 年 3 月份公債

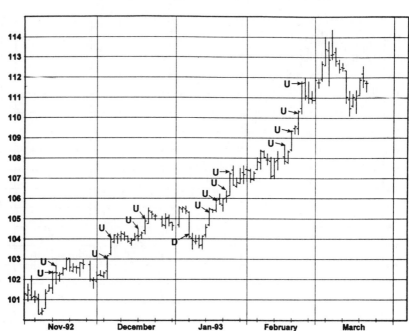

附註：U= 向上奔騰日；D = 向下奔騰日

　　根據前述的定義顯示，奔騰日必須在發生的 N 天之後才可以確定。另外，雖然大部分的奔騰日都是衝刺日，但未必始終如此。舉例來說，假定某天的低價低於先前 5 天的低價，高價高於隨後 5 天的高價，但它的收盤價還是可能高於前一天的低價。

圖 6.13

空頭市場中的奔騰日：1991 年 3 月份糖

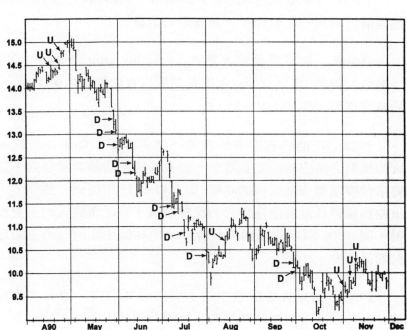

附註：U= 向上奔騰日；D = 向下奔騰日

圖 6.12 與 6.13 是奔騰日的例子（N=5）。請注意，奔騰日經常出現在趨勢明確的走勢中，這也是其名稱由來。當向上奔騰日密集出現時，往往可以做爲多頭走勢的確認訊號（圖 6.12）。同理，當向下奔騰日密集出現時，往往可以做爲空頭走勢的確認訊號（圖 6.13）。第 18 章將根據奔騰日的觀念來界定交易系統。

長線形

長線形（wide-ranging day）是指當天的價格波動程度顯著超過最近線形的波動程度。長線形的定義如下：

長線形. 當天的價格波動率（volatility ratio，VR）大於 *k*（參數，例如：*k* = 2.0）。VR 是當天真實區間除以過去 *N* 天的真實區間（例如：*N* = 15）。

長線形可能具有顯著的意義。舉例來說，如果在一波重大的跌勢之後出現一支長線形，而且當天的收盤非常強勁，這經常代表趨勢向上反轉的訊號。圖 6.14~6.16 中提供一些例子，這些長線形都是發生在重大的跌勢之後，預示著隨後的主要漲勢。圖 6.16 顯示連續兩支長線形，恰好發生在前一波空頭走勢的最低點。

同理，如果長線形發生在主要的漲勢之後，而且其收盤價非常疲軟，這經常是趨勢向下反轉的訊號。圖 6.17 與 6.18 中顯示這類向下發展的長線形，它們都發生在前一波主要漲勢的峰位附近，一舉勾消數個星期的漲勢。這種長線形應該被視為是嚴重的警訊，代表先前的主要趨勢已經發生反轉。圖 6.19 中顯示連續 4 支的長線形，價格的折返幅度相當於是先前 4 個月的漲勢。第一支線形非常接近這個為期 7 年大多頭走勢的峰位。第 18 章中，我們將引用長線形的觀念來建構一個交易系統。

圖 6.14

收高長線形：1994 年 8 月份原油

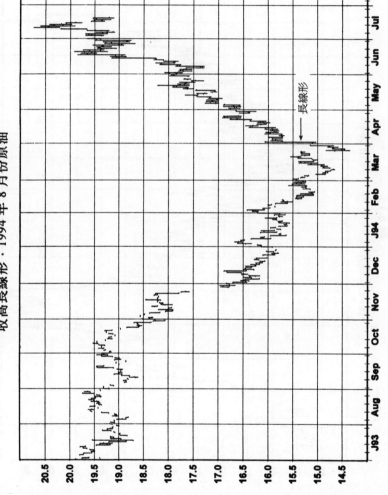

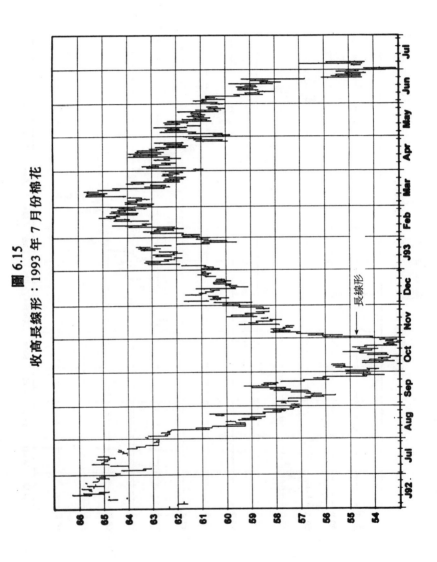

圖 6.15

收高長線形：1993 年 7 月份棉花

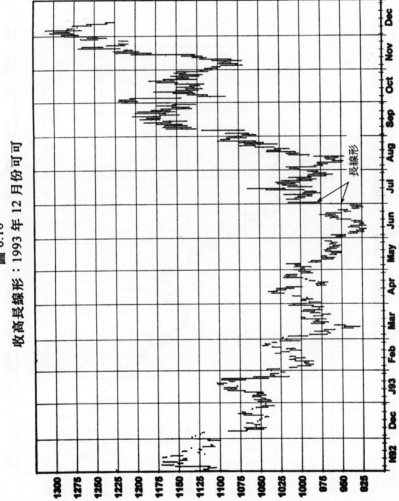

圖 6.16

收高長線形：1993 年 12 月份可可

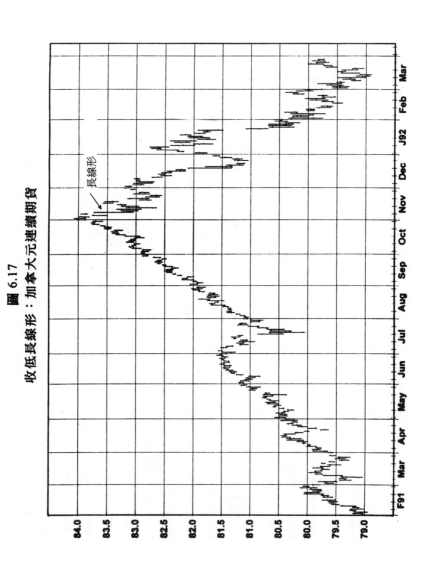

圖 6.17

收低長線形：加拿大元連續期貨

圖 6.18
收低長線形：1993 年 12 月份黃金

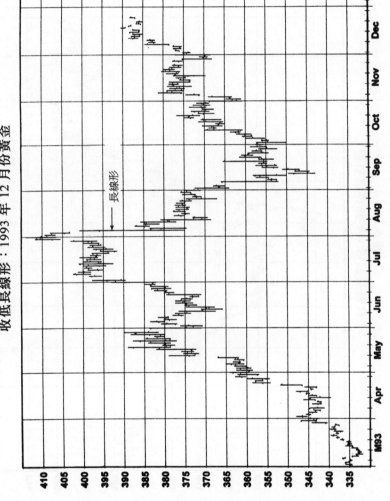

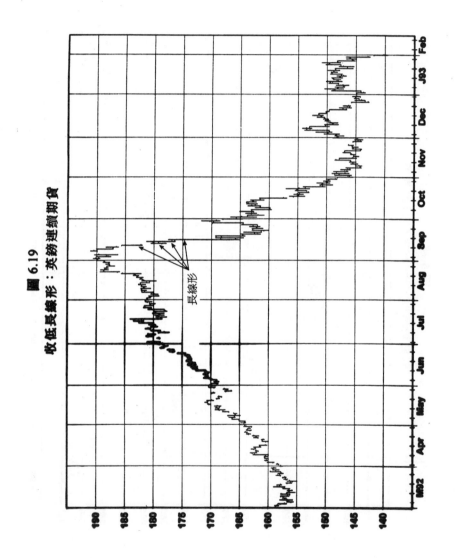

圖 6.19

英鎊連續期貨

收低長線形

連續型態

　　連續型態（continuous patterns）是指長期趨勢的發展過程中，價格所形成的各種密集交易排列。如同其名稱所顯示，連續型態完成之後，價格將朝原先的方向繼續發展。

三角形

　　三角形排列有三種基本的類型：等腰三角形（symmetrical triangle，參考圖 6.20 與 6.21）、上升三角形（ascending triangle，

圖 6.20

等腰三角形：冷凍濃縮橙汁連續期貨

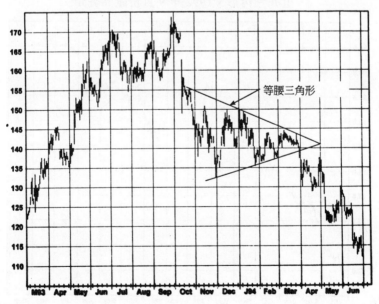

圖 6.21
等腰三角形：瑞士法郎連續期貨

等腰三角形

圖 6.22
上升三角形：1992 年 9 月份歐洲美元

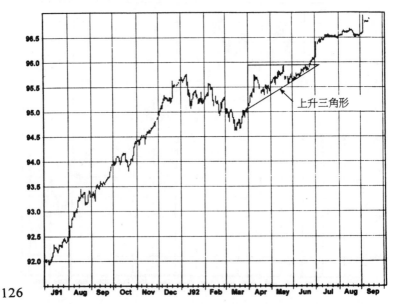

上升三角形

圖 6.23
上升三角形：1992 年 10 月份糖

上升三角形

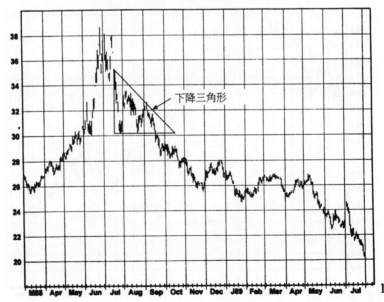

圖 6.24
下降三角形：黃豆油連續期貨

下降三角形

127

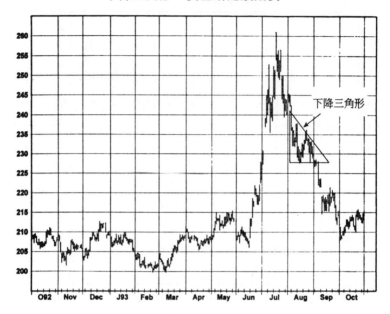

圖 6.25
下降三角形：黃豆餅連續期貨

圖 6.26
上升三角形的向下突破：1995 年 3 月份歐洲美元

參考圖 6.22 與 6.23）與下降三角形（descending triangle，參考圖 6.24 與 6.25）。等腰三角形完成之後，價格通常都會朝原先趨勢的方向發展，請參考圖 6.20 與 6.21。根據傳統的圖形解釋，當非等腰三角形的排列完成之後，價格將朝斜邊的方向發展，請參考圖 6.22~6.25。可是，突破方向的重要性遠超過三角形的形狀。以圖 6.26 為例，雖然 1994 年 4 月份~8 月份的密集交易區構成上升三角形的型態，但向下突破引導一波重大的跌勢。

旗形與三角旗形

旗形（flags）與三角旗形（pennants）是形成於趨勢之內的狹小、短暫（例如：1 到 3 個星期）密集交易區。平形狀的排列稱為旗形，兩側相互收斂的排列稱為三角旗形。圖 6.27 與 6.28 包括這兩種型態。三角旗形的形狀類似於三角形，但三角形排列的涵蓋期間比較長。

旗形與三角旗形通常是代表主要趨勢中的短暫停頓。換言之，排列完成之後，價格將朝原來的趨勢方向發展。

旗形或三角旗形的突破，可以視為是趨勢繼續發展的確認訊號，也是順勢交易的訊號。可是，由於突破通常都是發生在主要趨勢的方向，我個人偏好在排列之中進場，預先判斷突破的方向。這種方法可以取得比較理想的進場價格，而且不需付出額外的代價，因為排列突破之後發生反轉的機會大約等於

圖 6.27
旗形與三角旗形：1995 年 3 月份糖

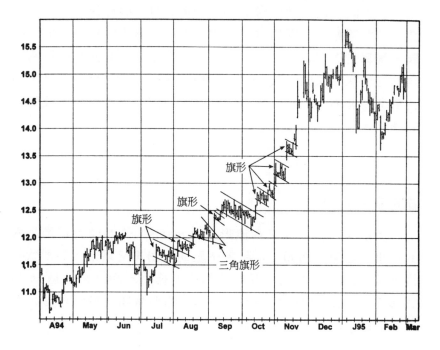

逆向的突破。當旗形或三角形突破之後，可以在排列的邊緣附近設定停損。

　　如果旗形或三角形發生顯著的逆向突破——換言之，朝主要趨勢的相反方向進行突破——應該視爲趨勢反轉的潛在訊號。以圖 6.28 爲例，下降趨勢中發生一系列順向突破的旗形與三角旗形，最後在 6 月份發生逆向的旗形突破，然後價格大

圖 6.28
旗形與三角旗形：1992 年 7 月份可可

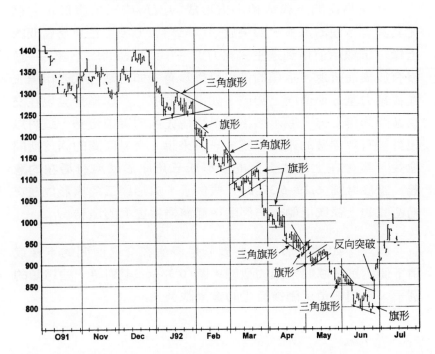

幅上揚。

　　旗形與三角旗形的排列方向，通常與主要趨勢的發展方
向相反。圖 6.27 與 28 中的大多數旗形與三角旗形都呈現這種
性質，這是相當典型的現象。可是，旗形或三角旗形本身的排
列方向並不是特別重要的考量。根據我個人的觀察與經驗，旗
形與三角旗形的排列方向與隨後的突破方向之間，並沒有存在

顯著的關連。

在交易區間上緣或稍上方形成的旗形或三角旗形，它們尤其具有多頭的意義。如果旗形或三角旗形發生在交易區間的上緣，這顯示價格到達主要壓力區——交易區間的上緣——並沒有放棄而折返。這類的價格行為具有多頭意涵，代表市場正在蓄集力量，準備向上突破。如果旗形或三角旗形是發生在交易區間的稍上方，顯示價格得以穩住先前的突破走勢，這可以視為是有效突破的確認訊號。一般來說，交易區間的涵蓋期間愈長，發生在上緣或上側的旗形或三角旗形就愈有潛在的意義。請參考圖 6.29~6.32 的一些例子，旗形與三角旗形位在交易區間的上緣或上側，它們隨後都演變為重大的漲勢。

同理，如果旗形或三角旗形是發生在交易區間的下緣或稍下側，這是屬於空頭的型態。圖 6.33~6.36 列舉一些這類的例子，它們都預示隨後發生的重大跌勢。

頭部與底部的排列

Λ形頭部與 V 形底部

Λ形頭部與 V 形底部都是突然反轉的型態（請分別參考圖 6.37 與圖 6.38）。我們通常很難判斷這類的走勢究竟是修正或反轉，除非有其他的技術指標可供參考（例如：突兀線形、反轉日、跳空缺口或長線形）。圖 6.38 中的 V 形底就有這類的跡象——明顯的突兀線形——但圖 6.37 的Λ形頭部則沒有其他的

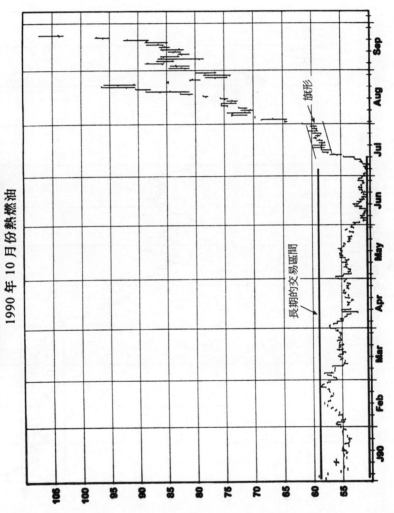

圖 6.29

交易區間上緣的旗形代表多頭訊號：
1990 年 10 月份熱燃油

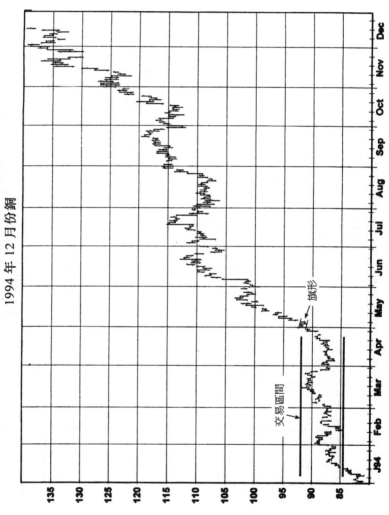

圖 6.30
交易區間上緣的旗形代表多頭訊號：
1994 年 12 月份銅

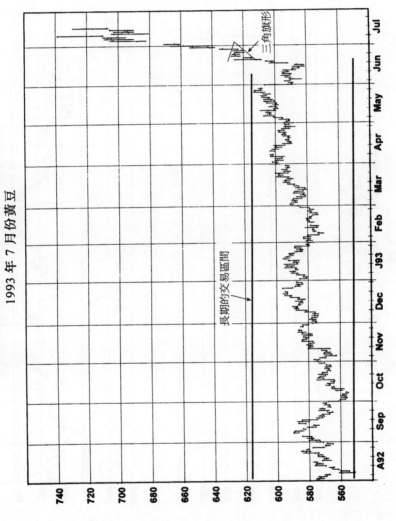

圖 6.31
交易區間上側的三角旗形代表多頭訊號：
1993 年 7 月份黃豆

圖 6.32
交易區間上側的旗形代表多頭訊號：
1993 年 7 月份黃豆豆餅

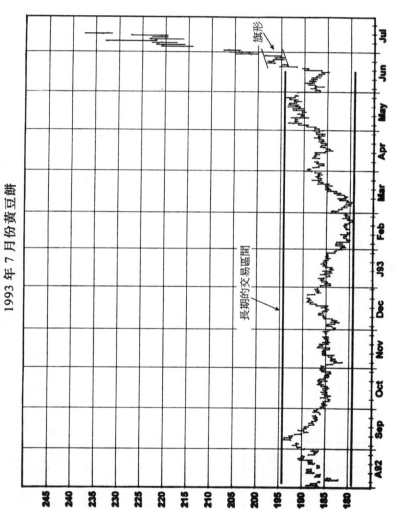

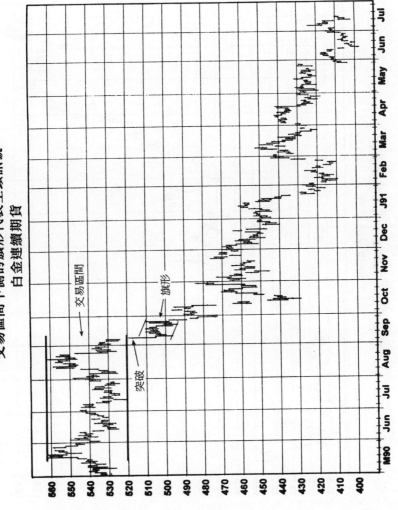

圖 6.33
交易區間下側的旗形代表空頭訊號：
白金連續期貨

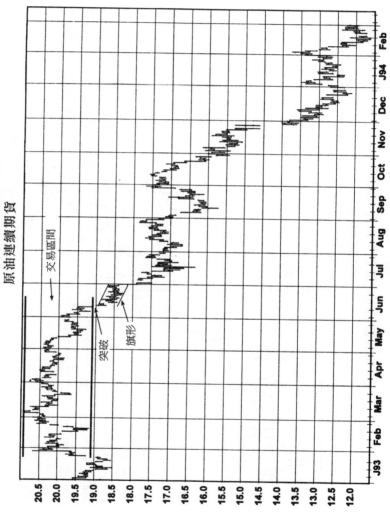

圖 6.34
交易區間下側的旗形代表頭空訊號：
原油連續期貨

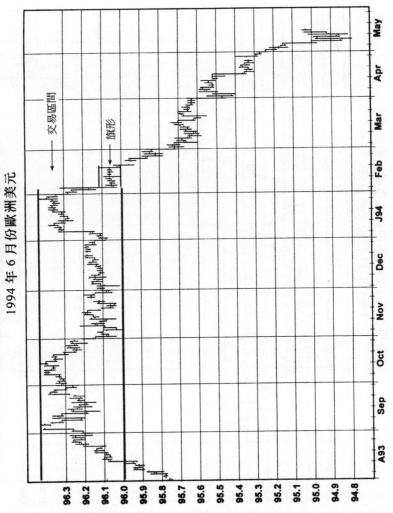

圖 6.35

交易區間下緣的旗形代表空頭訊號：
1994 年 6 月份歐洲美元

圖 6.36

交易區間下側的旗形代表空頭訊號：
1994 年 11 月份天然瓦斯

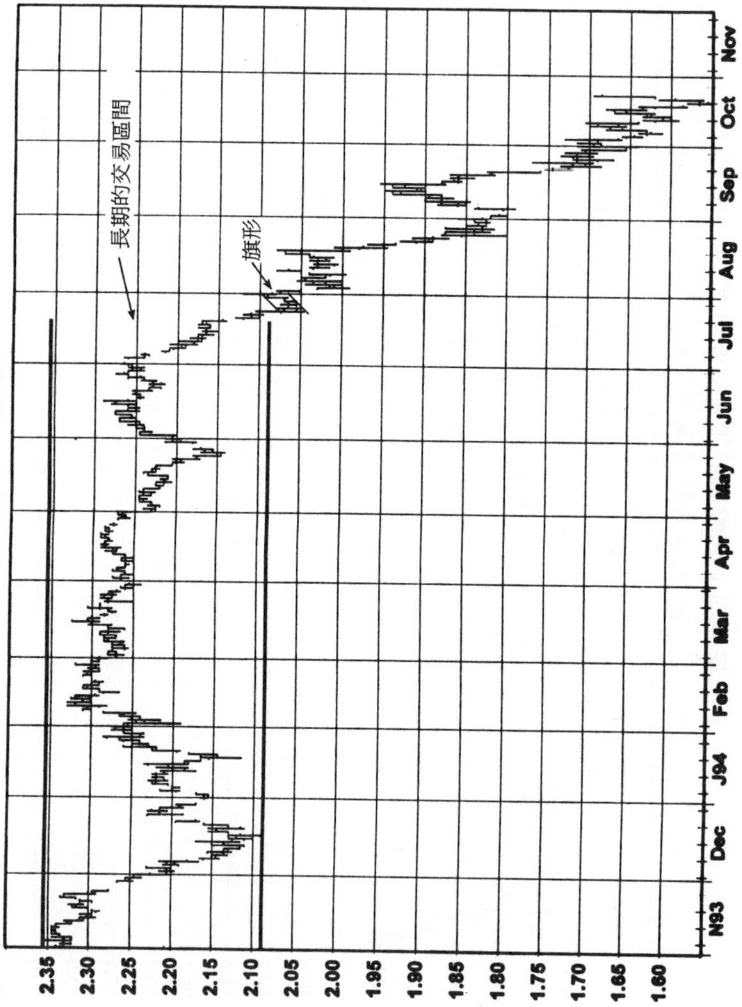

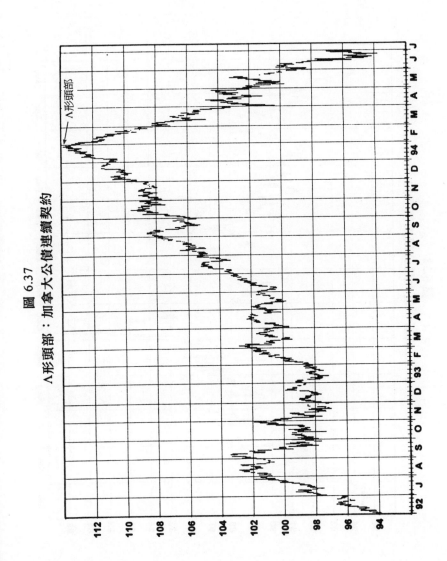

圖 6.37

∧形頭部：加拿大公債連續契約

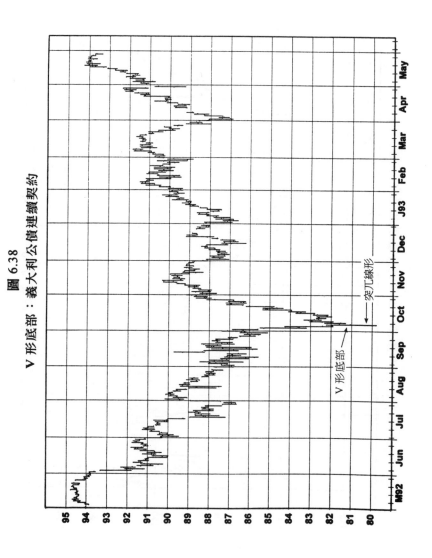

圖 6.38

V 形底部：義大利公債連續契約

趨勢反轉徵兆。

雙重頂與雙重底

雙重頂（double tops）與雙重底（double bottoms）的形狀正如同其名稱所顯示。當然，兩個頭部（或底部）的位置不需完全相同，只要處在類似的價位就可以了。如果雙重頂與雙重底是發生在大波段的價格走勢之後，通常代表重要的趨勢反轉訊號。圖 3.39 中的德國馬克形成一個大型的雙重頂。（關於雙重頂與雙重底的圖形範例，我們都採用連續契約，因為個別契約的高流動性交易期間太短，不足以充分顯示型態完成之前與之後的走勢。）

當價格穿越兩個頭部（底部）中間的折返低點（高點），雙重頂（雙重底）就可以視為完成。如果中間的折返價位很深（例如圖 6.39 中的情況），等待「正式的」確認訊號似乎不切實際，交易者必須透過其他指標來預測型態。舉例來說，在圖 6.39 中，如果等待價格跌破雙重頂的折返低點，整個 4 月份~8月份的漲勢已經去掉一半。可是，第二個頭部的突兀高點與隨後的旗形排列，這都顯示價格將朝下發展。根據這些徵兆，交易者應該判斷雙重底型態完成的可能性很高，雖然排列還沒有獲得正式的確認。

圖 6.40 中顯示澳洲 10 年期債券於 1990 年代初期發生的一波大多頭行情，最後結束於雙重頂的排列。請注意，為了充

分反映整波段的走勢，此處是採用週線圖。由這份圖形中可以發現，雙重頂（或雙重底）是屬於主要趨勢的反轉型態。就這個例子而言，兩個頭部所夾的折返低點很淺，排列確認的位置非常接近實際的高點（完全不同於圖 6.39 的情況）。

圖 6.41 與 6.42 中說明另一些雙重底的型態。在圖 6.43 的走勢圖中，同時呈現雙重底與雙重頂的排列。頭部或底部超過兩個的類似排列（換言之，三重頂與三重底）相對罕見，但解釋上的原理完全相同。圖 6.44 中有一個典型的三重底排列，三個低點的價位幾乎完全相同。圖 6.45 中有一個三重頂的例子。

頭肩排列

頭肩型態（head and shoulders）可以說是最著名的圖形排列之一。頭肩頂（head-and-shoulders top）是由三個部分構成，「頭部」的位置高於兩「肩」（參考圖 6.46）。同理，頭肩底（head-and-shoulders bottom）也是由三個部分構成，「頭部」的位置低於兩「肩」（圖 6.47）。圖形分析的初學者經常會過早判定頭肩型態；請注意，唯有當價格形成「右肩」而穿越頸線之後，頭肩排列才算完成（參考圖 6.46 與 6.47）。另外，唯有當排列發生在主要的走勢之後，這個型態才有意義。換言之，即使頭肩的形狀非常完美，如果先前沒有發生重大的多 / 空走勢，這個型態僅是空有其名而不足以構成反轉排列。

圖 6.39

雙重頂：德國馬克連續期貨

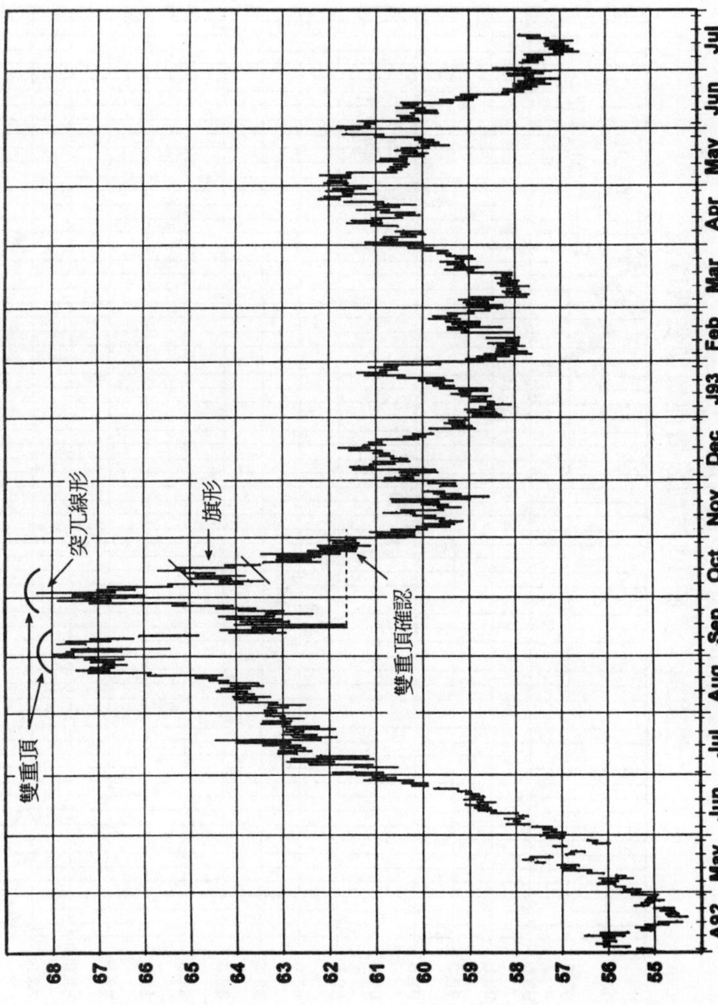

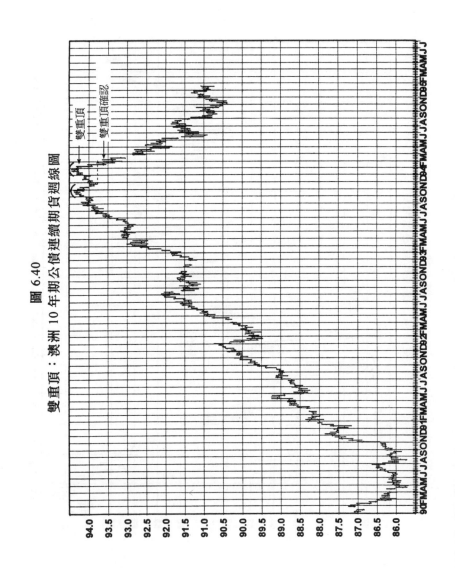

圖 6.40

雙重頂：澳洲 10 年期公債連續期貨週線圖

圖 6.41

雙重底：無鉛汽油連續期貨

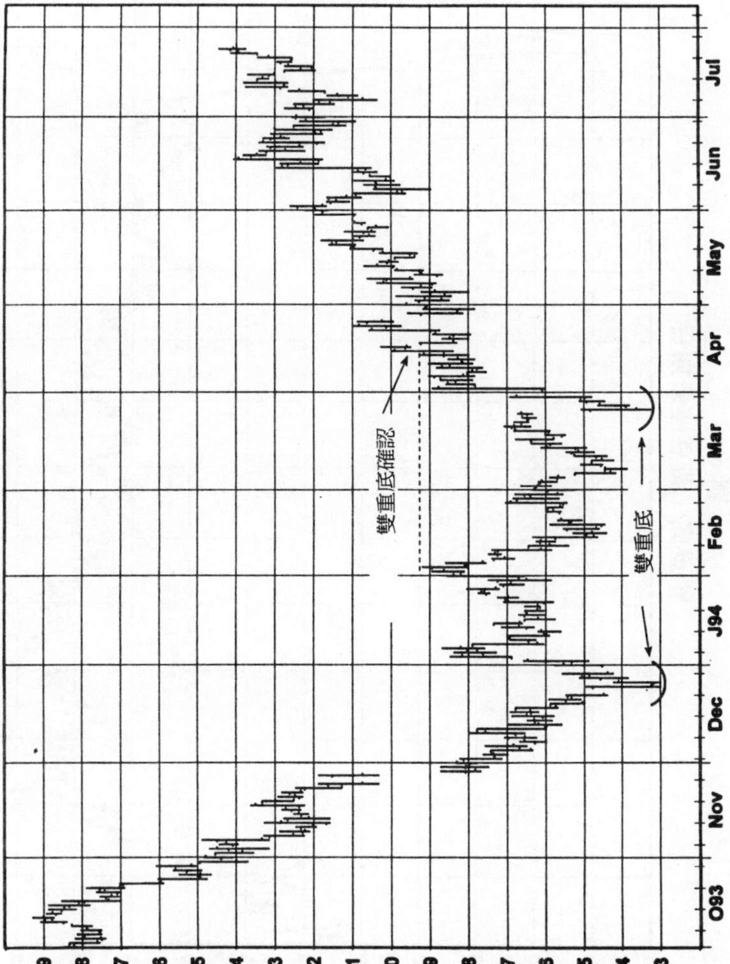

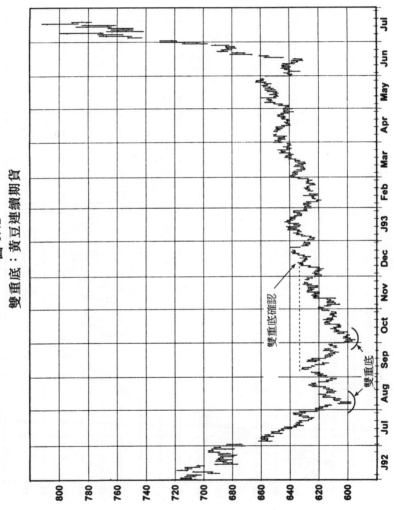

圖 6.42

雙重底：黃豆連續期貨

圖 6.43

雙重頂與雙重底：日圓連續期貨

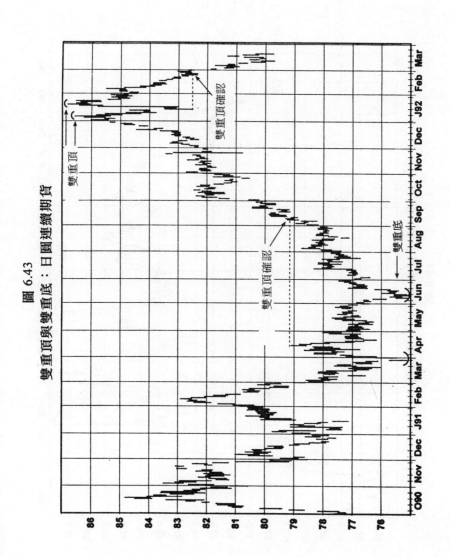

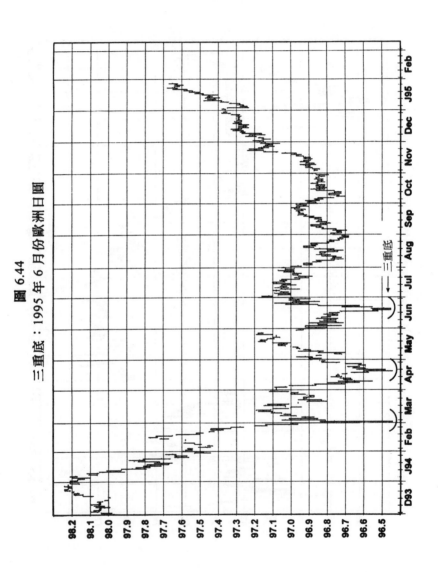

圖 6.44
三重底：1995 年 6 月份歐洲日圓

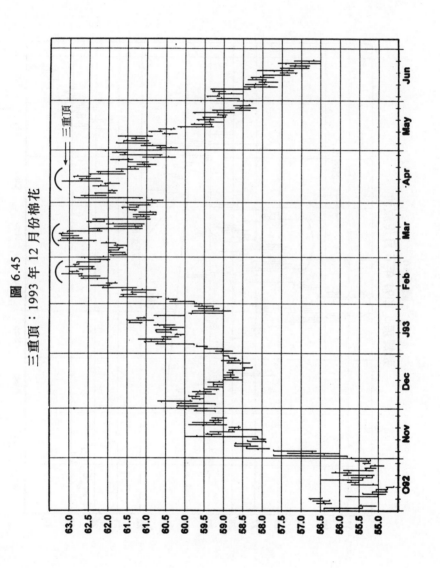

圖 6.45

三重頂：1993 年 12 月份棉花

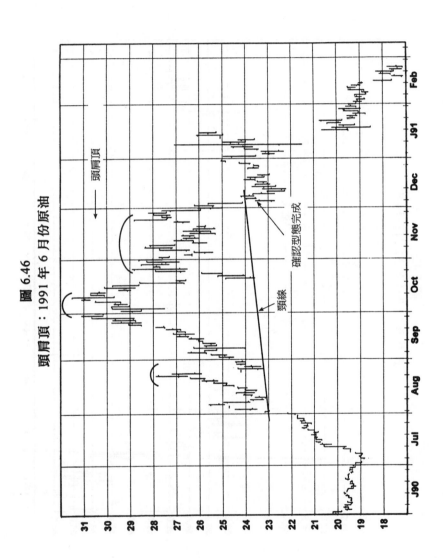

圖 6.46

頭肩頂：1991 年 6 月份原油

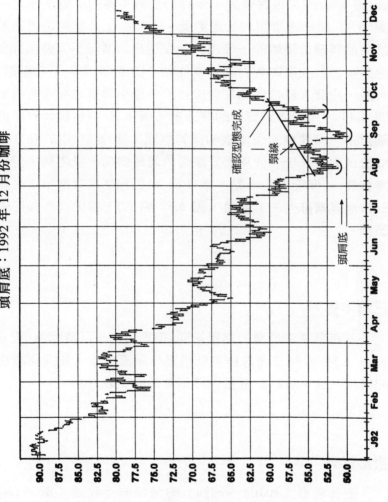

圖 6.47

頭肩底：1992 年 12 月份咖啡

圓形頂與圓形底

圓形頂與圓形底（rounded tops 與 rounded bottoms，又稱為碟形[saucers]）相對罕見，但它們是最可靠的反轉型態之一。圖 6.48 顯示連續契約的走勢圖，主要的上升趨勢透過圓形頂排列而轉變位陡峭的下降趨勢。在理想的情況下，整個排列不應該有過於突出的相對高點或低點（圖 6.48 或許不甚理想）；可是，我個人認為重點在於排列的外緣必須構成平滑的圓形。圖 6.49 中顯示個別契約的圓形頂。圖 6.50 中也是個別契約的圓形頂，但連續出現兩個相同的型態。圖 6.51 中的圓形頂是雙重頂的一部份，使得上升趨勢急遽轉變為下降趨勢，對比非常強烈。（順便提及一點，圖 6.51 中還包括本章稍早所討論的三角形連續排列。）最後，圖 6.52 與 6.53 提供一些圓形底的範例。

三角形排列

三角形通常是屬於連續排列，但也可能是反轉型態。圖 6.54 與圖 6.55 中的三角形排列就是屬於頭部型態。如同連續排列的情況一樣，重點的考量在於三角形的突破方向。

楔形排列

上升楔形（rising wedge）的兩緣向上收斂（圖 6.56 與 6.57）。價格沒有能力加速發展而突破楔形的上緣，顯示上檔

的壓力非常沉重。價格突破楔形的下緣，代表賣出訊號。圖 6.58
是下降楔形（declining wedge）的例子。楔形排列有時候涵蓋
數年的走勢。圖 6.59 與 6.60 顯示黃金市場中最近契約與連續
契約跨越數年的下降楔形排列。雖然這兩份走勢圖的差異頗
大，但都是屬於下降楔形的型態（譯按：下降楔形是屬於底部
的反轉型態，上升楔形是屬於頭部的反轉型態）。

圖 6.48
圓形頂：MATIF 名義債券連續期貨

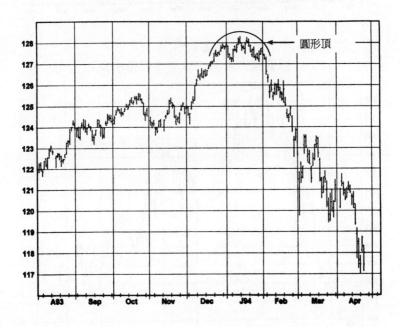

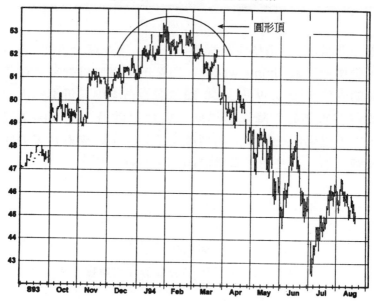

圖 6.49
圓形頂：1994 年 8 月份活豬

圓形頂

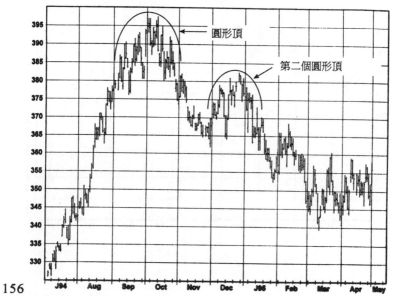

圖 6.50
兩個圓形頂：1995 年 5 月份小麥

圓形頂

第二個圓形頂

圖 6.51
圓形頂為雙重頂的一部分：義大利公債連續期貨

圖 6.52
圓形底：1994 年 5 月份銅

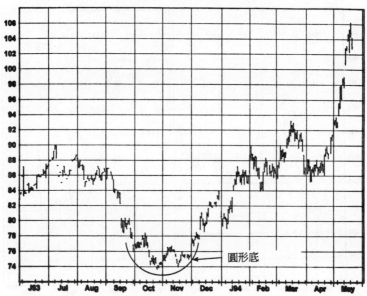

157

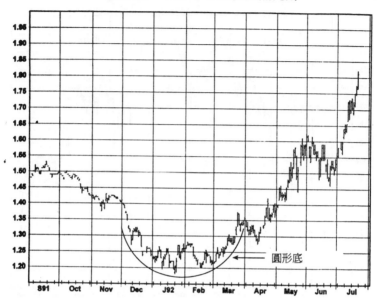

圖 6.53
圓形底：1992 年 8 月份天然瓦斯

圓形底

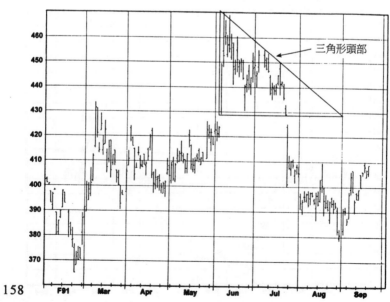

圖 6.54
三角形頭部型態：1991 年 9 月份白銀

三角形頭部

圖 6.55
三角形頭部型態：1995 年 3 月份加拿大元

三角形頭部

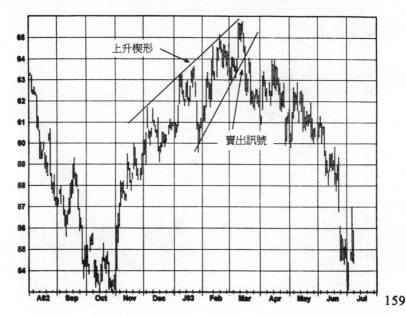

圖 6.56
上升楔形：1993 年 7 月份棉花

上升楔形

賣出訊號

159

圖 6.57
上升楔形：無鉛汽油連續期貨

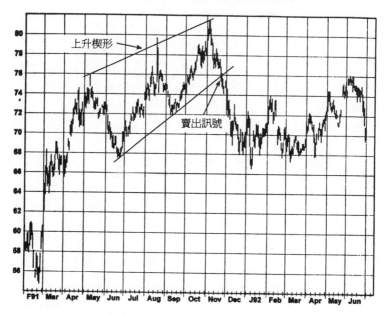

圖 6.58
下降楔形：原油連續期貨

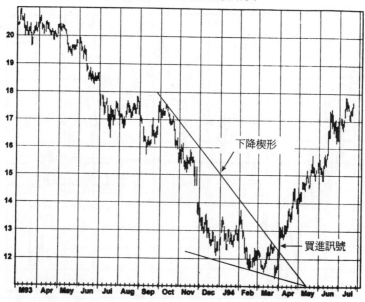

圖 6.59
多年的下降楔形：黃金最近期貨週線圖

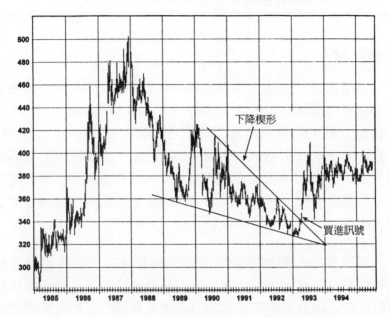

下降楔形

買進訊號

圖 6.60
多年的下降楔形：黃金連續期貨週線圖

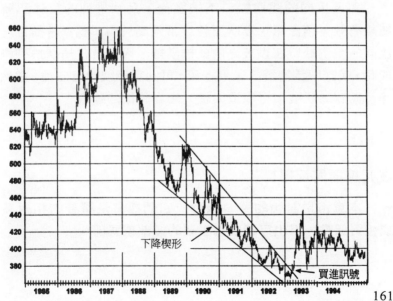

下降楔形

買進訊號

161

島狀反轉

頭部的島狀反轉（island reversal）是在一波延伸性的**價格漲勢**之後，價格向上跳空，經過一天或數天的整理，價格又向下跳空。圖 6.61 與 6.62 顯示頭部的島狀反轉，其中的「島狀」都是由單一的線形構成；在圖 6.63 之中，兩個跳空缺口隔開的「島狀」是由四支線形構成。圖 6.64 是底部島狀排列的例子。在某些情況下，兩個反向的跳空缺口可能相隔幾個星期，留下相當大的島狀（請參考圖 6.65 中的頭部島狀反轉）。

當既有的趨勢加速發展而出現跳空缺口，如果價格不能**繼續**順勢發展而出現另一個反向的跳空缺口，這就構成島狀反**轉**的排列。除非反向的跳空缺口迅速被填補，否則島狀排列**經常代表主要趨勢的反轉訊號**。

只要反向的跳空缺口不被填補，島狀排列的反轉**訊號就繼續**有效。請注意，島狀反轉經常是屬於假訊號——換言之，反向的跳空缺口在幾天之內就被填補。因此，當島狀排列剛形成時，或許應該等待 3 天到 5 天，再判定訊號的有效性。當然，等待確認的訊號，可能造成進／出場時機的延誤。

突兀線形與反轉日

本章稍早討論的單一線形，它們經常是顯著的相對高點或相對低點，但也可能成為主要的頭部或底部。

圖 6.61
頭部的島狀反轉：1994 年 11 月熱燃油

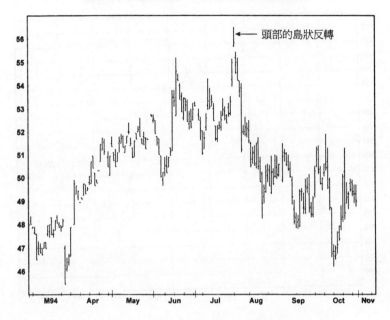

頭部的島狀反轉

圖 6.62
頭部的島狀反轉：1994 年 12 月黃豆油

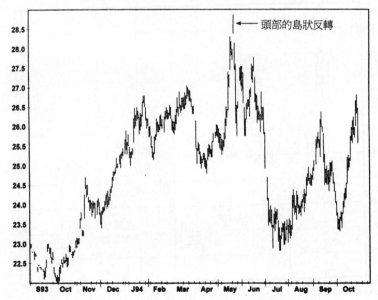

頭部的島狀反轉

163

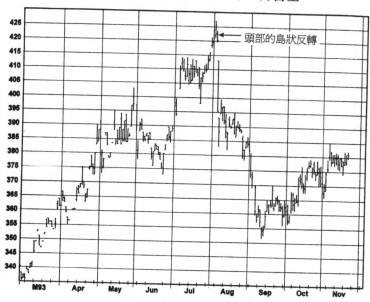

圖 6.63
頭部的島狀反轉：1994 年 1 月白金

← 頭部的島狀反轉

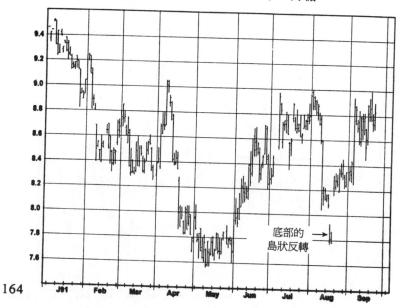

圖 6.64
底部的島狀反轉：1992 年 3 月糖

底部的
島狀反轉 →

圖 6.65

頭部的島狀反轉：1992 年 12 月份英鎊

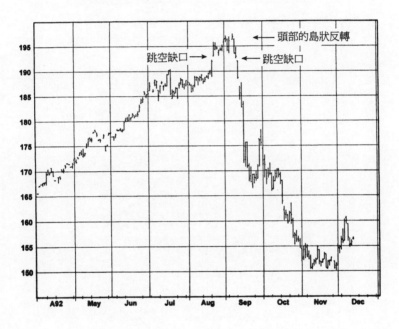

❖ 7 ❖　　圖形分析是否仍然有效？

當人們說道，『我從來沒有遇到一位富有的技術分析者』，我就覺得非常可笑。這是一種傲慢而無知的態度。我在基本分析的領域內打滾九年而僅能夠勉強討生活，但技術分析讓我致富。

Marty Schwartz

許多不曾使用圖形分析的交易者（甚至是圖形分析的老手)經常會懷疑這種方法的有效性。時常引起質疑的問題包括：「如此簡單的方法怎麼可能有效？」「每個人都知道圖形分析的論點，難道場內交易員不會操縱價格而故意引發圖形上的停損點？」「即使圖形分析曾經有效，但目前市面上充滿這方面的著述，一旦方法公開之後還繼續有效嗎？」

雖然這些問題背後的論點基本上都成立，但有一些因素**將使**圖形分析繼續有效：

1. 只要嚴格控制損失，並讓獲利的部位持續發展，成功的交易不需仰賴 50%以上的正確判斷。舉例來說，假定目前是 1991 年 3 月，某位交易者認為 1992 年 9 月份歐洲美元契約處於交易區間之內（參考圖 7.1），他決定順著收盤價的突破方向進行交易。圖 7.2 顯示這

圖 7.1
交易區間的行情：1992 年 9 月份歐洲美元

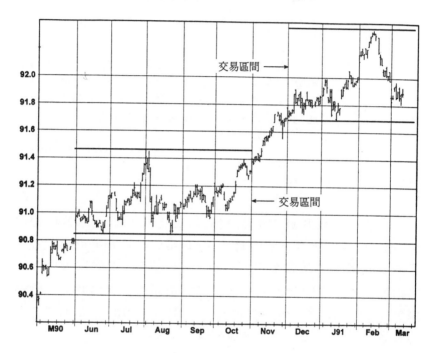

個策略最初的交易訊號與平倉位置，以及交易的結
果。假定這位交易者的停損是設定在交易區間的中央
（關於如何選擇停損點的問題，請參考第 9 章。）由
圖 7.2 中可以發現，最初的兩筆交易都造成立即的損
失。可是，請參考圖 7.3，第三個訊號卻讓多頭部位
掌握絕大部分的漲勢，價格漲幅遠超過前述兩筆交易
的反向價格擺動。（請注意，每當價格發生假突破之

圖 7.2

假突破的訊號：1992 年 9 月份歐洲美元

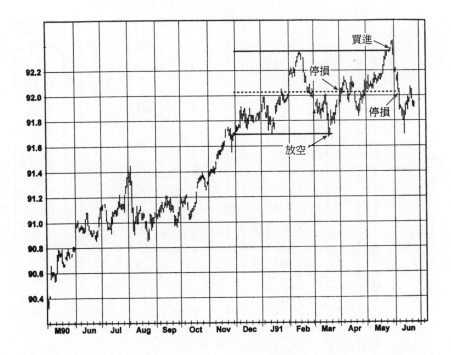

後，交易區間需要重新定義，換言之，交易區間需要
擴大。）

　　請注意一點，雖然三筆交易中有兩筆發生虧損，
但整體的結果卻非常理想。嚴格遵守資金管理與風險
控制的規範，這是成功運用圖形分析的必要條件。

2. 採用確認條件而不盲目相信每一個技術訊號，圖形分

圖 7.3

兩個假訊號之後的致勝突破訊號：1992 年 9 月份歐洲美元

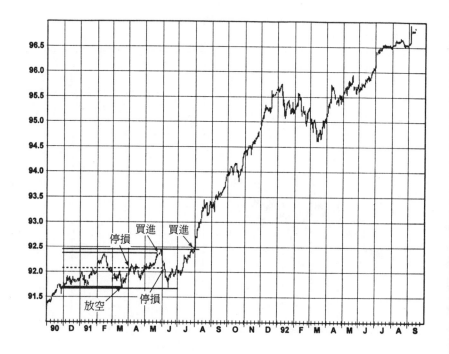

析將具有較高的績效。如何選用確認法則，其中自然
涉及「得失」的關係：確認條件愈寬鬆，接受假訊號
的頻率愈高；確認條件愈嚴謹，進／出場延誤所造成
的（機會）損失愈大。建立確認條件的某些準則包括：
時間延遲、最低穿越百分率與特定的圖形排列（例如：
訊號必須受到連續兩個順勢衝刺日的確認）。

　　「確認」並沒有一組所謂的最佳條件。任何測試結果所顯示的最佳策略都會隨著市場與時間而變動。所以，如何選擇確認條件，最終還是取決於交易者個人的分析與經驗。事實上，選擇確認條件的主觀性質，正是圖形分析之所以個人化的重要理由之一。

　　為了說明確認條件如何設定，請參考下列這組法則：

a.　訊號發生之後，等待 3 天。

b.　對於買進訊號來說，唯有當收盤價高於訊號發生之後的最高價，才進場建立多頭部位。賣出訊號也採取類似的條件。

　　根據圖 7.2 顯示，這些法則可以過濾 3 月份與 5 月份的虧損訊號，而最後的有效買進訊號僅會稍微延遲。當然，我們也可以舉其他的例子，凸顯這套確認條件所造成的嚴重延誤。可是，此處必須強調一點，採用確認法則是將圖形分析運用於實際交易的必要手段。

3.　圖形分析並不僅僅是個別型態的辨識與解釋，成功的交易者還需要把許多個別的成份結合為整體的架構。舉例來說，如果前述的交易者認為 1992 年 9 月份歐洲美元僅是處在單純的交易區間（參考圖 7.1），他將以相同的態度處理向上與向下的突破。可是，有經驗的圖形分析者會考慮更大的架構。舉例來說，分析當時連續契約週線圖的情況（參考圖 7.4）。由週線圖中

圖 7.4

長期走勢圖是整體分析的一部分：1992 年 9 月份歐洲美元

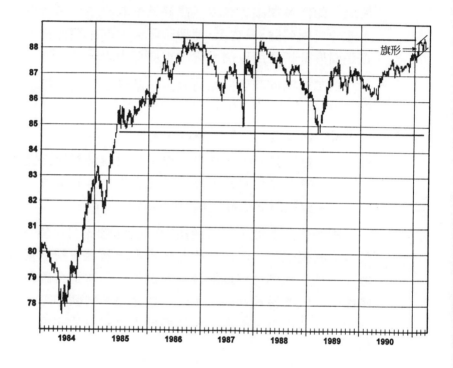

可以發現，1991 年初的走勢正好在 5 年期交易區間的
上緣形成一個旗形排列。由於這是非常多頭的價格型
態，顯然不應該隨便接受日線圖中的賣出訊號。所以，
由宏觀的角度進行分析，可以協助交易者避開 3 月份
的賣出假訊號（參考圖 7.2），並由比較積極的立場進
行多邊的交易。

當然，這個例子僅能算是「事後諸葛亮」。可是，此處的重點並不在於 1991 年初歐洲美元的交易是否應該堅持偏多的立場，而是希望凸顯圖形分析中所涉及的眾多層面，以及個人經驗所扮演的角色。顯而易見地，圖形分析蘊含著個人技巧與主觀判斷，這是屬於藝術的領域，絕對不是任何教條所能夠模仿的。所以，雖然整個市場都普遍知道圖形分析的「方法」，但其中的「心法」成份將使這套知識繼續有效。

4. 如果具備某些基本面的預測技巧（換言之，精確性高於 50%），結合圖形分析之後，將可以成爲「內外兼修」的交易好手。詳細來說，如果長期的基本面預測顯示價格走高（走低）的機率較大，則僅接受圖形分析中的買進（賣出）訊號。如果基本分析的預測趨於中性，則接受圖形中的買進與賣出訊號。所以，如果圖形分析者也擅長於基本分析，他所掌握的勝算絕對超過純粹的圖形分析者或基本分析者。

5. 當主要的圖形訊號發生之後，行情可能不會遵循訊號的方向發展，這經常是初學者所忽略的資訊。辨識這些情況，並做適當的反應，可以提昇圖形方法的績效。第 11 章「圖形分析中最重要的法則」將處理這個主題。

所以，某些人懷疑圖形訊號的有效性，這種巴夫洛夫式（Pavlovian）的直覺反應是完全可以理解的。可是，根據前

述的說明，這並不能用來證明巧妙的圖形分析沒有任何功能。
總之，圖形分析是一種高度個人化的心法，其成功與否完全取
決於交易者的技巧與經驗。小提琴的頂尖好手，顯然必須仰賴
勤奮的練習與某種程度的天生才華。圖形分析也不例外——這
個結論或許會讓初學者產生一些挫折感。

❖ 8 ❖　　中途進場與金字塔式加碼

沒有人可以掌握每個價格波動。

Edwin Lefèvre

　　基於種種的理由，交易者可能在價格已經發生重大的走勢之後，才考慮進場建立新部位。舉例來說：（1）他先前沒有注意相關的市場;（2)他希望價格折返而在理想的價位進場，但這個希望始終落空;（3）他先前懷疑趨勢的有效性，但現在改變主意。面對這類的情況，許多交易者都非常不願意進場。這種態度很容易由心理學的角度解釋。在價格走勢已經完成一大段之後進場，將產生一種「晚節不保」、「自取其辱」或「保證失敗」的感覺。即使交易可以獲利，也勢必放棄前面的一大段行情。所以，即使他非常認同當時的行情走勢，心裡還是難免有一種想法：「大好江山已經去了一大半，還有什麼搞頭？」

　　舉例來說，某位圖形導向的交易者觀察 1994 年 5 月中旬的咖啡市場（參考圖 8.1），他已經錯失最近這段顯著的漲勢。根據圖形顯示，咖啡向上突破長達 1 年的交易區間，而且價格在兩個星期之內都沒有拉回——強勁的多頭氣勢。另外，他發現，經過一段急漲走勢之後，價格目前正處於旗形排列之中，很可能向上突破而展開另一波攻勢。可是，由 4 月份的低點起

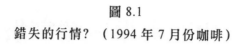

圖 8.1
錯失的行情？ （1994 年 7 月份咖啡）

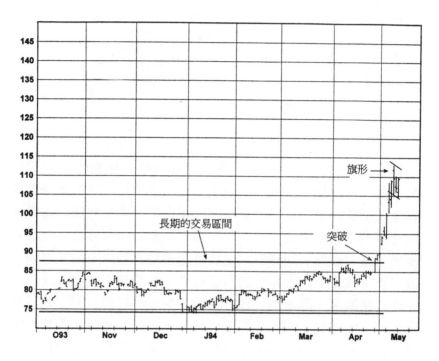

算，不到 1 個月的時間已經上漲超過 35%，短期之內的漲勢顯然過猛，現在進場似乎嫌遲了。

　　圖 8.2 可以清楚顯示這個結論的不智之處。就 1994 年 5 月中旬而言，咖啡僅不過是完成整段漲勢的五分之一。不可置信，是嗎？而且，另外的五分之四漲勢在兩個月之內就完成了。

圖 8.2

結果（1994 年 7 月份咖啡）

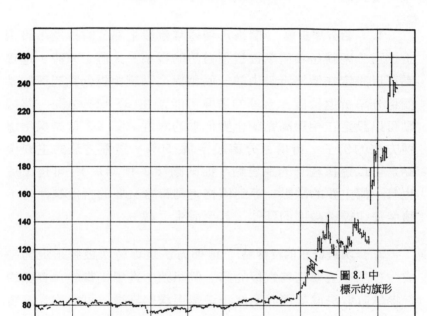

這段故事可以反映《股票作手回憶錄》（ *Reminiscences of a Stock Operator* ，「寰宇」）的教訓：「買進永遠不嫌高，賣出永遠不嫌低。」

　　此處的關鍵問題是：如何在主要趨勢的中途進場？ **事實** 上，就執行上的目標來說，中途進場部位與任何起始部位都相

同：理想的進場時間與風險控制。以下是達成這兩個目標的一些主要策略：

1. 百分率折返. 價格走勢通常會發生部分的折返，設定折返百分率就是希望掌握這種自然的現象。大體上來說，進場點可以設定在價格走勢由前一個相對高點或相對低點起算的某個百分率折返位置。合理的選擇可能是在 35~65%之間。停損點可以設定在相對高點或相對低點的附近。圖 8.3 就是採用這種方法的例子，折返百分率設定為 50%。這種方法的主要優點是可以選擇理想的進場點（如同圖 8.3 所顯示）。可是，這也有一個主要的缺點：等到價格走勢符合必要的折返條件時，趨勢往往經過數度的延伸，甚至發生反轉。

2. 次級修正的反轉點. 這種方法是等待次級修正走勢完成，嘗試在主要趨勢恢復的第一個訊號中進場。當然，實際的進場位置取決於如何界定修正走勢與趨勢恢復。可能的定義幾乎有無限多種，讓我們舉一個例子來說明。

每當修正讀數（reaction count）到達 4，就定義為「修正走勢發生」。修正讀數最初設定為 0。在上升行情中，如果波段發生高點而拉回，每當某天的高價與低價等於或低於波段高點當天的對應高點與低點，修正讀數設定為 1。其次，每當某天的高點與低點等於或低於最近修正讀數增加當天的對應高點與低點，修正讀數增加 1。如果行情創新高，修正讀數重新設定為 0。下降行情中也採用類次的定義。

每當衝刺讀數（thrust count）到達 3，就定義為「主要趨勢恢復」。衝刺讀數最初設定為 0，等到「修正走勢發生」之

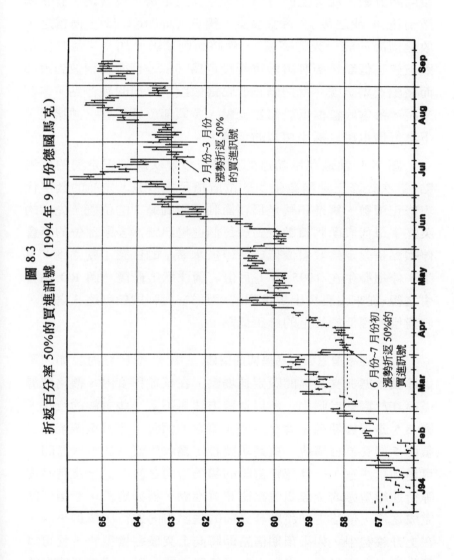

圖 8.3

折返百分率 50%的買進訊號（1994 年 9 月份德國馬克）

後開始計數。如果上升行情中發生修正走勢（換言之，修正讀數到達 4 或之後），每當發生上衝日（upthrust day，換言之，收盤價高於前一天的高價），就將衝刺讀數增加 1；每當價格跌破修正低點，衝刺讀數重新設定為 0。一旦衝刺讀數到達 3 而發出進場訊號，就把修正低點當做設定停損的參考點。舉例來說，每當收盤價低於修正低點，多頭部位就平倉。同樣地，下降行情也可以採用類似的定義。

圖 8.4 就是利用前述的定義來設定次級修正走勢的反轉點。「次級修正走勢發生」的位置標示為 RD，先前的數字代表修正讀數。買進訊號是為在衝刺讀數到達 3 的位置，先前的英文字母代表衝刺讀數。對於每個進場訊號，多頭部位的平倉停損點是設定為收盤價低於「停損水準」的位置；就圖 8.4 來說，停損發生在 1995 年 1 月份。請注意，最後一個 RD 點發生之後，從來沒有發出買進訊號，因為在衝刺讀數到達 3 之前，收盤價已經低於最近的修正低點。

3. 連續型態與交易區間的突破. 第 6 章已經討論如何透過連續型態與交易區間設定進場點。在某種程度內，價格型態僅存在於觀察者眼中，所以這種方法免不了一些主觀的意味。圖 8.5 是根據連續型態來說明（隱含的假設：連續型態至少必須由 5 個交易日構成），買進訊號設定為收盤價高於整理區間。可是，請注意，一旦認定當時的趨勢方向之後，完全沒有必要等待連續型態的突破訊號來確認買進點。根據定義，連續型態完成之後，價格走勢將順著先前的趨勢方向進行。舉例來說，在上升趨勢中，如果預期價格即將向上突破連續型態，就可以預先建立多頭部位，沒有必要等待實際的突破。連續型態中的

圖 8.4

次級修正走勢的反轉點（1995 年 3 月份糖）

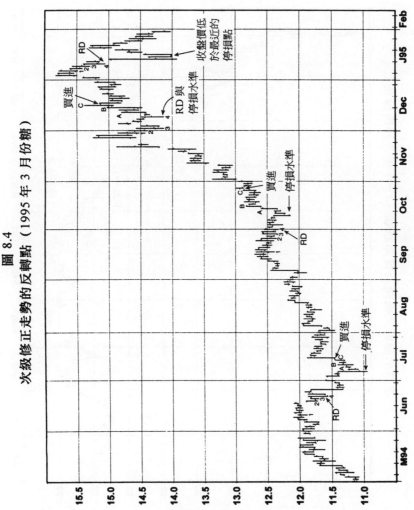

圖 8.5
將連續型態的突破視為買進訊號（1995 年 3 月份棉花）

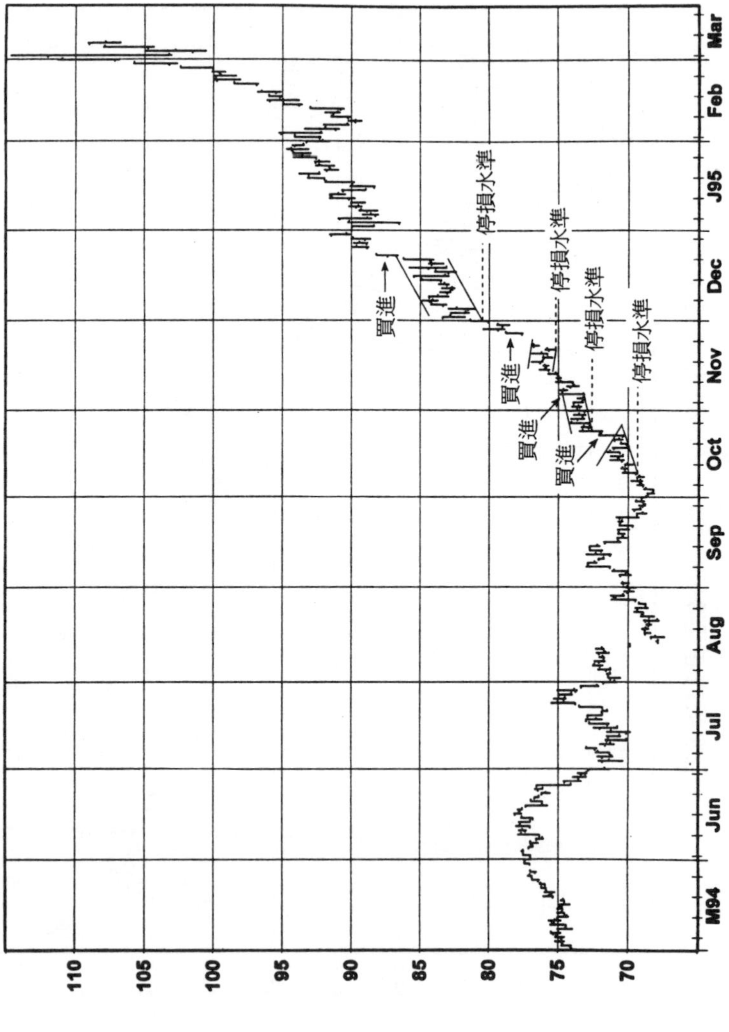

低價可以做為停損的參考點。

4.　**折返長期移動平均.**　價格折返長期移動平均，這可以視為是主要趨勢之修正走勢即將結束的訊號。詳細來說，如果交易者認定上升趨勢，就可以在某特定移動平均的下側隨時建立多頭部位。同理，如果交易者認定當時是處在下降趨勢中，就可以趁著反彈走勢而在移動平均的上側建立空頭部位。圖 8.6

圖 8.6

折返長期移動平均（1994 年 9 月份德國馬克）

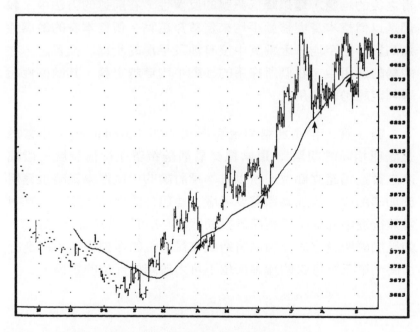

附註：↑ = 價格折返到 40 天期移動平均下側的買進訊號

中列示 1994 年 9 月份德國馬克與它的 40 天移動平均，藉以說明這種方法。假定交易者認定德國馬克當時是處於上升**趨勢**中，每當價格拉回 40 天移動平均之下，就可以視爲是多頭部位的進場訊號。圖中的箭頭標示潛在的進場點。

在第 17 章中，我們將移動平均的穿越視爲是**趨勢反轉訊號**（譯按：向下[上]穿越代表賣出[買進]訊號）。在前述的運用中，我們把移動平均穿越視爲是**逆勢**的進場訊號（譯按：向下[上]穿越代表買進[賣出]訊號）。兩者之間並不矛盾。如果讓移動平均穿越系統提供趨勢反轉的訊號，通常是採用兩條經過平滑之後的均線，藉以降低訊號的反覆性。在前述的方法中，我們是以價格本身與移動平均來定義穿越點，價格本身的敏感性遠高於移動平均，因爲其中沒有涉及平滑的步驟。換言之，在逆勢的運用中，我們所採用的移動平均穿越定義，其敏感性超過判定趨勢的運用。

請注意，半途進場與金字塔式加碼（pyramiding）相當於是處理相同的問題[1]。這兩種交易都是希望在行情發展一段幅度之後進場建立部位。所以，本章討論的中途進場策略也適用於加碼部位，但加碼還需要考慮一些額外的準則。第一，唯有當最後進場的部位已經處於獲利狀態，才可以考慮加碼。第二，如果加碼所設定的停損點將造成整體部位的淨損失，不可進行加碼。第三，每次的加碼部位不可大於起始部位的規模。

---

[1] 金字塔式的加碼是針對既有部位進行加碼。（譯按：**嚴格來說，利用未實現獲利來加碼。** ）

❖ 9 ❖　　　　　　　　　　　　　**設定停損**

情況總是如此。他們最初不願意接受些微
的損失而繼續持有，希望價格反彈「讓他們全
身而退」。接著，價格不斷下跌，虧損累積的
程度使得繼續持有成為唯一合理的選擇，如果
必要的話可以等上一年，價格遲早都會回升。
可是，集體性的賣出導致價格下跌到不可忍受
的水準；不論願意或不願意，他們都被震撼性
的走勢強迫出局，

Edwin Lefèvre

　　圖形導向交易的成功與否，一大部分取決於有效的虧損
控制。建立任何部位之前，就應該預先設定精確的停損點。最
嚴格的做法是在建立部位的時候，同時遞出停損的常效單
（good-till-canceled order）。可是，如果交易者信賴自己遵從規
範的紀律，他可以預先設定停損價位，而在價格進入停板範圍
之內再遞出停損單。

　　如何設定停損點？原則上來說，停損點應該設定在價格
走勢即將改變當時技術面情況的位置。以圖 9.1 來說，假定交
易者決定在 2 月份向下突破持續 5 天之後進場放空，部位的停
損位置不應該超過 11 月份~2 月份交易區間的上緣，因為價格
一旦向上穿越這個位置，當時的技術面將完全改觀。以下將列

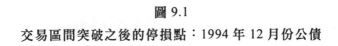

圖 9.1
交易區間突破之後的停損點：1994 年 12 月份公債

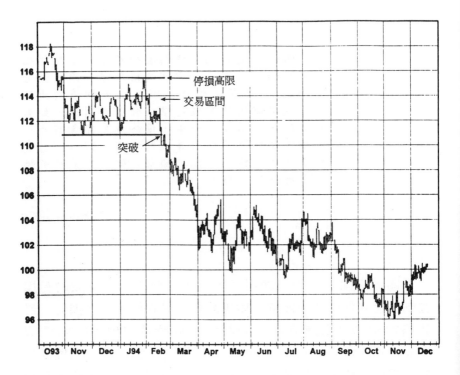

舉停損設定上的一些技術參考點：

1. **趨勢線.** 賣出停損可以設定在上升趨勢線之下，買進
   停損可以設定在下降趨勢線之上。這種方法有一個優
   點，因為價格貫穿趨勢線往往是趨勢反轉首先發出的
   技術訊號之一。所以，如此設定的停損可以有效侷限

損失或保護未實現的獲利。可是，這種方法也必須付出相對的代價，因為突破**趨勢線**經常是假訊號。**請參考**第 3 章的討論，在行情的上漲或下跌過程中，**趨勢線經常需要重新定義**。

2. **交易區間.** 就圖 9.1 的例子而言，停損位置不應該超過交易區間的上緣。可是，如果交易者相信向下突破訊號的有效性，可以採用比較緊密的停損（尤其是當交易區間相當寬的時候），因為價格的折返走勢非常不可能深入交易區間。所以，停損點可以設定在區間中點與下緣之間的某個位置。可是，如果停損位置太過於接近交易區間的下緣，這沒有太大的意義。**事實上**，交易區間突破之後，價格經常重新折返區間內，因此許多交易者都偏愛在修正走勢中建立部位。（**究竟**應該在突破完成或修正走勢中建立部位，這純**屬於**個人的偏好問題。等待折返走勢，往往可以取得比較理想的價位，但也可能錯失整段行情。）

3. **旗形與三角旗形.** 當價格朝某個方向突破旗形或三角旗形的排列之後，如果折返走勢穿越排列對側的**邊緣**，這可以視為是價格反轉的訊號，所以停損可以設定在這附近。請參考圖 9.2，價格在 7 月初大幅穿越旗形排列的底部，但隨後的反彈又穿越到整個排列的上側，預示一波主要的漲勢。

4. **長線形.** 類似如旗形或三角旗形的排列一樣，發生某個方向的突破之後，如果價格反向穿越長線形的另一端，這代表價格反轉的訊號，適合設定為停損點。請

參考圖 9.3，價格在 9 月中旬透過長線形向上突破之後，但 10 月中旬左右又跌破長線形的真實低點，導致隨後的價格崩跌。

5. **相對高點與相對低點.** 如果部位所蘊含的風險不太大，可以利用最近的相對高點或相對低點做爲停損[1]。舉例來說，當棉花 3 月份契約在 11 月初確認完成雙重底之後，假定某交易者進場建立多頭部位（參考圖9.4）。在這種情況下，賣出停損可以設定在 8 月份低點或 10 月份低點附近。

某些情況下，即使選用最接近的技術面關鍵價位爲停損，其蘊含的風險也過高。若是如此，可以採用資金停損（money stop）——換言之，不考慮技術面的意義而根據風險金額來設定停損。以圖 9.5 爲例，在 1993 年 4 月初，當價格在 3 月份暴跌之後，假定交易者認爲主要的頭部已經形成而考慮建立空頭部位。就技術面來說，最接近的停損點是契約高點（也是最近的相對高點），但這個停損所蘊含的每口契約風險爲$15,000（假定在 4 月份交易區間的中點進場）。當然，交易者也可以等待價格反彈再進場，這雖然可以降低風險（降低停損價位），但行情可能已經大幅下滑。所以，如果不能由技術面設定有意義的停損，最合理的做法是採用市價單來進行資金停損。

---

[1] 相對低點（相對高點）的定義涉及一些武斷的成分。（以下將就相對低點提出定義，但類似的定義也適用於相對高點。）大致上來說，相對低點可以定義爲先前與隨後 N 天的最低點，N 爲參數，合理的範圍是 $N = 5 \sim 15$。

圖 9.2
旗形排列突破之後的停損（1995 年 3 月份糖）

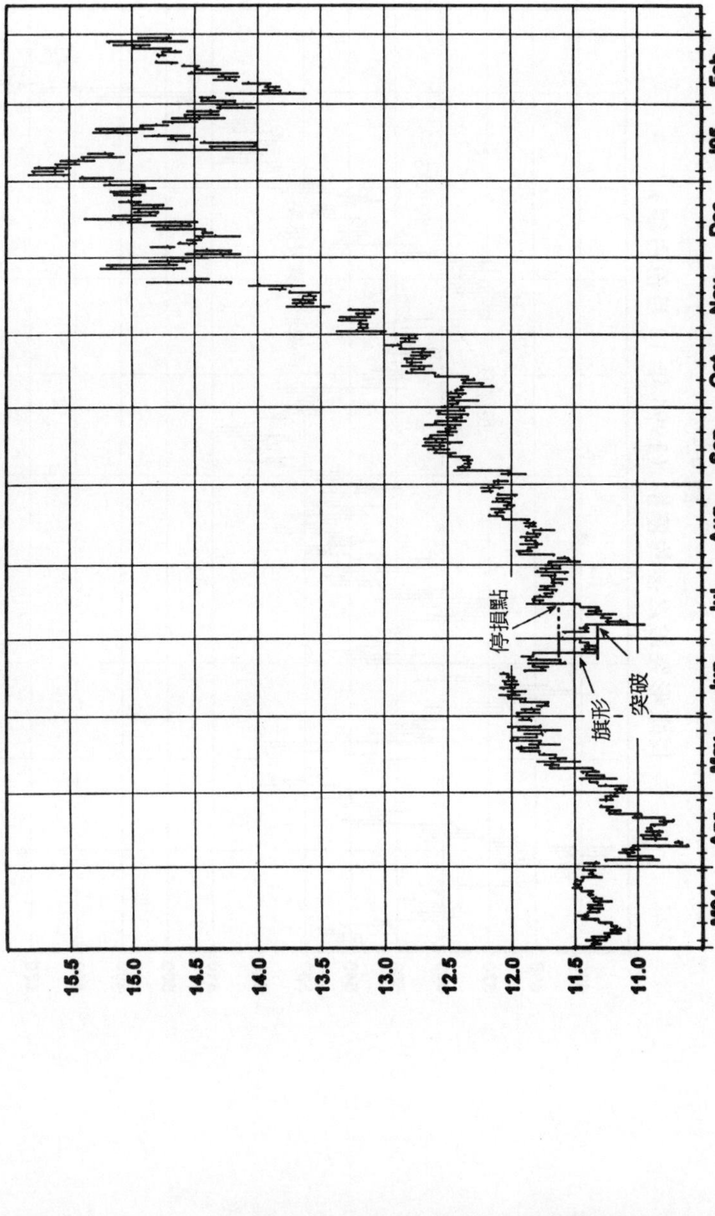

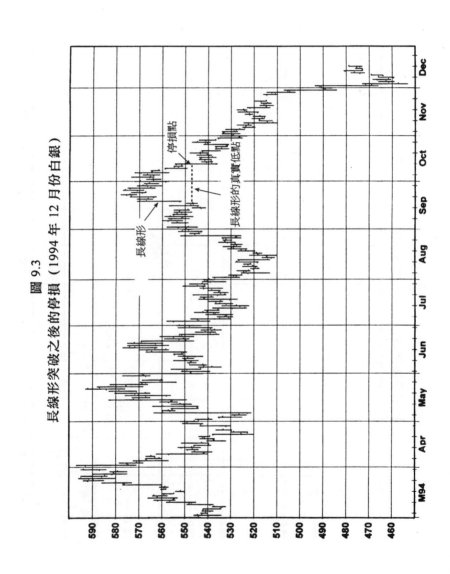

圖 9.3

長線形突破之後的停損（1994 年 12 月份白銀）

圖 9.4
在相對低點設定停損（1995 年 3 月份棉花）

買進

可能的停損

圖 9.5
適合採用資金停損的範例（1993 年 7 月份木材）

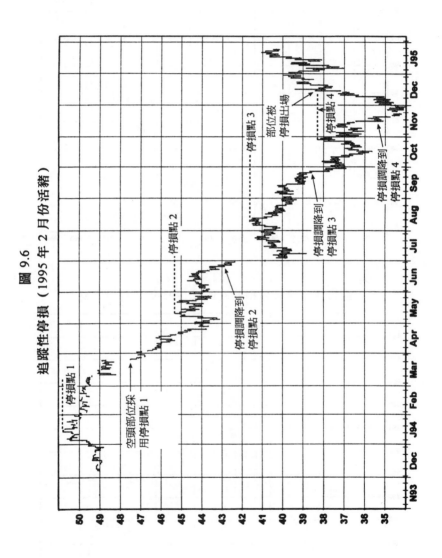

圖 9.6

追蹤性停損（1995 年 2 月份活豬）

　　停損的功能不僅在於侷限損失，也在於保障既有的獲利。對於多頭部位來說，隨著價格上漲，停損點應該向上調整。同理，對於空頭部位來說，停損點應該隨著價格下跌而向下調整。這類的停損稱爲追蹤性停損（trailing stop）。

　　圖 9.6 說明追蹤性停損的運用方法。活豬契約在 3 月底向下跳空，脫離 12 月份~3 月份的交易區間。假定某交易者在此建立空頭部位，並將停損點設定在最近的相對高點。詳細來說，每當收盤價高於最近的相對高點，這位交易者就打算平倉出場，而且隨著價格創新低而不斷調整停損的參考點。（當然，停損條件通常會設定得更嚴格一些。舉例來說，交易者可能規定收盤價必須停留在最近高點之上最少幾天，或收盤價至少必須高於最近高點的幾個百分點，然後才進行停損。）所以，起始部位的停損可能設定在 1 月份的高點稍上方（「停損點 1」）。當價格在 6 月底創新低之後，停損參考點移到 5 月份的高點（「停損點 2」）。依此類推，分別將停損調整爲「停損點 3」與「停損點 4」。最後，部位在 12 月份的反彈走勢中被停損出場（「停損點 4」）。

　　原則上來說，停損的調整僅能夠用來降低風險。某些交易者就是不能忍受在底部被停損出場（或空頭部位在頭部被停損出場）。因此，建立部位當初，他們可能一板一眼地利用常效單設定停損；可是，當行情接近停損價位時，就忍不住而取消停損。這類的交易指令經常被稱爲 CIC（cancel if close，接近取消單）——這種說法或許有些不厚道，但很貼切。調整停損而讓部位承擔更大的風險，這已經違背停損的根本精神。

設定目標價位與
其他的出場準則

> 我從來沒打算取得最大的獲利。一切都是
> 交易計劃。瞭解嗎？嚴格的計劃！致勝之道絲
> 毫也不巧妙。

Edwin Lefèvre

　　進行交易就像投入江湖一樣——進去容易出來難。只要嚴格遵守資金管理的規範，虧損的交易非常清楚而相對容易處理；換言之，只要價位觸及預先設定的停損，立即平倉出場。可是，獲利的交易就有些棘手了（雖然大家都很樂意處理這個問題）。交易者究竟應該如何獲利了結呢？這個難題有很多解決的辦法。以下各節將提出一些根本的處理原則。

圖形分析為基礎的目標

　　許多圖形排列可以就價格走勢的可能目標價位提供一些線索。舉例來說，根據傳統的圖形分析觀點，當價格穿越頭肩排列的頸線之後，後續走勢的幅度至少應該等於頭部到頸線的距離。再舉另一個例子，許多圈叉圖的分析者認為，構成交易

區間的欄數，可以顯示突破後走勢的格數（請參考第 2 章關於圈叉圖的討論）。大體上來說，利用圖形排列來衡量目標價格，其可靠性遠不如它們所提供的進場訊號。

衡量走勢幅度

這種方法非常單純。根本的前提是假定行情的價格擺動會有大致相同的距離。舉例來說，如果某個市場上漲 30 美分之後就折返，這意味著由折返低點到上漲高點的距離大約為 30 美分。這種衡量走勢的觀念聽起來或許過於單純而影響它的可信度，但實際上往往可以提供非常合理的準則。如果兩個或以上的衡量目標相互一致，更可以提高它的可靠性。

圖 10.1 就是典型的例子，連續數個目標價格精確地發生在同一份走勢圖中。首先，計算 1993 年 10 月份峰位到 1993 年 11 月份相對低點之間的距離（①~①）；然後，由 1994 年 1 月份的高點為基準，根據前述距離向下衡量的目標價位為 107-26（MM1）。結果，3 月份的實際相對低點是 106-16，非常接近目標價位。其次，計算 1994 年 1 月份高點到 1994 年 3 月份相對低點之間的距離（②~②）；然後，由 1994 年 3 月份的相對高點為基準，向下衡量的目標價位為 99-27（MM2）。結果，5 月份的實際低點為 99-24，幾乎正中紅心。最後，由 1994 年 6 月份的高點向下衡量，假定價格的跌幅等於 1994 年 3 月份相對高點到 1994 年 5 月份相對低點的距離（③~③），目標價位是 96-08（MM3）。結果，11 月份的實際低點是 96-01，

圖 10.1
衡量走勢幅度：1994 年 12 月份公債

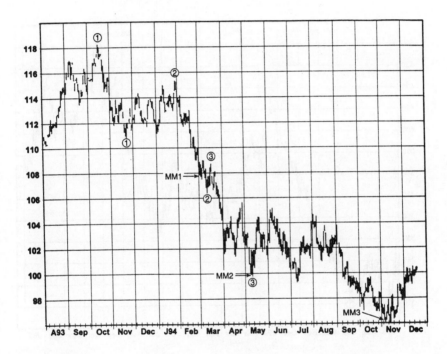

也幾乎正中靶心。

　　由於價格擺動經常涵蓋數個月份的契約，所以衡量走勢
的技巧適用於較長期的價格走勢圖。一般來說，連續期貨走勢
圖的適用性高於最近期貨的走勢圖，因為連續契約可以精確反
映價格擺動而最近期貨則否（請參考第 2 章的討論，第 12 章

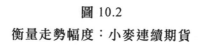

圖 10.2
衡量走勢幅度：小麥連續期貨

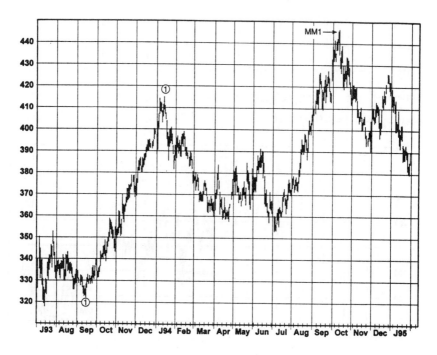

將進一步解釋。）

　　在圖 10.2 中，我們由 7 月份的低點向上衡量潛在的目標價位，幅度是取 1993 年 9 月份低點到 1994 年 1 月份峰位的距離（①~①）。結果這個目標價位精確反映 1994 年的實際頭部。

　　圖 10.3 是將這個技巧運用在玉米連續期貨的走勢圖中。這份走勢圖中反映出數個精確的衡量目標。首先，計算 1994年 1 月份市場頭部的跌幅（①~①），由 2 月份相對高點向下衡量的目標價位是 MM1，這個位置幾乎就是 1994 年 3 月份的實際低點。其次，2 月份~3 月初跌幅（②~②）衡量的下檔目標價位（MM2），顯然偏離 5 月份的實際低點，但 1994 年 1 月份頭部以來跌幅（③~③）衡量的目標價位（MM3），則精確反映 5 月份的實際低點。最後，由 1994 年 1 月份高點到 1994 年 5 月份低點的距離（④~④），顯示目標價位（MM4）精確預測 1994 年 11 月份的底部。另外，9 月份~10 月初的向下擺動（⑤~⑤）也預測類似的目標價位（MM5）。由於這兩個目標價位相互一致，強烈顯示 1994 年 11 月底的價位很可能是主要的底部。

　　由前述的玉米範例中可以發現，不同基準衡量的目標價位很可能相互一致。如果先前的走勢中發生不同程度的相對價格擺動，就可能出現這類的情況。當兩個或多個目標價位幾乎吻合時，這可以提高目標價位預測的可靠性。

　　圖 10.4 就是目標價位相互一致的例子。請注意，3 月底~5 月底漲勢衡量的目標價位是 MM1，6 月份走勢衡量的目標是 MM2，6 月底~7 月初漲勢衡量的目標是 MM3，這三個價位僅稍低於 8 月份的實際行情頭部。圖 10.5 是另一個例子。1 月底~3 月初跌勢衡量的目標（MM1）與 3 月中~4 月中跌勢衡量的目標（MM2）相互一致，而且僅稍高於 5 月份的實際低點。

圖 10.3

衡量走勢幅度：玉米連鑲期貨

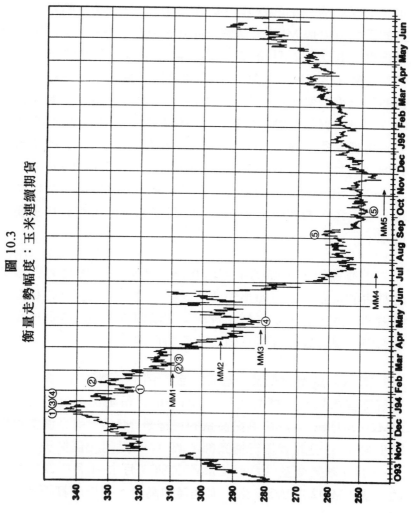

圖 10.4

衡量走勢的一致性目標價位：1994 年 10 月份原油

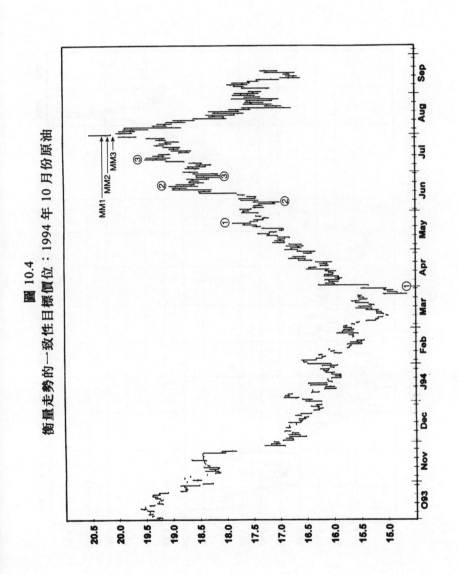

圖 10.5

衡量走勢的一致性目標價位：1994 年 6 月份歐洲美元

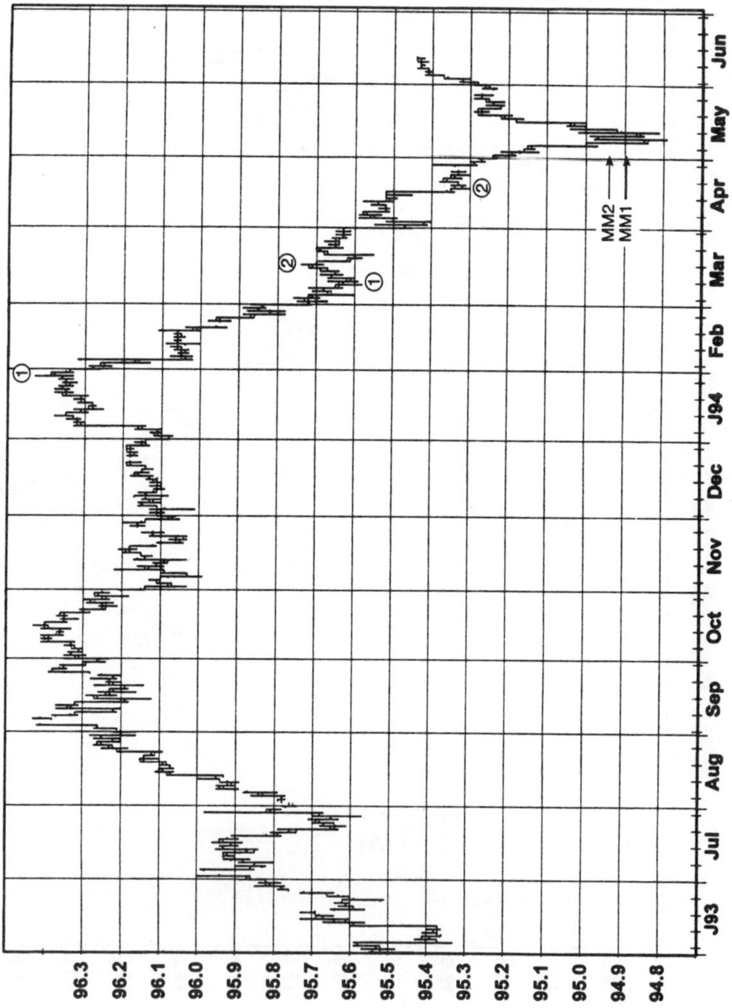

七的法則

Arthur Sklarew 在《專業圖形分析技巧》（*Techniques of a Professional Chart Analysts*）一書中提出一種有趣而方便使用的方法。「7 的法則」是利用一組相同的乘數來決定目標價位，這組乘數是由 7 分別除以 5、4、3 與 2：7÷5=1.4，7÷4=1.75，7÷3=2.33 與 7÷2=3.5。這些乘數乘以多頭市場第一個價格擺動的結果，可以由低點向上衡量目標價位。（在空頭市場中，則是由高點向下衡量目標價位。）

根據 Sklarew 的建議，多頭市場適合採用後三個乘數（1.75、2.33 與 3.5），空頭市場適合採用前三個乘數（1.4、1.75 與 2.33）。另外，他又指出，如果基準的價格走勢延伸很長的期間（例如：數個月），適合採用較小的乘數；短期的價格擺動則適合採用較大的乘數。當然，這種方法涉及相當程度的主觀判斷，因為每個交易者對於第一個價格擺動的看法可能都不相同。

讓我們以圖 10.6 說明「7 的法則」。（請注意，圖 10.6 與圖 10.4 是代表同一份走勢圖。讀者或許應該比較這兩種方法所衡量的目標價位。）多頭市場的第一波漲勢起始於 3 月底，漲幅是 162 點。根據 Sklarew 的準則，我們將採用第二到第四個乘數（1.75、2.33 與 3.55，因為這是屬於多頭市場），衡量的基準是 3 月 28 日的低點 1465。所以，第二個目標價位是 1749 [1465+(1.75×162)=1749]。（多頭市場忽略第一個目標價位。）第三個目標價位是 1843 [1465+(2.33×162)]。第四個目標價位是 2032 [1465+(3.5×162)]。這些目標價位在圖 10.6 中是以箭

圖 10.6

七的法則：1994 年 10 月份原油

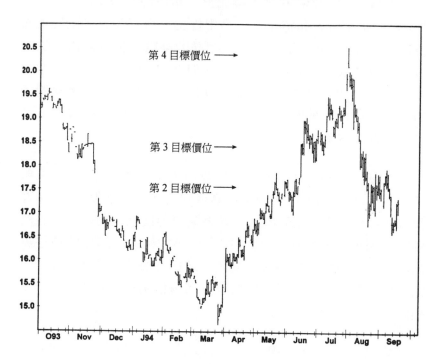

頭標示。請注意，第二個目標價位稍低於 5 月 23 日的實際高價 1787；第三個目標價位稍低於 6 月 21 日的實際高價 1904；第四個目標價位稍低於 8 月 1 日的實際高價 2052。雖然這些目標價位都與實際高價有一些差距，但這已經是多頭部位獲利了結的合理價位。

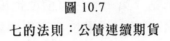

圖 10.7
七的法則：公債連續期貨

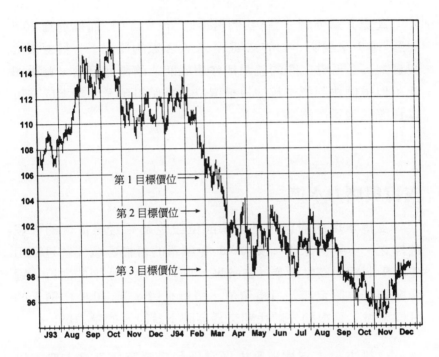

　　圖 10.7 說明這個法則在空頭市場的運用。空頭行情的第
一波跌幅是 7-23 點（此處是考慮連續期貨）。根據 Sklarew 的
準則，我們將採用第一到第三個乘數（1.4、1.75 與 2.33，因
為這是屬於空頭市場）。這些乘數乘以第一波價格擺動的結果，
將由走勢高點中扣除，藉以向下衡量目標價位。圖 10.7 中是
以箭頭標示目標價位。我們發現，第一個目標價位稍高於 1994

年 3 月份的相對低點，第三個目標價位也稍高於 1994 年 5 月份的相對低點。（第二個目標價位沒有對應顯著的相對低點。）

此處必須強調一點，我們是透過「後見之明」而挑選圖 10.6 與圖 10.7 來說明「七的法則」。在大多數的情況下，目標價位與實際高／低點之間的差距都會超過前述的兩個範例。雖說如此，但這個法則所推算的目標價位還是值得參考，讀者或許可以實際驗證這個法則。

支撐與壓力水準

支撐水準的附近，是空頭部位設定起始目標價位的合理選擇之一。舉例來說，圖 10.8 中顯示的目標區域，就是利用先前兩個相對高點設定的支撐區。同理，壓力水準的附近，適合多頭部位設定起始目標價位。舉例來說，圖 10.9 中顯示的目標區域，是根據先前長期交易區間下緣設定的壓力區。

一般來說，支撐與壓力通常僅代表暫時而不是主要的目標價位。所以，如果透過這種方法決定出場的目標區，一旦價格修正走勢確實發生之後，應該考慮再進場。

超買／超賣指標

超買／超賣指標包括許多技術評估的方法，試圖反映價

格急速上漲或下跌之後，走勢可能產生修正的傾向。圖 10.10
中採用的超買 / 超賣指標是相對強弱指數（relative strength
index，RSI）[1]。RSI 的讀數是介於 0 與 100 之間。根據標準的
解釋，RSI 的讀數超過 70，代表超買情況；讀數低於 30，代
表超賣情況。

　　如何設定超買 / 超賣的水準，這是屬於主觀的判斷。舉
例來說，除了 70 與 30 之外，我們也可以選擇 75 與 25，或 80
與 20。超買 / 超賣水準設定得愈極端，訊號可能愈接近真正
的轉折點，但也愈可能無法提供及時的訊號。

　　圖 10.10 中的買進箭頭是對應 RSI 向下穿越 30──換言
之，超賣條件代表空頭部位的平倉訊號。圖 10.10 中的賣出箭
頭是對應 RSI 向上穿越 70──換言之，超買條件代表多頭部
位的平倉訊號。

　　大體上來說，圖 10.10 中的超買 / 超賣訊號是代表相當不
錯的平倉訊號。第一個超買訊號與第一個超賣訊號都稍嫌過
早，但還是發生在價格走勢的最後四分之一內。次一組超買 /
超賣訊號相當精確，尤其是超賣訊號幾乎完全對應價格低點。
可是，最後一個訊號就很離譜了：超賣訊號發生在 1994 年 11
月 8 日，相對於實際的高點提早 7 個星期，錯失 250 點的行情。
利用超買 / 超賣訊號做為平倉訊號的優點與缺點，可以鮮明地

---

[1] RSI 最初是出現在 J. Welles Wilder, Jr.的 *New Concepts in Technical Trading
Systems*. Winston-Salem, North Carolina; Hunter Publishing Co., 1978。

圖 10.8

設定在支撐區的下檔目標價位：1994 年 12 月份小麥

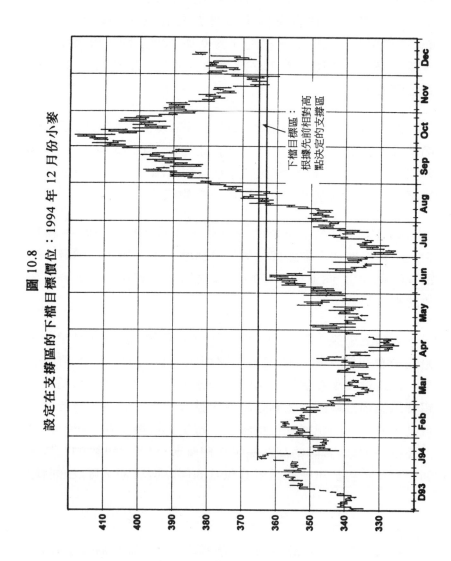

下檔目標區：
根據先前相對高
點決定的支撐區

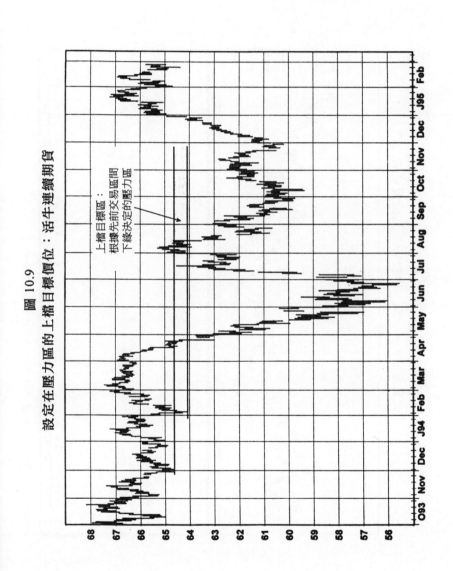

圖 10.9

設定在壓力區的上檔目標價位：活牛連續期貨

上檔目標區：
根據先前交易區間
下緣決定的壓力區

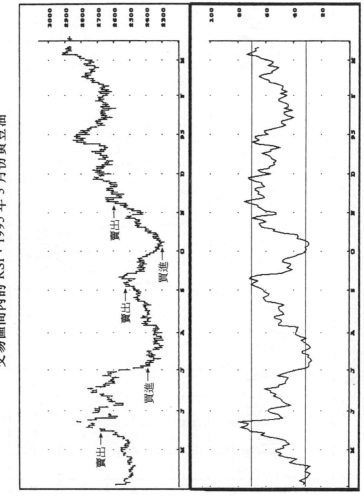

圖 10.10

交易區間內的 RSI：1995 年 3 月份黃豆油

Source: FutureSource; copyright © 1986~1995; all rights reserved.

由這個範例中凸顯出來。這種方法適用於橫向走勢，但不適用於趨勢明確的行情。

就圖 10.10 而言，這種超買／超賣的訊號還算不錯，這主要是因為範例中的黃豆油當時基本上是處於交易區間。圖 10.11 說明 RSI 在趨勢明確行情中的運用。圖 10.11 中的第一個超賣訊號非常理想，精確對應價格的低點。第一個超買訊號也不錯，相當接近隨後發生的相對高點，雖然向下的修正走勢幅度非常有限。可是，其次發生的兩個超買訊號，不論在時間上或價位上都明顯過早。

關於超買／超賣指標的定義、解釋與運用，細節部分請參考第 15 章。

迪馬克序列

所有常用的超買／超賣指標（例如：RSI、MACD 與隨機指標），它們在各方面都非常類似。湯瑪斯•迪馬克的 TD 序列（TD sequential）試圖辨識行情過度延伸而主要趨勢可能發生反轉的訊號點，這是一種截然不同而極具創意的超買／超賣指標。TD 序列是屬於價格型態的範疇。迪馬克在他的作品中以 48 頁的篇幅說明這種方法[2]。以下將簡單介紹這種技巧，讓讀

---

[2] 《技術分析科學新義》（「賽字」，*The New Science of Technical Analysis*. New York: John Wiley & Sons, 1994）。

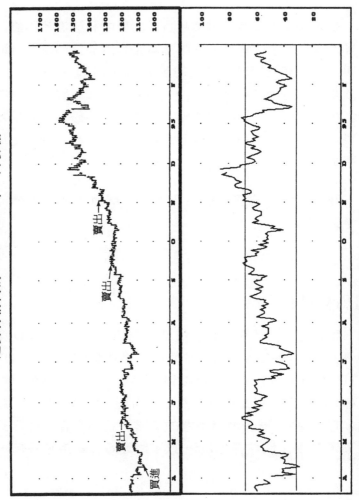

圖 10.11

趨勢行情內的 RSI：1995 年 3 月份糖

Source: FutureSource; copyright © 1986–1995; all rights reserved.

者大致瞭解其中的概況。如果讀者希望深入研究，請參考迪馬克的原書，其中包括數種額外的條件，並討論各種進／出場的替代法則。

當價格走勢符合下列三個基本條件（階段），代表 TD 序列的買進訊號：

1. **結構（setup）.** 連續 9 天或以上的收盤價低於先前第 4 個交易日的收盤價*。

2. **交叉（intersection）.** 在「結構」之中，第 8 天與第 9 天的高價都必須高於先前第 3 天、第 4 天、第 5 天、第 6 天與第 7 天的低價*。這個條件基本上是要防止買進結構發生在價格的崩跌走勢中。

3. **計數（countdown）.** 一旦前兩個條件完成之後，進入「計數」階段。由 0 開始，每當某天的收盤價低於先前第 2 天的低價，計數就增加 1。當計數到達 13，即是 TD 序列買進訊號。請注意，「計數」階段的天數不需連續，這與「結構」階段不同。如果發生下列三種情況之一，取消計數：

   a. 收盤價高於「結構」階段的最高價。

---

* 譯按：假定沒有任何特殊的假日。星期五的收盤價低於星期一的收盤價，隔週星期一的收盤價低於前一個星期二的收盤價，依此類推。

* 譯按：在「結構」之中，第 8 天與第 9 天的價格區間必須與先前第 3 天之前的每支線形發生部分的重疊。事實上，根據迪馬克的處理方式，「交叉」的條件應該併入「結構」中。

b. 發生「賣出結構」（換言之，連續 9 天或以上的收盤價高於先前第 4 個交易日的收盤價）。

c. 「買進計數」完成之前發生另一個「買進結構」。在這種情況下，優先考慮新的「買進結構」，當「結構」完成之後（包括「交叉」條件在內），重新由 0 計數。

當價格走勢符合下列三個基本條件（階段），代表 TD 序列的**賣出**訊號：

1. **結構（setup）．** 連續 9 天或以上的收盤價高於先前第 4 個交易日的收盤價。

2. **交叉（intersection）．** 在「結構」之中，第 8 天與第 9 天的低價都必須低於先前第 3 天、第 4 天、第 5 天、第 6 天與第 7 天的高價。這個條件基本上是要防止賣出結構發生在價格的飆漲走勢中。

3. **計數（countdown）．** 一旦前兩個條件完成之後，進入「計數」階段。由 0 開始，每當某天的收盤價高於先前第 2 天的高價，計數就增加 1。當計數到達 13，即是 TD 序列賣出訊號。請注意，「計數」階段的天數不需連續，這與「結構」階段不同。如果發生下列三種情況之一，取消計數：

a. 收盤價低於「結構」階段的最低價。

b. 發生「買進結構」（換言之，連續 9 天或以上的收盤價低於先前第 4 個交易日的收盤價）。

c. 「賣出計數」完成之前發生另一個「賣出結構」。
在這種情況下，優先考慮新的「賣出結構」，當
「結構」完成之後（包括「交叉」條件在內），
重新由 0 計數。

圖 10.12~10.16 提供一些例子說明 TD 序列的發展過程。
圖形中分別標示每個發展階段，包括：結構、交叉與計數。如
果讀者參考這些圖形，應該很容易瞭解前述的說明。

圖 10.12 中顯示 1994 年 12 月份公債期貨契約的 TD 序列
買進訊號。請注意，結構階段第 9 天的線形也符合計數的條件
（換言之，當天的收盤價低於先前第 2 天的低價），所以它也
是計數階段的第 1 天。（結構階段也符合交叉的條件。）TD
序列買進訊號發生在波段最低收盤價之後的第 4 天。

圖 10.13 是 1995 年 3 月份可可的走勢圖，其中也出現 TD
序列買進訊號。可是，在這個例子中，計數是開始於結構完成
之後的第 2 天。另外，請注意，計數第一天①與第二天②之間
相隔很長的期間，價格曾經大幅反彈之後才恢復跌勢。（事實
上，價格的反彈幾乎勾消計數，10 月底的高點收盤價幾乎穿
越結構階段的最高價。）就這個例子來說，TD 序列買進訊號
非常完美，計數階段完成於最低的收盤價。

圖 10.14 是另一個 TD 買進訊號的例子，發生於 1994 年 1
月份冷凍濃縮橙汁。請注意，在買進結構發生之前，曾經出現
一個賣出結構，但賣出結構始終沒有進入的計數階段。這個例

子中的 TD 序列買進訊號也是發生在波段的最低收盤價；而且，波段最低價也出現在同一天。

圖 10.15 是 1995 年 3 月份美元指數的走勢圖，其中出現 TD 序列賣出訊號。結構的第 9 天也是計數的第 1 天。TD 序列賣出訊號發生在波段最高收盤價（與最高盤中價格）的隔天。

TD 序列的方法也適用於其他時間架構的走勢圖。圖 10.16 是利用黃金最近期貨月線圖來說明買進訊號。TD 買進訊號發生在整個 5 年期跌勢最低收盤價的前三個月，價格稍高於最低收盤價。

當然，這些例子都是基於說明方便起見而由「事後」的角度挑選。在實際的交易中，TD 序列訊號的精確性絕對不如前述例子。雖說如此，但這些例子足以說明 TD 序列是非常值得參考的交易工具，它有能力提供精確的時效訊號。另外，TD 序列是一種逆勢的指標，這顯然是一種優點，因為絕大部分的指標都是由順勢角度進行交易。基於這些理由，讀者或許認為 TD 序列值得被納入整體交易方法中。

相反意見

根據相反意見理論的說法，當絕大多數的投機客都看多行情時，準備做多的人都已經進場。因此，潛在的買盤相對有限，價格具有向下修正的傾向。類似的說法也適用於絕大多數

圖 10.12

TD 序列：1994 年 12 月份公債

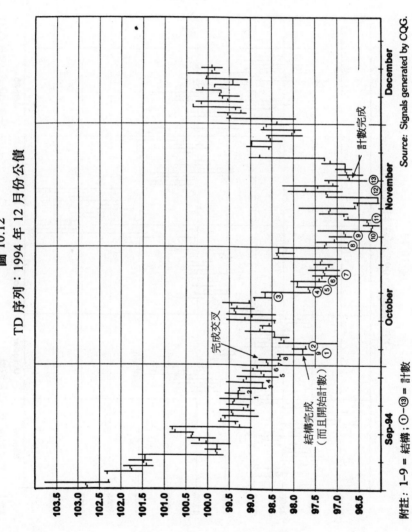

附註：1~9 = 結構；①~⑬ = 計數

Source: Signals generated by CQG.

圖 10.13
TD 序列：1995 年 3 月份可可

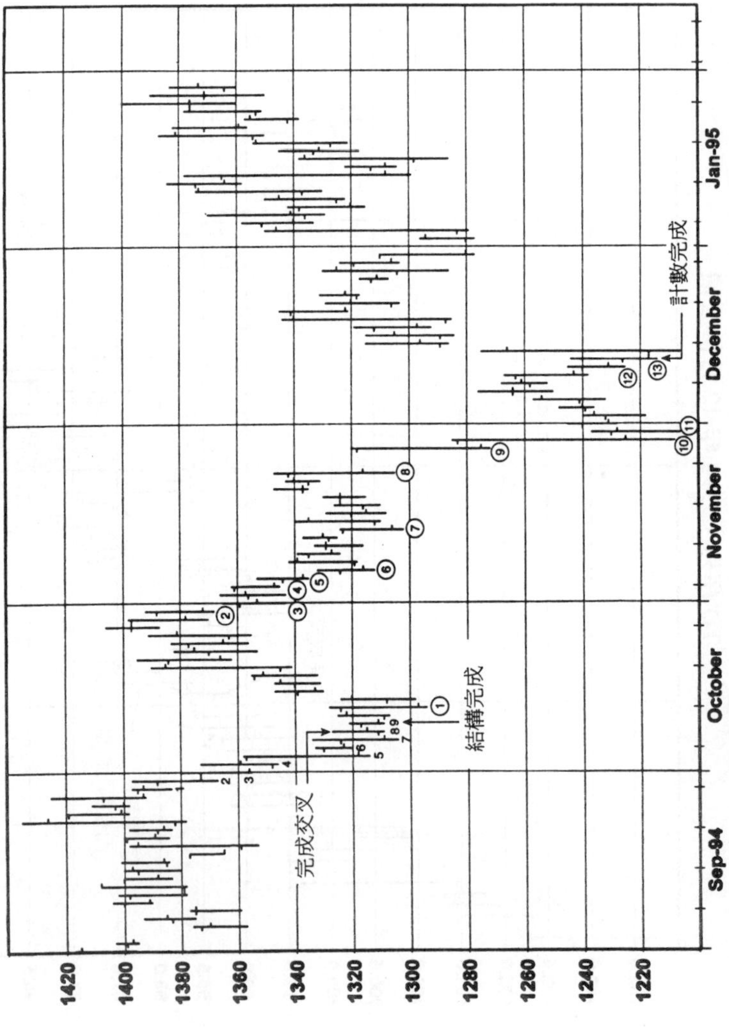

Source: Signals generated by CQG.

附註：1-9 = 結構；①-⑬ = 計數

圖 10.14

TD 序列：1994 年 1 月份冷凍濃縮橙汁

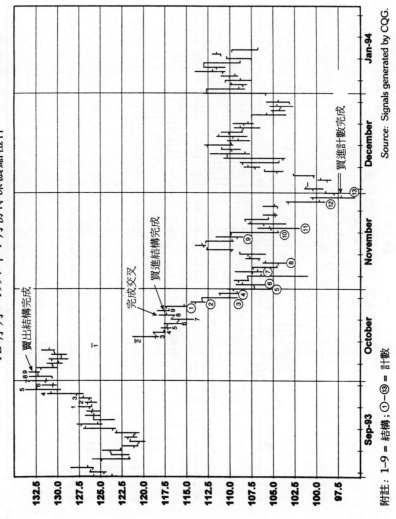

附註：1~9 = 結構；①~⑬ = 計數

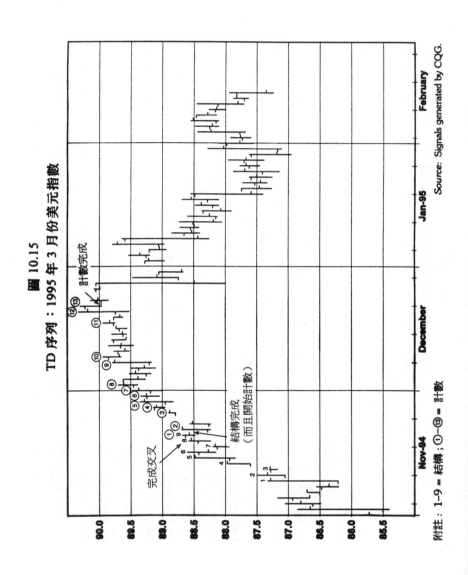

圖 10.15
TD 序列：1995 年 3 月份美元指數

Source: Signals generated by CQG.

附註：1–9 = 結構；①–⑬ = 計數

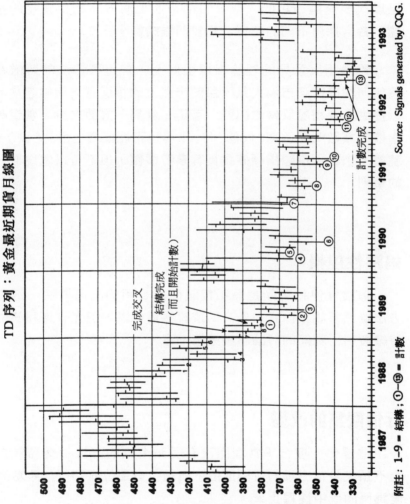

圖 10.16

TD 序列：黃金最近期貨月線圖

附註：1~9 = 結構；①~⑬ = 計數

的交易者看空行情。相反意見的指標是採用統計抽樣的方法，調查通訊刊物的投資建議或交易者的看法，並假定調查的結果足以代表整體市場的人氣。目前市面上有許多相反意見的指標，各自採用不同的超買／超賣門檻讀數。

雖然相反意見的理論根據很健全，但這種方法的難處在於如何精確衡量市場人氣。目前市面上的相反意見指標經常可以提供主要趨勢反轉的訊號。可是，就另一方面來說，當這些指標的讀數明顯偏高（偏低）時，市場也可能繼續上漲（下跌）。整體上來說，這類指標確實具有參考價值，但不可以做為唯一的準則。

追蹤性停損

追蹤性停損可能是最不耀眼而最實用的出場方法。這種方法雖然不能讓你賣在最高點或買在最低點，但允許獲利部位持續發展。細節的討論請參考第 9 章。

行情觀點的改變

這是另一種合乎常理而沒有受到渲染的方法。交易者完全不預先設定出場的目標價位，繼續持有部位直到行情觀點改變為反向或中性為止。

❖ 11 ❖　　圖形分析中最重要的法則

> 市場就像流行性感冒的濾過性病毒——每
> 當你自認為掌握一切時，型態又變了。

Wayne H. Wagner

失敗的訊號

在所有的圖形訊號中，失敗的訊號最為可靠。如果行情不能朝訊號方向發展，這強烈顯示價格將朝反向發展。以圖 11.1 為例，當價格向上突破 4 月初的高點，以及 4 月底~5 月初的整理區間之後，突然又向下反轉。如果向上突破是屬於有效的訊號，價格就不應該折返整理區間的下半部，更不應該跌破區間的下緣。折返走勢幾乎是在突破之後立即發生，意味著「多頭陷阱」（bull trap）的強烈可能性。根據價格走勢判斷，行情之所以上漲，主要是因為觸發整理區間上側的停止買單，但突破之後卻不能吸引進一步的買盤——技術面非常弱勢的表現。事實上，如果顯著的買進訊號立即失敗，應該被視為是強烈的賣出訊號。

圖 11.1
多頭陷阱：1993 年 10 月份糖

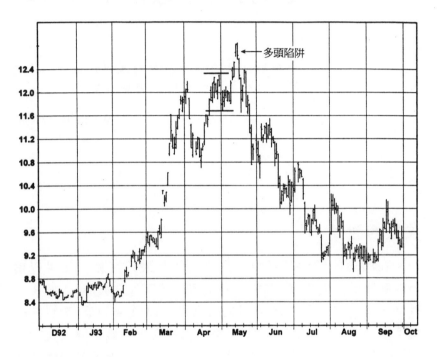

　　以下幾節將深入討論各種類型的失敗訊號，包括判斷的
準則、相關的解釋與交易的意涵。

多頭與空頭陷阱

　　多頭與空頭的陷阱，是價格順勢突破重要的連續型態，

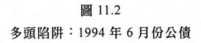

圖 11.2

多頭陷阱：1994 年 6 月份公債

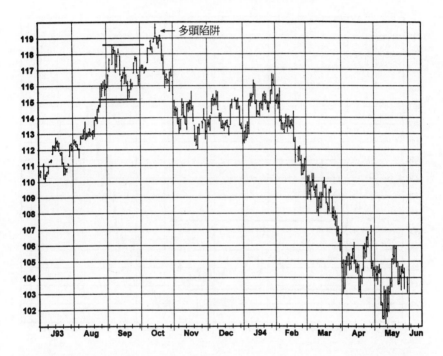

隨後又立即大幅反轉。根據我個人的經驗判斷，這類違反預期的價格走勢，代表最可靠的頭部或底部訊號。前一節討論的圖 11.1 就是典型的例子。圖 11.2 是另一個典型的例子。在這份走勢圖中，1993 年 10 月份契約藉由多頭陷阱完成公債市場長達 6 年的多頭走勢。請注意 10 中旬的走勢，價格突破 7 個星期的交易區間而創新高，隨後卻大幅回挫。

圖 11.3
空頭陷阱：1993 年 7 月份白銀

空頭陷阱（bear trap）類似於多頭陷阱，行情的跌勢恰足以觸發交易區間下側的停止賣單，但突破之後卻不能吸引進一步的賣盤，強烈顯示下檔的支撐力道。事實上，如果顯著的賣出訊號立即失敗，應該被視為是強烈的買進訊號。

圖 11.3 說明白銀市場如何結束長達 6 年的下降趨勢，這是空頭陷阱的典型案例。1993 年 2 月，市場出現連續兩天的

圖 11.4
空頭陷阱與多頭陷阱：1993 年 3 月份棉花

急跌走勢，跌破先前 3 個月的小交易區間與 6 個月的大交易區間。可是，價格並沒有進一步下滑；最初，它吊在半空中，呈現橫向的走勢，最後反彈而重新進入交易區間。這種價格走勢代表隨後重大漲勢的前兆。

圖 11.4 是另一個空頭陷阱的例子。棉花價格經過四個月的急跌走勢之後，9 月底到 10 下旬之間形成交易區間。10 月

底，價格跌破交易區間，但沒有發生跟進的跌勢，並且在一個星期之內反彈到先前交易區間的上緣。接著，價格繼續上漲，幾乎完全恢復 7 月份~10 月份的跌勢。（非常有趣地，這份圖形中也有一個多頭陷阱。價格在 1992 年 6 月中旬透過跳空缺口創新高，但隨後沒有出現跟進的漲勢，於是發生先前所描述的重大挫跌。）

多大的折返走勢才代表多頭或空頭的陷阱呢？以下列舉一些可能的確認條件：

起始的價格確認. 價格折返而進入突破之前整理區間的中央。

強勁的價格確認. 價格折返而進入突破之前整理區間的反向邊緣（多頭陷阱是區間下緣，空頭陷阱是區間上緣）。

時間的確認. 突破之後的某特定期間內（例如：4 個星期），價格不能返回極端價位。

起始與強勁的價格確認條件各有優、缺點，前者代表多頭與空頭陷阱的較理想進場價位，後者代表比較可靠的訊號。時間的確認條件可以獨自使用，或配合價格的確認條件。圖 11.5 與 11.6 分別複製圖 11.2 與 11.3，但標示三種確認的條件（時間確認條件的參數設定為 4 週）。請注意，時間確認可能發生在兩種價格確認條件之後（圖 11.5），也可能發生在價格確認條件之前（圖 11.6）或之間。

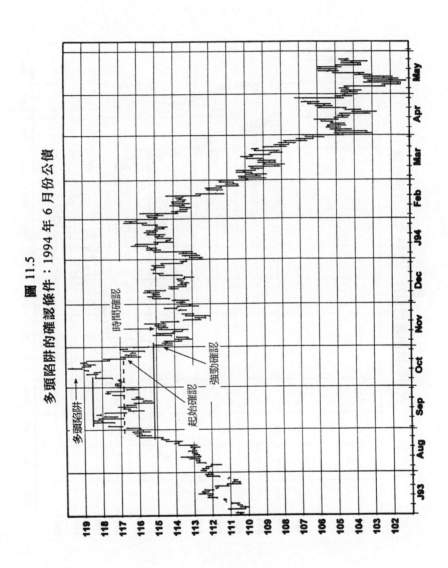

圖 11.5
多頭陷阱的確認條件：1994 年 6 月份公債

圖 11.6
空頭陷阱的確認條件：1993 年 7 月份白銀

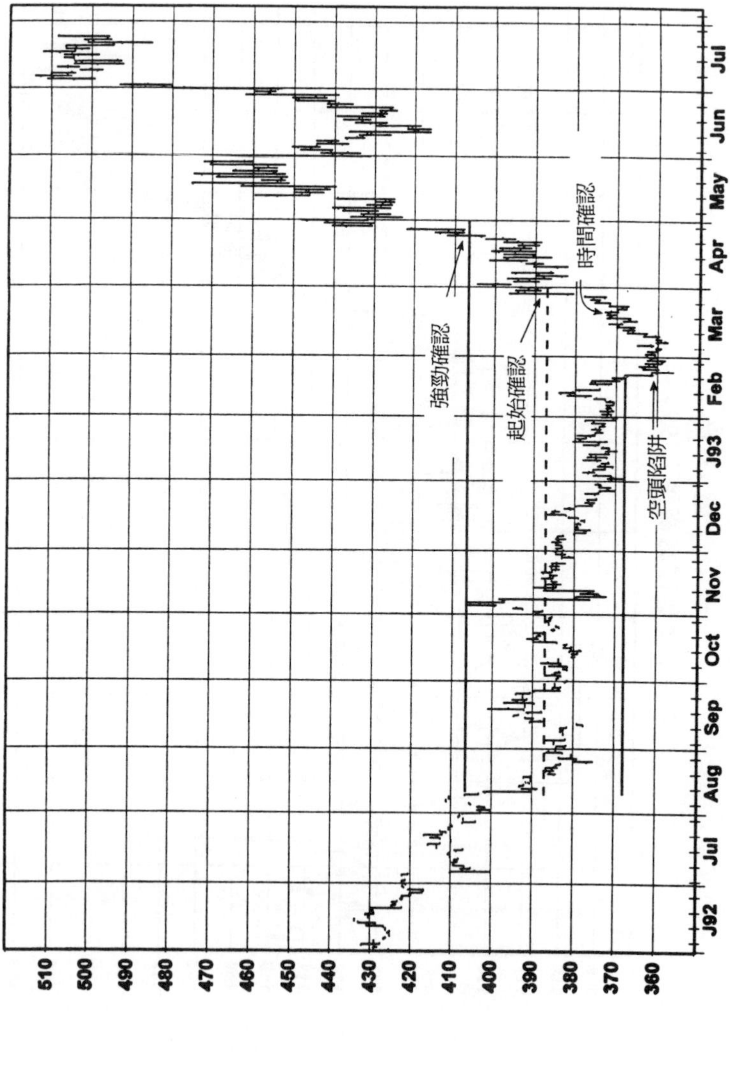

如果價格返回突破的高點，多頭陷阱將失效。同理，如果價格返回突破的低點，空頭陷阱將失效。我們可以採用更敏感的條件來界定失效的多頭或空頭陷阱，例如：當陷阱受到確認之後，價格發生預期之外的重大走勢，或價格在特定期間內沒有發生預期之內的走勢。讓我們舉例說明這類的條件，當陷阱得到強勁的價格確認之後，如果價格返回整理區間的對側邊緣（多頭陷阱是區間上緣，空頭陷阱是區間下緣），則判定陷阱失效。再舉一個例子，當陷阱得到強勁的價格確認之後，如果價格在四個星期或之後，重新返回整理區間的中央（換言之，陷阱的起始價格確認位置），則判定陷阱失效。所設定的無效條件愈敏感，陷阱判斷錯誤所造成的損失也愈小，但也愈可能過早放棄原本正確的交易部位。

如果所設定的陷阱無效條件沒有發生，繼續持有多頭或空頭陷阱的交易部位，直到價格目標完成或市況符合其他的平倉條件，或是市場發生趨勢反轉的訊號。

趨勢線的假突破

如同第 3 章所做的討論，趨勢線特別容易發生假突破的情況。這類的假突破可以做為訊號，針對突破方向進行反向的交易。事實上，根據我個人的看法，假突破訊號的可靠性甚至遠超過傳統的趨勢突破訊號。對於下降趨勢而言，一旦價格向上突破之後，如果收盤價停留在趨勢線下側某特定天數（例如：2 天或 3 天），這可以視為是假突破的確認。同理，在上升趨

勢中，一旦價格向下突破之後，如果收盤價停留在趨勢線上側某特定天數，也可以視爲是假突破的確認。

圖 11.7 提供一個下降趨勢線的假突破範例。請注意，**價格在 6 月份向上突破下降趨勢線**，後者是由先前的三個相對高點銜接而成。可是，價格立即又跌回趨勢線之下。此處所採用的假突破確認訊號，是兩天收盤價位在趨勢線之下。

圖 11.7

下降趨勢線的假突破：1994 年 12 月份燕麥

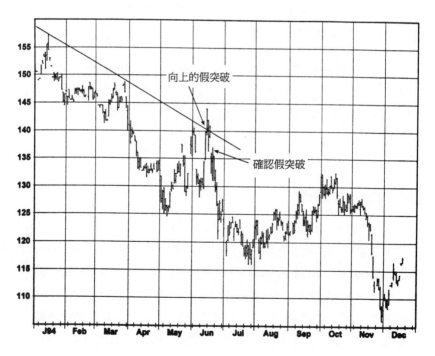

　　一份走勢圖中可能連續出現假突破，造成趨勢線不斷重新定義。請參考圖 11.8，價格在 12 月中旬首先突破下降**趨勢線**，但很快又跌回趨勢線之下，此處的假突破確認訊號發生在**趨勢線**之下的第二個收盤價。幾個星期之後，價格又向上突破，當時的趨勢線是根據 12 月的相對高點重新定義（圖形中標示為 II）。可是，價格很快又跌回趨勢線之下，構成另一個假突破的訊號。根據 1 月份相對高點繪製的趨勢線（圖形中標示為 III）在 3 月份又遭到短暫突破，形成第三個假突破的訊號。

　　圖 11.9 是說明上升趨勢線的假突破。此處採用的假突破確認訊號也是上升趨勢線上側的第二個收盤價。圖形中總共有兩個假突破的買進訊號。

填補缺口

　　跳空缺口通常都代表價格將繼續朝缺口方向移動（請參考第 6 章）。如果缺口被填補，缺口當初的訊號將視為失敗。如果被填補的缺口具有下列性質，則失敗的訊號更有意義：

- ◆　被填補的缺口很寬
- ◆　被填補的缺口是屬於突破缺口＊
- ◆　連續兩個或多個缺口被填補

＊ 譯按：雖然突破缺口也可以解釋為假突破，但由後文中觀察，此處應該是指「竭盡缺口」而言。

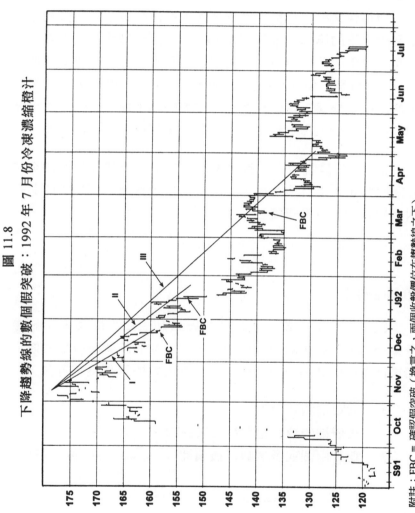

圖 11.8

下降趨勢線的數個假假突破：1992 年 7 月份冷凍濃縮橙汁

附註：FBC = 確認假突破（換言之，兩個收盤價位在趨勢線之下）

圖 11.9

上升趨勢線的數個假個突破：1995 年 7 月份糖

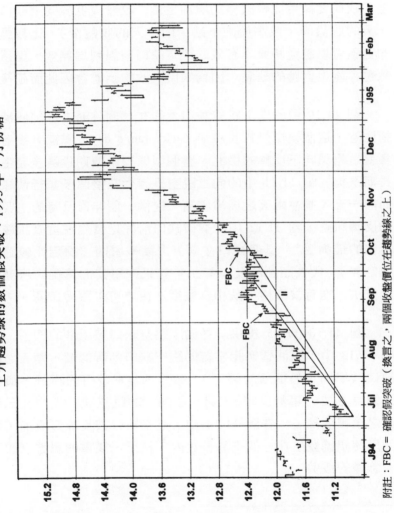

附註：FBC = 確認假突破（換言之，兩個收盤價位在趨勢線之上）

　　根據一般的解釋，如果盤中價格觸及向上缺口前一天的高價（或向下缺口前一天的低價），就視爲填補跳空缺口。可是，我偏愛採用比較嚴格的填補定義：收盤價低於向上缺口前一天的收盤價（或高於向下缺口前一天的收盤價）。比較嚴格的定義可以避免將原本有效的跳空缺口被誤判爲無效，但這當然也會產生對應的缺點，因爲缺口失敗的訊號會因此而延後。

　　圖 11.10 中的向上跳空缺口大約在一個星期之後被填補。請注意，這個缺口是被長線形（wide-range day）填補，後者本身就是趨勢向下反轉的徵兆。整個型態預示糖期貨隨後發生的長期跌勢。圖 11.11 中的向上跳空是發生在整個多頭行情峰位的前一天，並在兩天之後被填補，提供一個非常及時的主要趨勢反轉訊號。圖 11.12 中的突破缺口恰好是發生在垂直狀飆漲走勢的最高點❖。這個缺口在兩天之後被填補（採用比較嚴格的定義），代表頭部的及時警訊；如果採用其他傳統的趨勢辨識方法，唯有當價格下跌相當幅度之後才可以獲得確認。

　　圖 11.13~11.15 提供一些向下跳空缺口被填補的例子。在圖 11.13 中，原油透過相當寬的跳空缺口創新低價，兩天之後缺口被填補（最低價的隔天），顯然是非常及時的訊號，最後演變爲主要的趨勢反轉。（另一個向下的跳空缺口大約在三個月之後被填補。）在圖 11.14 中，跳空缺口被長線形填補，兩個反轉訊號發生在一個交易日之內。結果，雙重的訊號立即形成急遽的漲勢。

❖ 譯按：「突破缺口」應該是「竭盡缺口」。

在圖 11.15 中，兩個連續的跳空缺口被填補。雖然這個價格型態顯示主要的底部已經形成，但在正式發動漲勢之前，價格一度折返。這個發展隱含著一個教訓，即使是有效的失敗訊號也可能先進行修正，然後再呈現預期中的走勢。就向下的跳空缺口而言，只要收盤價不低於缺口（如果有兩個缺口，以下側的缺口爲準），失敗的訊號就繼續有效。同理，在向上的跳空缺口中，只要收盤價不高於缺口（如果有兩個缺口，以上側的缺口爲準），失敗的訊號就繼續有效。

重返突兀線形的端點

突兀線形經常代表重要的價格反轉（請參考第 6 章）。因此，如果價格重返先前的突兀線形，可能使原來的突兀線形演變爲失敗訊號。突兀線形愈極端（突兀高點的高價愈顯著高於先前與隨後的高價，或突兀低點的低價愈顯著低於先前與隨後的低價），失敗訊號愈有意義。另外，如果突兀線形的原始訊號與失敗訊號之間至少相隔數週（最好是相隔數個月），這有助於提昇失敗訊號的效力。

在圖 11.16 的走勢中，價格是在四個月之後重返 7 月份的突兀高點，最後演變爲重大的漲勢。圖 11.17 中的 7 月份突兀高點是在七個月之後被貫穿，演變爲一波更大的漲勢。圖 11.18 顯示突兀低點被貫穿與隨後的重大跌勢。圖 11.19 中包含突兀高點穿越與突兀低點穿越的範例。在前述的例子中，一旦突兀線形被貫穿之後，都出現一波重大的走勢。

圖 11.10

填補向上跳空缺口：1991 年 3 月份糖

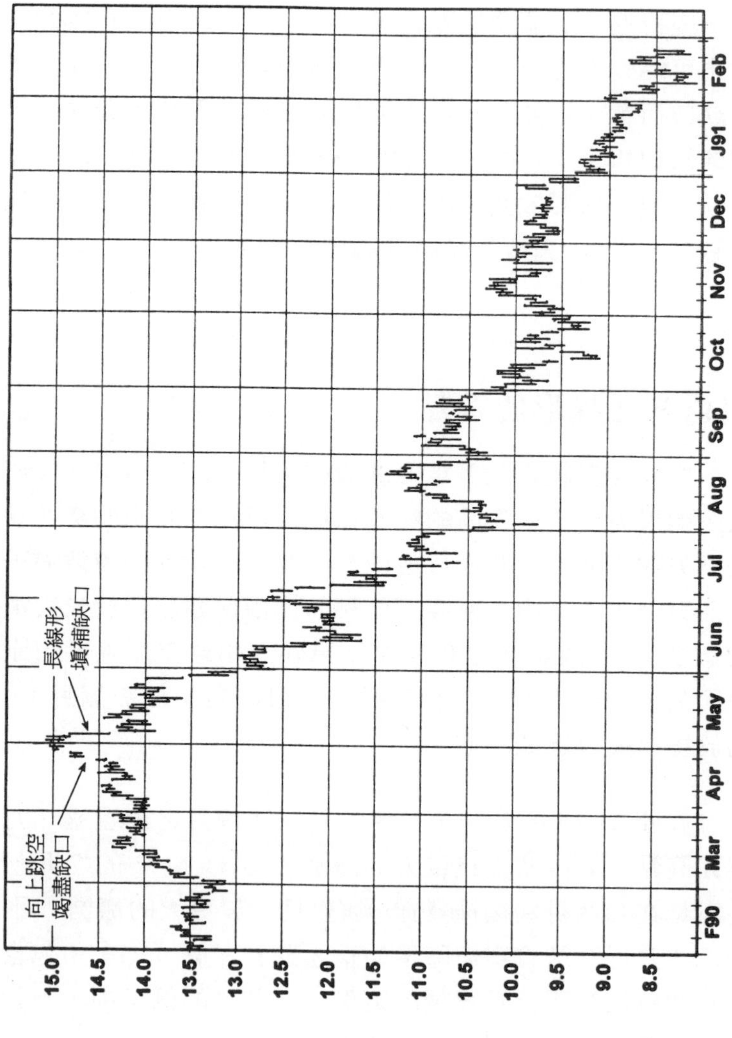

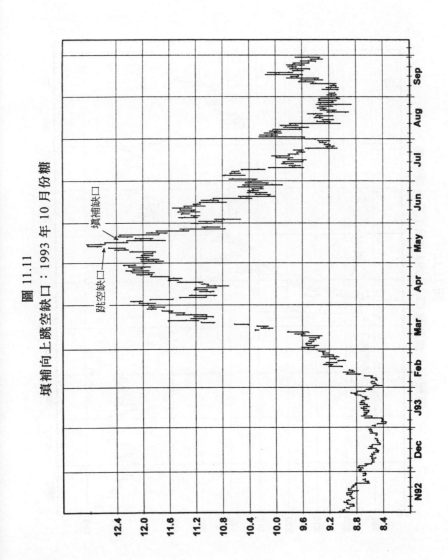

圖 11.11

填補向上跳空缺口：1993 年 10 月份糖

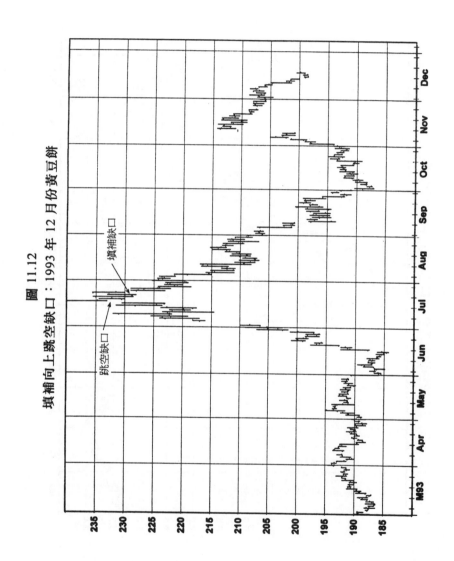

圖 11.12

填補向上跳空缺口：1993 年 12 月份黃豆餅

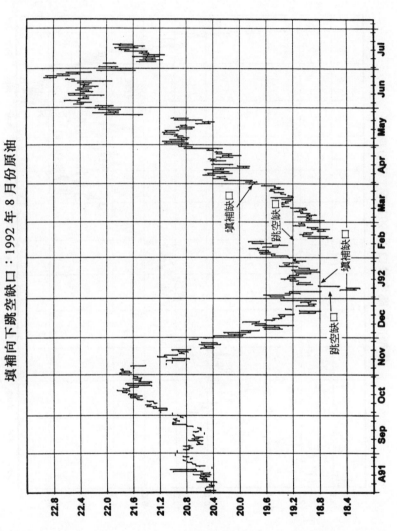

圖 11.13

填補向下跳空缺口：1992 年 8 月份原油

圖 11.14
填補向下跳空缺口：1991 年 7 月份糖

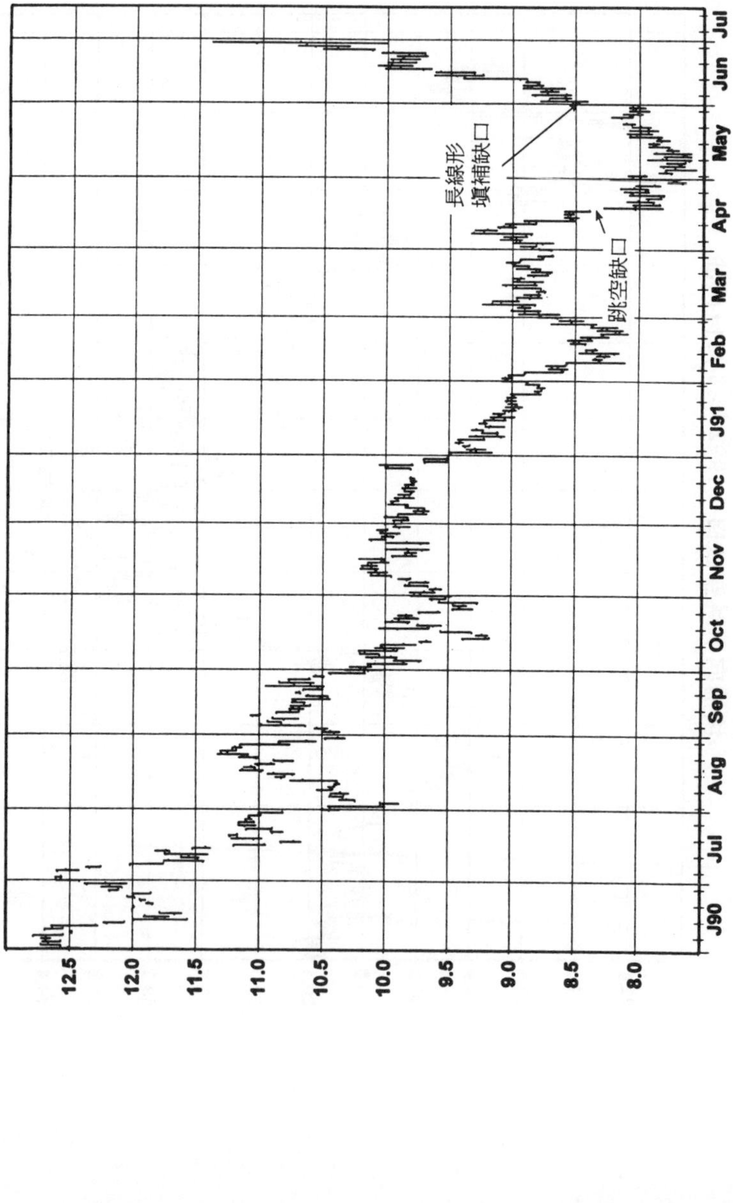

圖 11.15

填補向下跳空缺口：1995 年 3 月份棉花

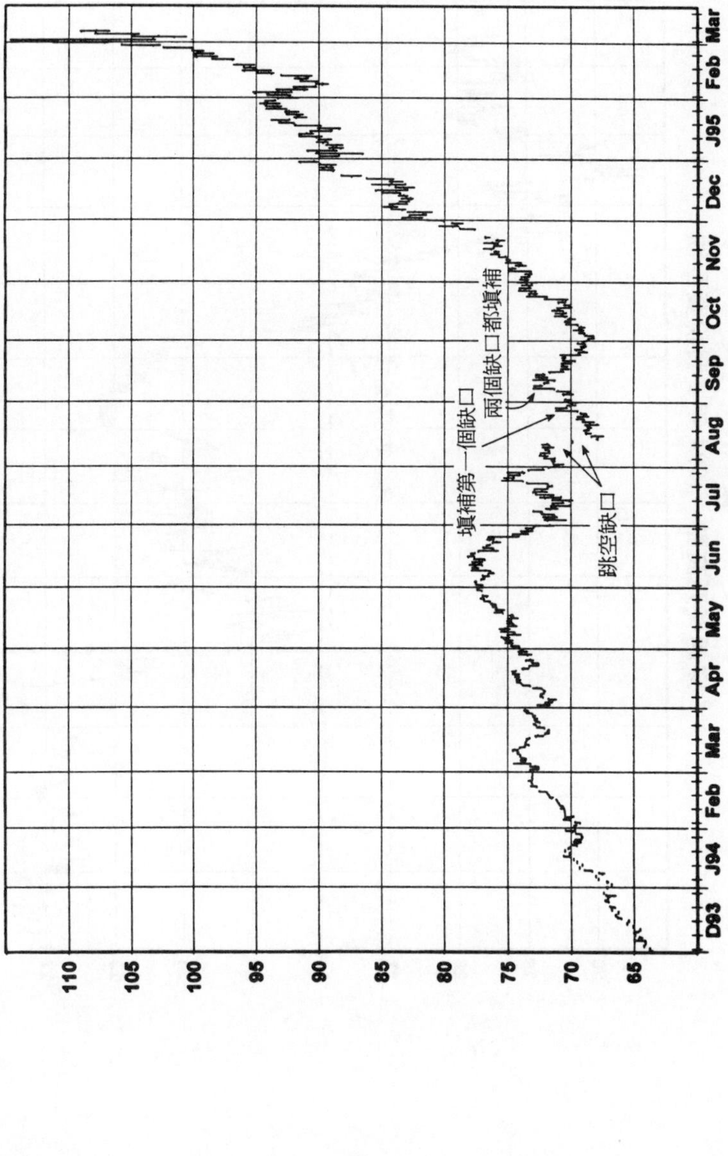

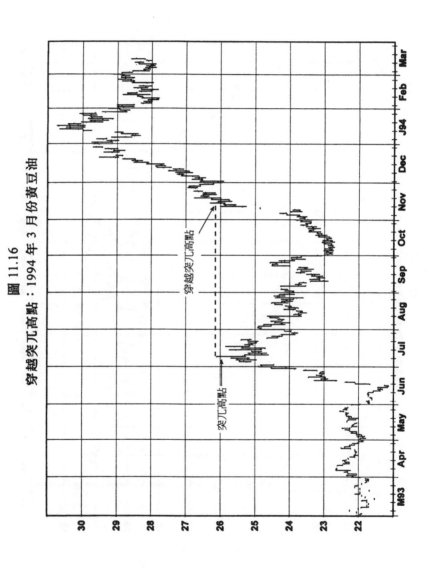

圖 11.16

穿越突兀高點：1994 年 3 月份黃豆油

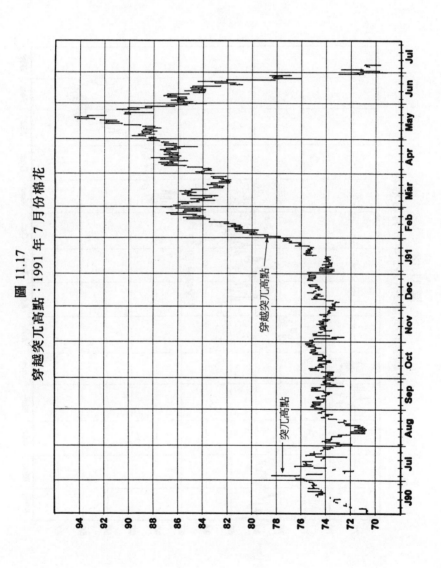

圖 11.17
穿越笨兀高點：1991 年 7 月份棉花

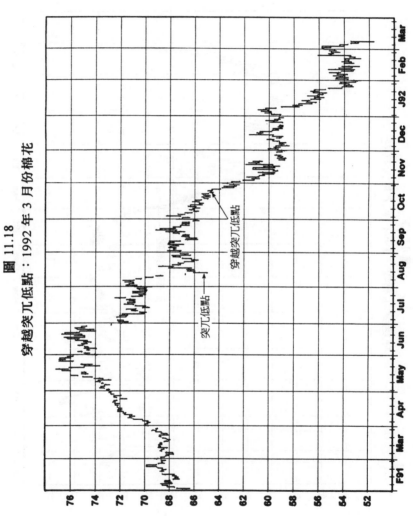

圖 11.18
穿越突兀低點：1992 年 3 月份棉花

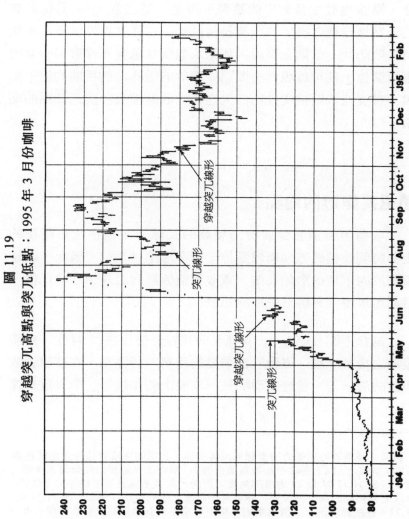

圖 11.19
穿越突兀高點與突兀低點：1995 年 3 月份咖啡

在圖 11.20 中，7 月份的突兀高點大約在一個月之後被貫穿，隨後也發生預期中的漲勢。可是，請注意，10 月份的突兀低點被穿越之後，並沒有發生跌勢——這或許可以稱爲**失敗的失敗訊號**。原則上來說，如果收盤價穿越突兀線形另一側的**極端價位**，就可以視爲失敗訊號無效的徵兆。就目前的例子來說，當突兀低點被突破的四天之後，收盤價高於突兀低點的高價。

重返長線形的端點

收盤價特別強勁或特別疲軟的長線形，往往代表隨後的走勢將朝收盤的方向繼續延伸（請參考第 6 章）。因此，**收盤價高於向下長線形的高價**，或**收盤價低於向上長線形的低價**，這都可以視爲長線形失敗的訊號❖。

請參考圖 11.21，一支顯著的長線形發生在 5 月底，兩個星期之後被穿越，導致一波強勁的漲勢。請注意，在確認失敗訊號的前一天，曾經出現另外一支向上的長線形，所以這是連

❖ 譯按：長線形可以是連續型態或反轉型態，此處的失敗說法僅適用於連續型態；換言之，向上長線形的收盤價很強勁，或向下長線形的收盤價很疲軟，這也是圖 11.23 與 11.24 的解釋角度。可是，如果考慮收盤疲軟的向上長線形或收盤強勁的向下長線形，譯者就不同意此處的說法，例如：圖 **11.21** 與 **11.22**。在這種情況下，價格重返長線形的端點應該是確認先前的長線形**有效**，而不是確認該長線形**失敗**。向下長線形的收盤價很強勁，這原本就代表向上反轉的訊號，如果隨後的收盤價高於長線形的高價，這是確認先前的向上反轉訊號**有效**而不是**失敗**。向上的長線形也是如此。

續發生的反轉訊號。圖 11.22 中有兩支向下的長線形發生在相隔不遠的範圍內，隨後陸續被向上突破。另外，請注意，在兩個向上突破之間曾經出現向上的長線形。結果，這些多頭訊號確實代表主要漲勢的前兆。

圖 11.23 與 11.24 中說明向上長線形被向下突破的情況。在圖 11.23 中，收盤價跌破長線形低價的失敗訊號發生在頭部正式完成的前一天，隨後演變爲重大的跌勢。請注意，在長線形訊號被確認失敗之前，曾經發生一個多頭陷阱。在圖 11.24 中，1 月份的長線形是被另一支長線形穿越，代表重大跌勢的早期訊號。

旗形或三角旗形的反向突破

旗形或三角旗形通常被視爲連續型態；換言之，型態的突破應該順著先前的趨勢方向發展（請參考第 6 章）。所以，如果旗形或三角旗形的突破方向與先前的趨勢相反，這可以視爲是失敗的訊號。

在圖 11.25 的價格下降過程中，旗形與三角旗形基本上都是屬於連續排列；換言之，型態完成之後都是向下突破。可是，三月份的旗形排列顯然是一個例外，這個排列最後是向上突破。這個逆向突破或許也可以被視爲是強勁反彈。在圖 11.26 中，4 月份與 10 月份低點附近形成的旗形排列也是逆勢向上突破。

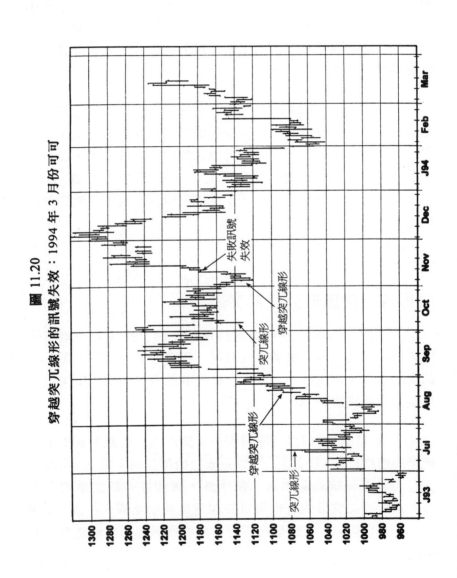

圖 11.20

穿越突兀線形的訊號失效：1994 年 3 月份可可

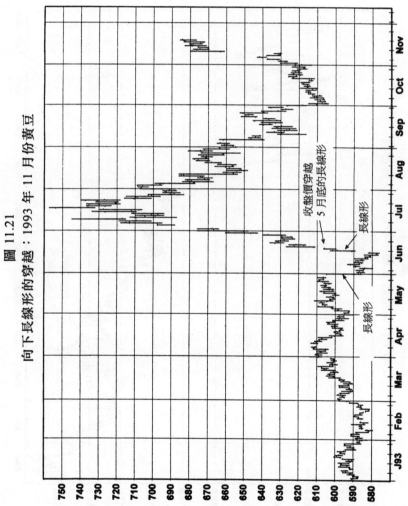

圖 11.21
向下長線形的穿越：1993 年 11 月份黃豆

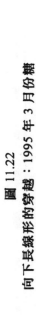

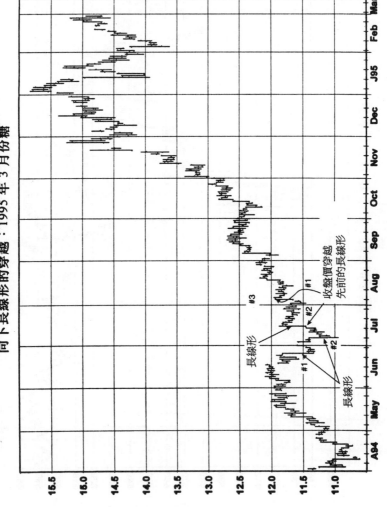

圖 11.22

向下長線形的穿越：1995 年 3 月份糖

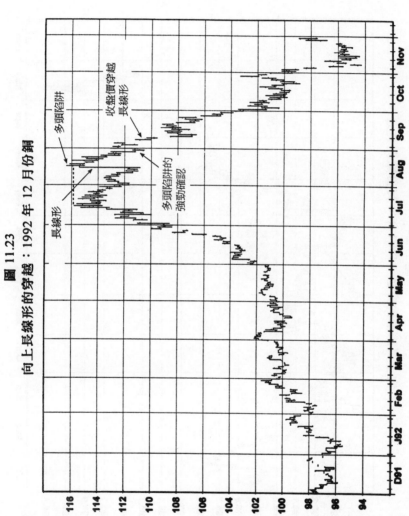

圖 11.23

向上長線形的穿越：1992 年 12 月份銅

圖 11.24
向上長線形的穿越：1994 年 6 月份歐洲美元

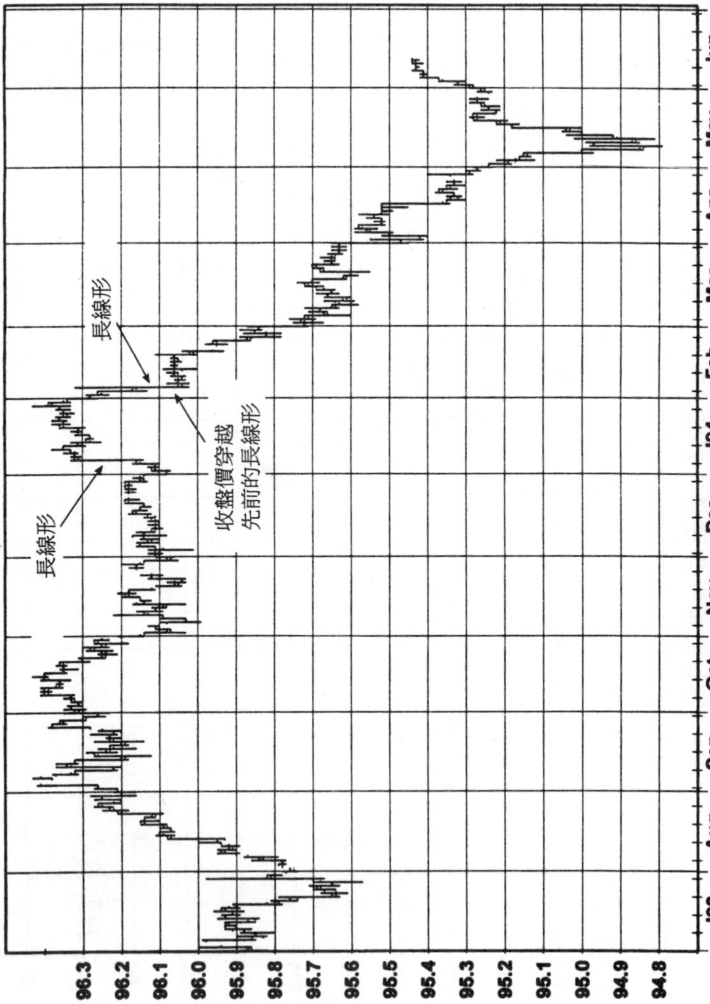

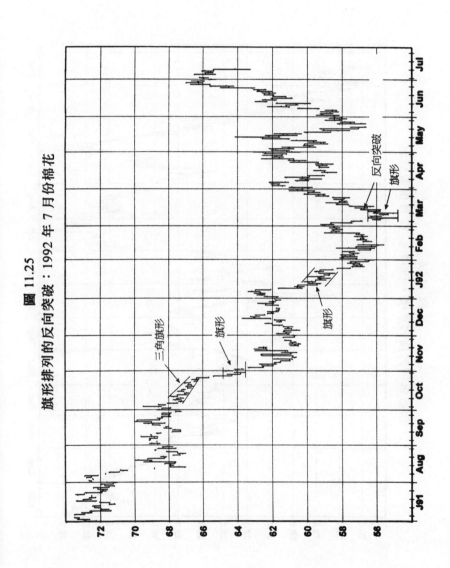

圖 11.25

旗形排列的反向突破:1992 年 7 月份棉花

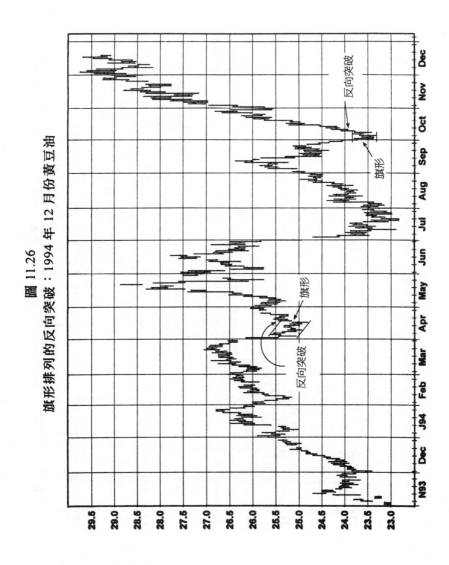

圖 11.26

旗形排列的反向突破：1994 年 12 月份黃豆油

　　圖 11.27 是以旗形排列構成主要的底部，隨後發生反向的突破。在這個例子中，當價格向上突破之後，曾經再度拉回，然後才展開強勁的漲勢。所以，失敗訊號經過反向突破的確認之後，未必會立即發生相關的走勢。放棄失敗的訊號之前，我們可以接受多大的折返走勢呢？只要收盤價沒有穿越相關**旗形**或三角旗形的反向端點，經過確認的失敗訊號就應該視為**繼續**有效。圖 11.27 中的折返走勢顯然是屬於這種狀況。

　　圖 11.28~11.30 中的旗形或三角旗形都是位在價格漲勢的端點，隨後都向下突破。在這些例子中，旗形或三角旗形都位在契約高價附近——通常是屬於非常多頭的徵兆。可是，這些預期中的多頭排列並沒有帶動另一波漲勢，反而向下突破。這三個範例中的失敗訊號都非常及時地反映主要的趨勢反轉。在圖 11.28 與 11.29 中，當失敗訊號被確認之後，價格立即下跌，但圖 11.30 的情況不同，價格展開急跌走勢之前曾經一度反彈。可是，價格的折返並沒有穿越三角旗形的高點；根據前述說明的法則，失敗的訊號仍然有效。

旗形或三角旗形
正常突破之後的反向突破

　　當旗形與三角旗形發生順勢的突破之後，價格隨後可能又朝反向進行突破；換言之，收盤價穿越排列的對側。這種價格行為也是屬於失敗的訊號，因為順勢突破並沒有帶動價格跟進，反而朝逆向突破。請注意，失敗訊號的確認是以**收盤價**——

圖 11.27
旗形排列的反向突破與拉回：1994 年 3 月份棉花

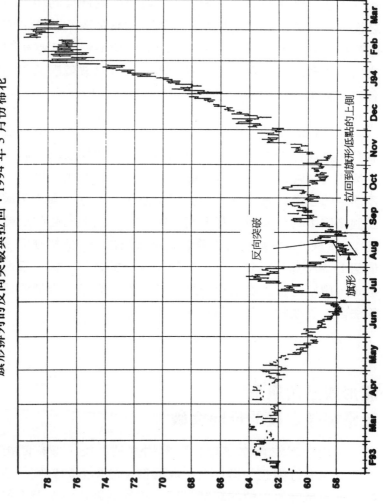

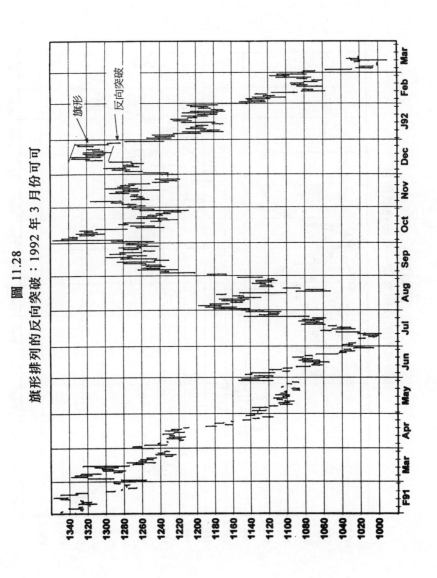

圖 11.28

旗形排列的反向突破：1992 年 3 月份可可

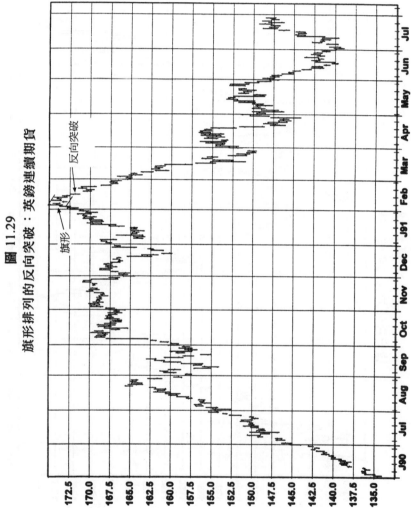

圖 11.29

旗形排列的反向突破：英鎊連續期貨

圖 11.30

三角旗形排列的反向突破與拉回：1994 年 3 月份棉花

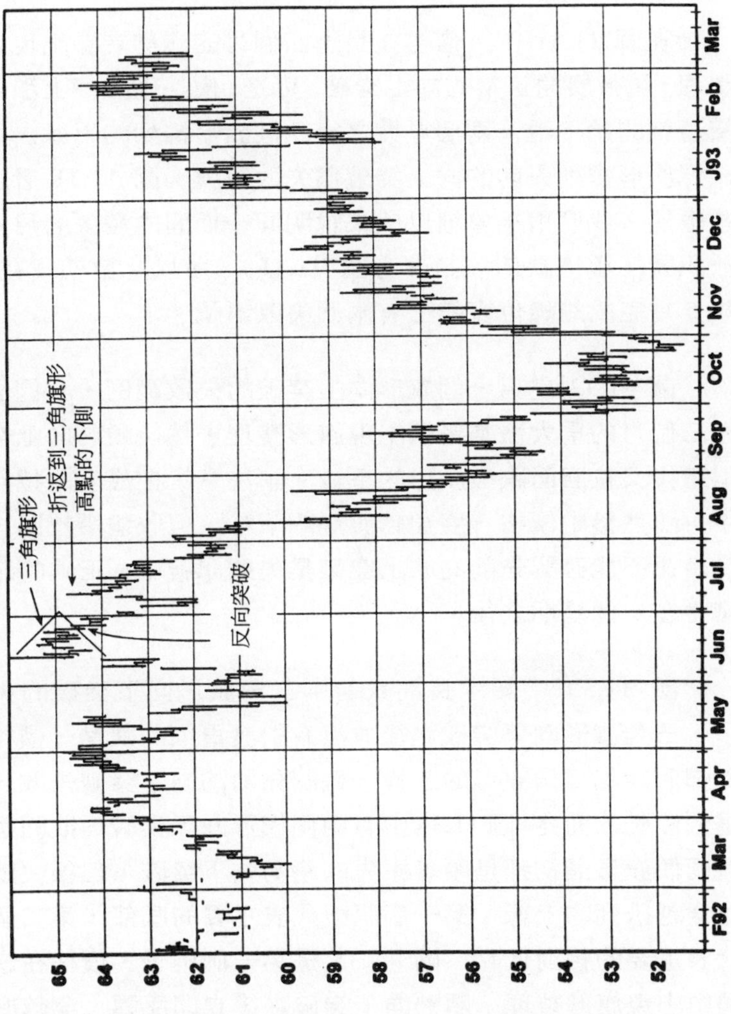

而不是盤中價格——的穿越為準。這種比較嚴格的條件可能延後失敗訊號的確認時機，但可以避開無效的失敗訊號。

在圖 11.31 中，價格在長達四個月的漲勢端點出現旗形的整理，隨後展開正常的向上突破。可是，價格僅繼續上漲兩天，接著就開始下滑，兩個星期之後跌破旗形排列的下緣。這可以確認旗形排列先前的向上突破為失敗訊號。圖 11.31 看起來有些眼熟，我們稍早曾經以此來說明同一期間內發生的另一個失敗訊號（填補缺口，請參考圖 11.11）。所以，糖期貨在 1993 年 5 月完成的峰位實際上有兩個失敗訊號。

圖 11.32 是另一個旗形向上突破的失敗範例。我們發現，在三個月的重大漲勢尾端出現旗形整理，然後順勢向上突破，但稍後又拉回而跌破旗形的下緣。請注意，在最初的拉回走勢中，雖然盤中價格一度穿越旗形的下緣，但收盤價拉回，所以當時還不能確認先前的向上突破是失敗訊號——正式的確認是發生在一個星期之後。

圖 11.33 中顯示長期跌勢中三角旗形向下突破的失敗例子。三角旗形向下突破之後並沒有引發重大的跌勢，價格隨後反彈而穿越三角旗形的上緣，確認先前的向下突破失敗，這是重大漲勢的前兆。圖 11.34 中有兩個旗形向下突破失敗的例子。這兩個旗形最初都是順著原先的趨勢向下突破，但很快就反彈而穿越排列的上緣。第一個訊號代表主要的底部，第二個訊號代表重要的相對低點。圖 11.35 是另一個例子，價格在修正跌勢中出現旗形整理，順勢向下突破之後立即反彈，穿越旗形上

圖 11.31
旗形正常突破之後的反向突破：1993 年 10 月份糖

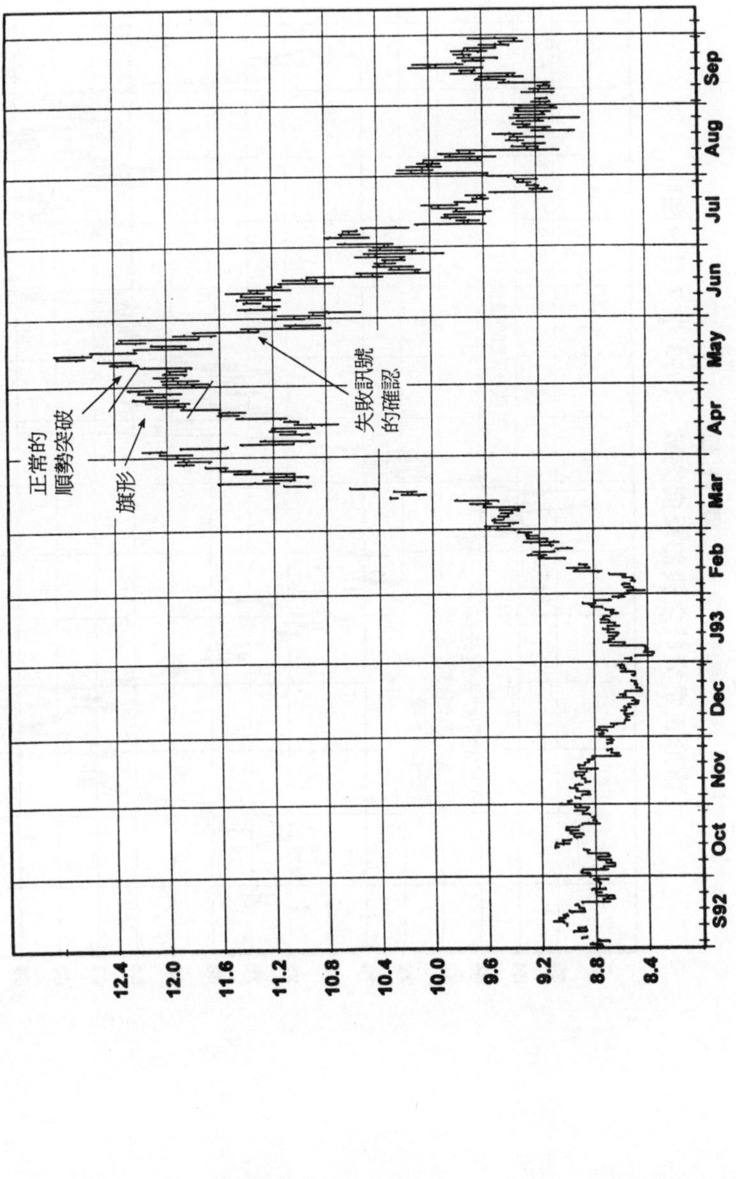

正常的
順勢突破

旗形

失敗訊號
的確認

圖 11.32
旗形正常突破之後的反向突破：1993 年 7 月份咖啡

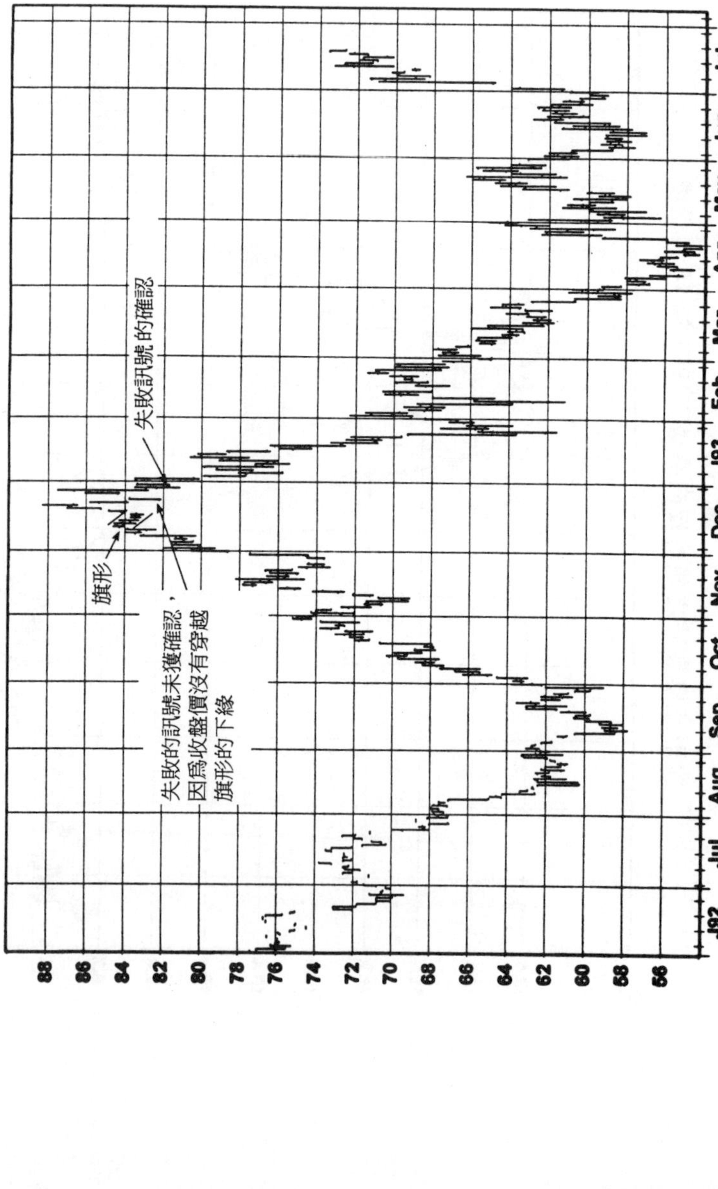

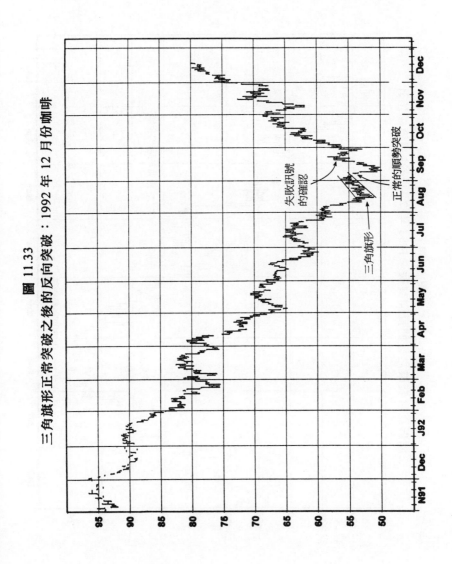

圖 11.33
三角旗形正常突破之後的反向突破：1992 年 12 月份咖啡

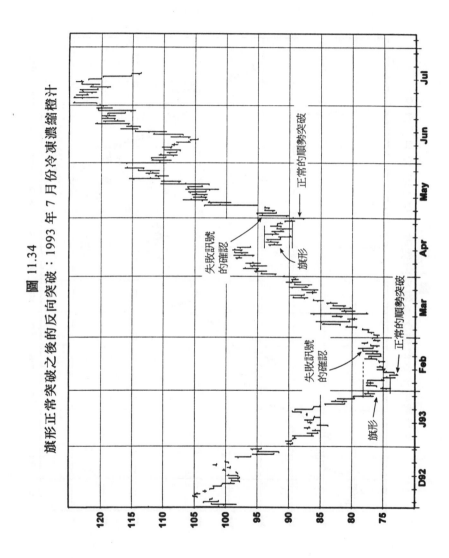

圖 11.34

旗形正常突破之後的反向突破：1993 年 7 月份冷凍濃縮橙汁

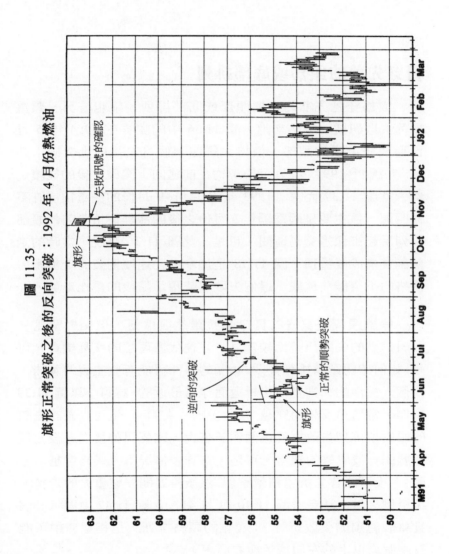

圖 11.35

旗形正常突破之後的反向突破：1992 年 4 月份熱燃油

緣之後，可以確認先前的修正走勢完成。

貫穿先前的頭部或底部排列

價格穿越先前的主要頭部或底部排列，這也是另一類重要的失敗訊號。舉例來說，圖 11.36 中的咖啡在 1994 年 5 月份形成雙重頂的頭部，價格大約在七個月之後向上突破；圖 11.37 說明 1994 年 7 月份契約在前述向上突破之後的後續走勢。就圖 11.37 而言，1993 年 7 月份~9 月份的雙重頂或許不甚明顯，這主要是因為隔年 5 月份之後的漲勢使得先前的頭部排列看起來像是交易區間。可是，就圖 11.36 來說，當時的走勢確實構成雙重頂。圖 11.38 是加拿大元連續期貨的走勢圖，價格向下突破雙重底，這個失敗訊號預示隨後的重挫走勢。

雙重頂或雙重底的貫穿訊號雖然很重要，但相對罕見。頭肩排列的失敗訊號比較常見，往往代表理想的交易機會。可是，如何確認頭肩排列失敗，相關的條件可能有些主觀的意味，我個人採用的準則是價格折返而穿越最近的「右肩」。以圖 11.39 為例，當價格反彈而穿越 7 月份的「右肩」，這可以確認先前的頭肩頂排列失敗。就這個例子來說，確認訊號發生之後，價格展開一波急遽的漲勢。可是，在許多情況下，價格穿越「右肩」之後可能會先折返稍做整理，然後再展開一波重大的走勢。（舉例來說，請參考圖 11.40 與 11.41。）圖 11.42 中顯示一個複雜頭肩頂的失敗訊號。（複雜的頭肩排列，是指型態中可能有兩個或以上的左肩或／與右肩。）

圖 11.43~11.45 提供一些頭肩底型態失敗的例子。這類似於頭肩頂的情況，價格跌破最近的「右肩」可以確認底部排列失敗。請注意，在這三個例子中，當失敗訊號經過確認之後，價格都一度反彈，但最後還是演變為重大的跌勢。由這些例子中可以發現，當頭肩排列的失敗訊號被確認之後，交易者或許應該在折返走勢中進場比較有利。當然，這永遠是「一得一失」的情況，價格走勢可能直接發動；若是如此，等待折返將錯失整段行情，圖 11.39 與圖 11.42 就是這類的例子。

突破曲度

我們在第 6 章曾經提到，圓形排列通常是很可靠的型態。就這個層面來說，如果價格扭轉既有的曲度，意味著圓形排列可能失敗。請參考圖 4.46，6 月份與 7 月份的圓形排列原本是空頭的型態，但價格向上扭轉而破壞既有的曲度，預示著隨後的一波漲勢。

失敗訊號的未來可靠性

指標的通俗程度與有效性之間存在反向的關連。舉例來說，在 1980 年代之前，當時技術分析的運用還不普遍，價格突破交易區間的訊號相當可靠，假突破的情況相對罕見。可是，隨著技術分析的日益普及，許多人們都根據突破訊號擬定交易決策；於是這個型態也逐漸失去效力。目前，假突破的發生頻

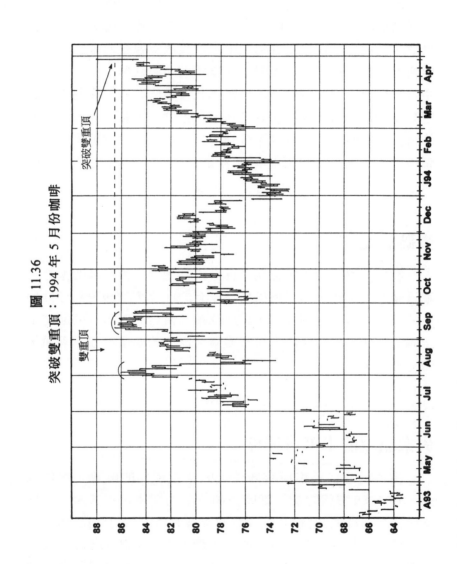

圖 11.36

突破雙重頂：1994 年 5 月份咖啡

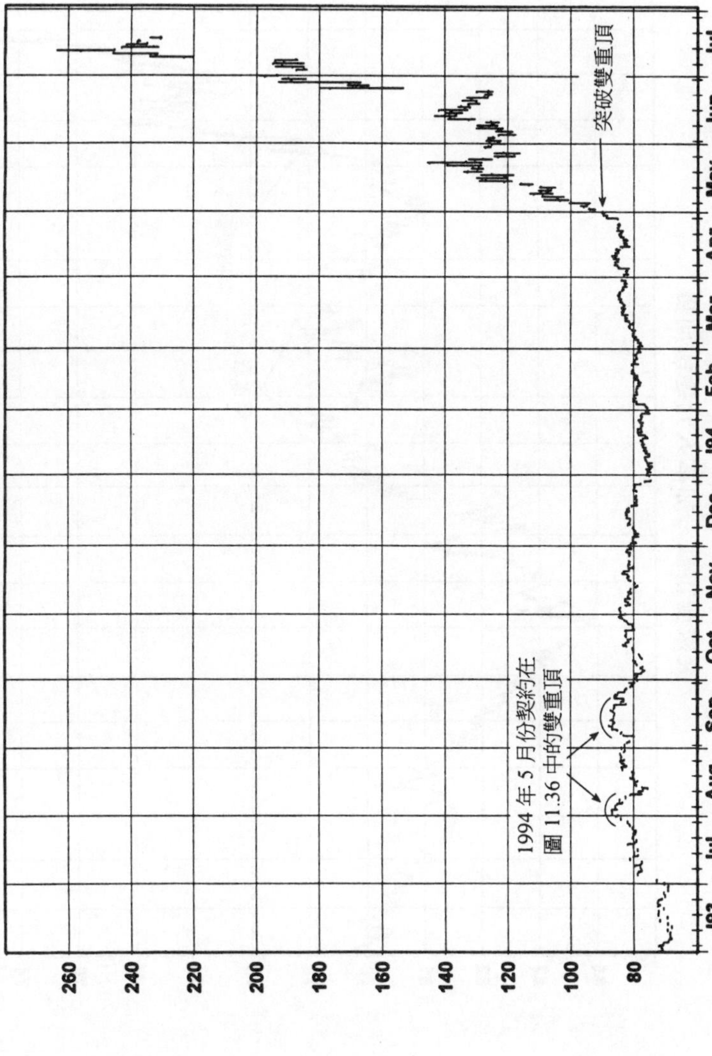

圖 11.37

突破雙重頂：1994 年 7 月份咖啡

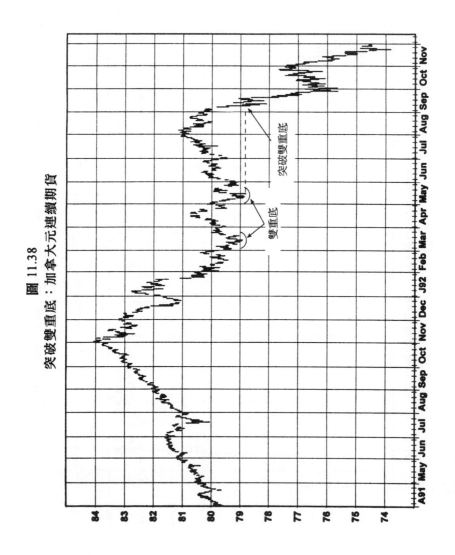

圖 11.38

突破雙重底：加拿大元連鎖期貨

圖 11.39

失敗的頭肩頂：1995 年 3 月份棉花

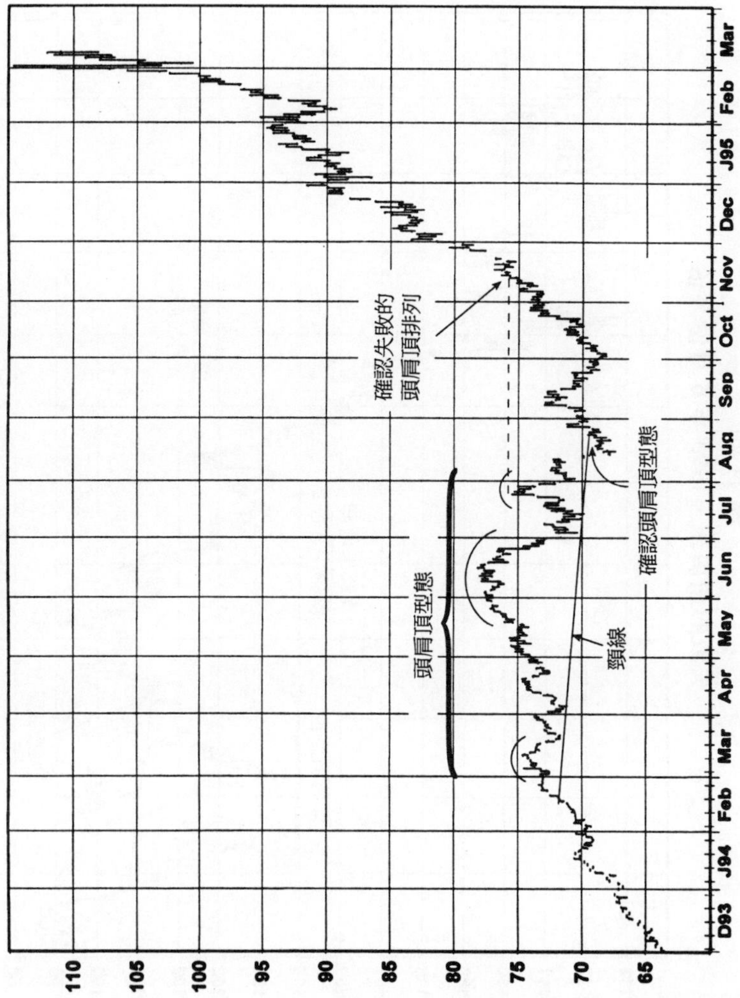

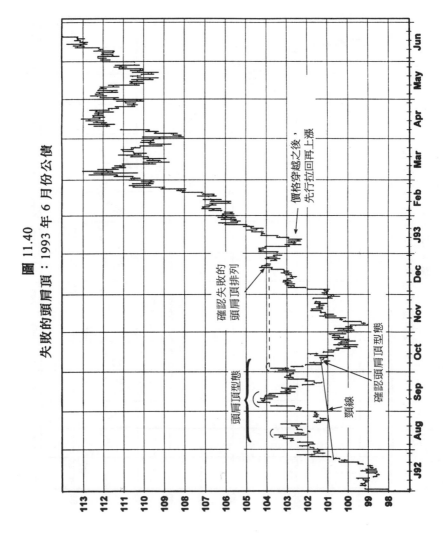

圖 11.40

失敗的頭肩頂：1993 年 6 月份公債

圖 11.41

失敗的頭肩頂：英鎊連續期貨

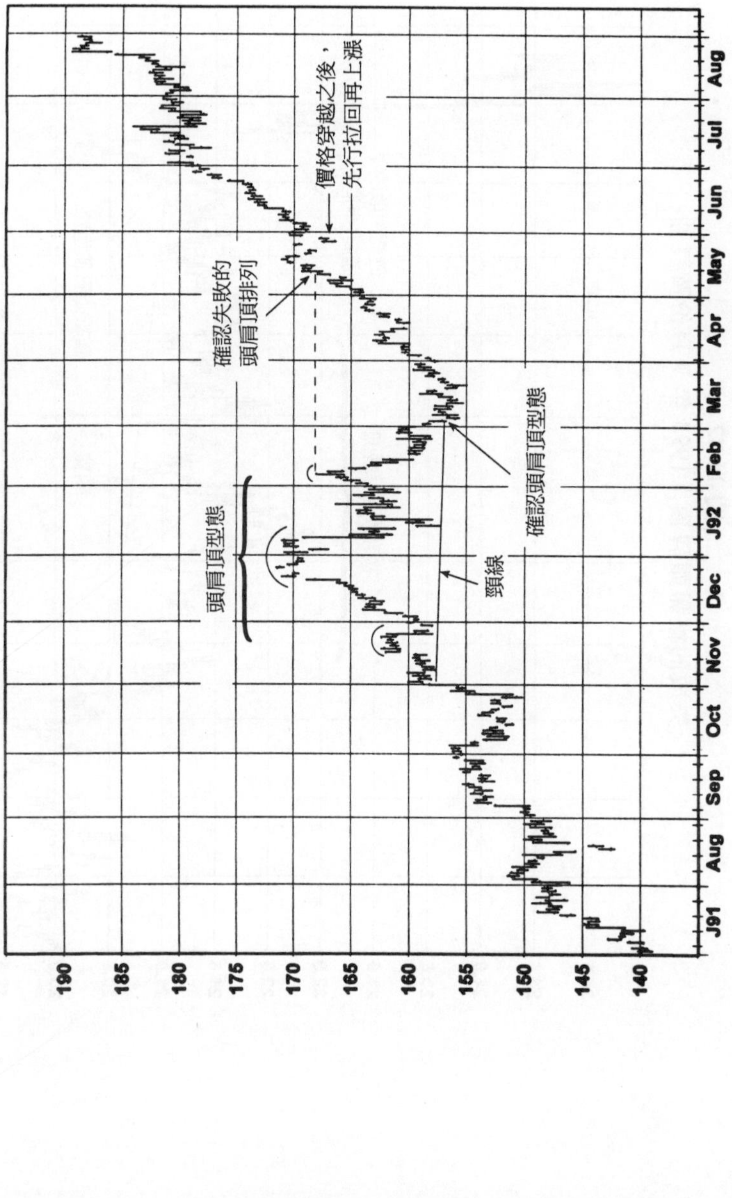

圖 11.42

失敗的複雜頭肩頂：1993 年 7 月份黃豆油

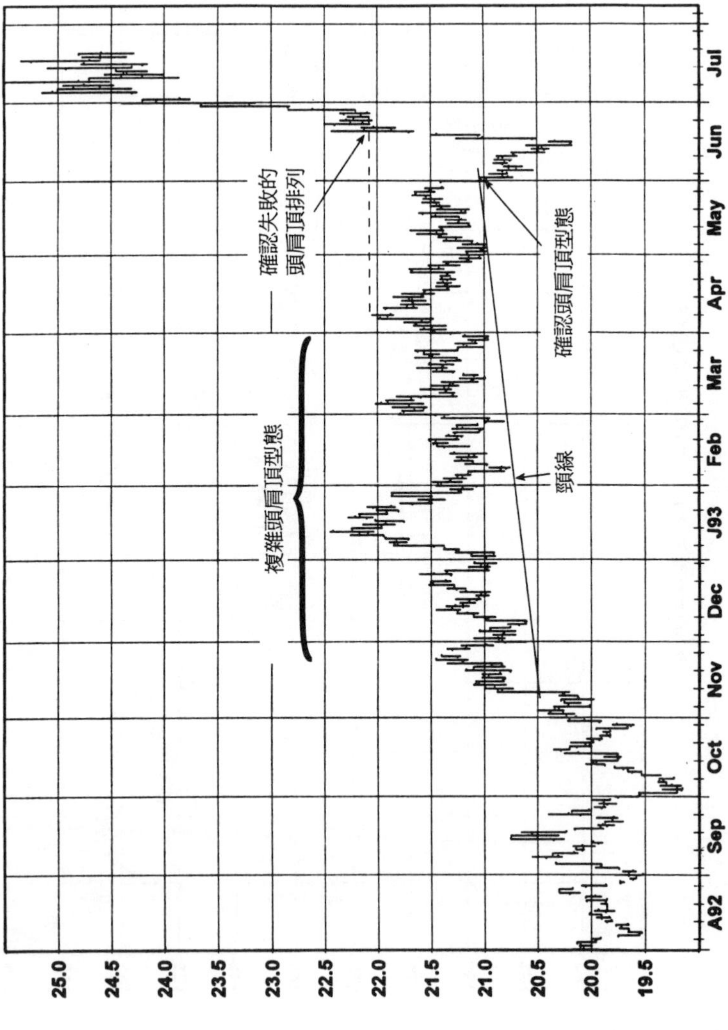

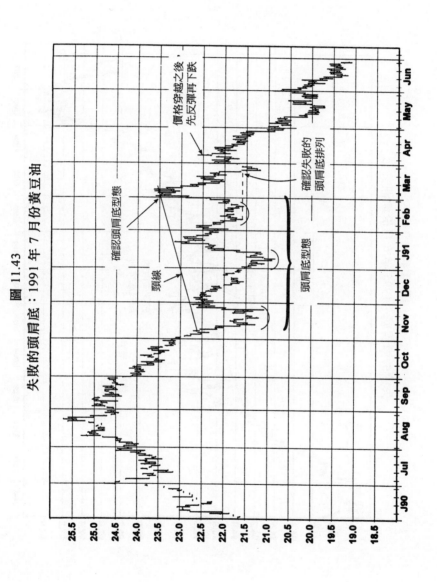

圖 11.43
失敗的頭肩底：1991 年 7 月份黃豆油

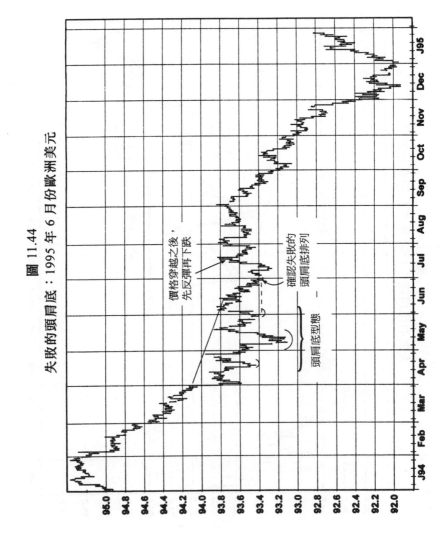

圖 11.44
失敗的頭肩底：1995 年 6 月份歐洲美元

圖 11.45

失敗的頭肩底：加拿大元連續期貨

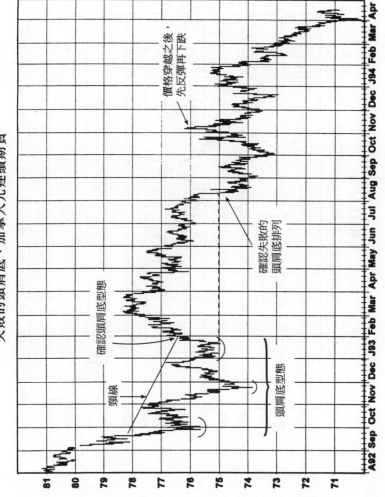

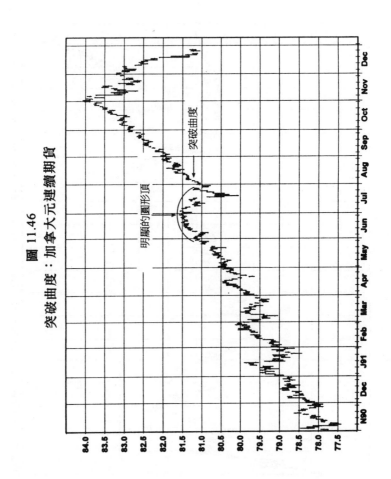

圖 11.46

突破曲度：加拿大元連續期貨

明顯的圓形頂

突破曲度

率甚至高於真正的突破。

如同前述的說明，我發現失敗訊號的可靠性遠超過傳統的圖形排列。雖然失敗訊號並不是一種新觀念——事實上，我在 1984 年的著作 *A Complete Guide to the Futures Markets* 中就提到這個現象——但其他相關的著述似乎沒有強調這類的說法。可是，如果市場玩家普遍採用失敗的訊號，我相信它往後的可靠性也需要打些折扣。

最後，我希望強調一點，本章是在目前傳統圖形的分析架構中討論失敗的訊號。未來——尤其是相當期間之後的未來——許多圖形解釋都會產生變化。雖說如此，但失敗訊號永遠是相對於當時的傳統解釋而言。換言之，任何的圖形訊號一但普遍化之後（如同目前的突破概念），失敗訊號的重要性很可能就會超過型態本身。由這種抽象的角度觀察，失敗訊號的概念永遠不會被淘汰。

結論

初學者可能完全不理會失敗的訊號，繼續堅持傳統的圖形解釋而聽任部位的損失擴大。比較有經驗的交易者，如果他們瞭解資金管理的重要性，一旦察覺明顯的錯誤，通常都能夠立即認賠出場。可是，對於真正的交易好手來說，他們可以隨時反轉部位，只要市場的發展顯示這才是明智之舉的話。換言之，交易者需要有嚴格遵守規範的紀律，才能夠掌握錯誤的訊號，這也正是成功交易與有效運用圖形分析的必要條件。

長期的圖形分析：
最近與連續期貨的比較

銜接契約走勢圖的必要性

　　第 3 章~第 6 章中所討論的許多價格型態與分析技巧都需要採用長期的走勢圖——經常是涵蓋數年期間的走勢圖——尤其是辨認頭部與底部的排列，以及判斷支撐與壓力的水準。

　　圖形分析在期貨市場中的運用有一個嚴重的問題，因爲大多數期貨的契約期間都非常有限，交易活絡的期間更爲短暫。對於某些期貨契約來說，交易行爲幾乎都完全集中在最近一、兩個交割月份（例如：外匯與股價指數）。以圖 12.1 的瑞士法郎契約爲例，活絡的交易大約僅有五個月的期間，3 月份契約在這段期間內（1994 年底）是市場的主要契約。事實上，許多期貨的交易都幾乎完全集中在最近交割月份的契約（例如：大部分的海外債券期貨），任何月份契約大多僅能提供 1~3 個月的有效價格資料，請參考圖 12.2 與 12.3，它們分別代表英國與義大利 1995 年 3 月份公債契約在 1994 年底的走勢。請

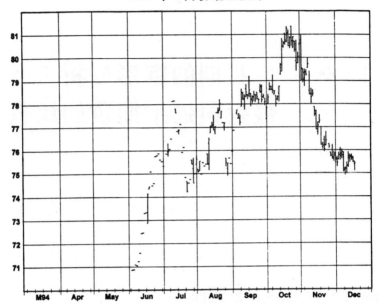

圖 12.1
1995 年 3 月份瑞士法郎

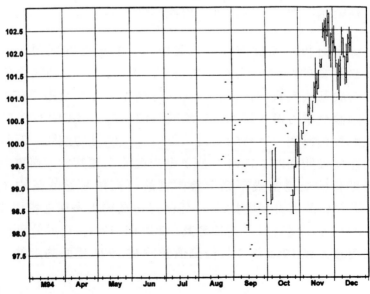

圖 12.2
1995 年 3 月份英國公債

圖 12.3
1995 年 3 月份義大利公債

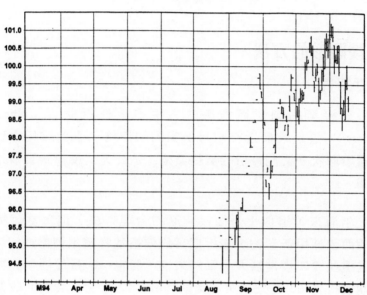

注意，高流動性的交易大約僅存在兩個月，雖然它們是當時最熱門的海外公債期貨。

　　許多期貨契約僅存在有限的價格資料——即使是相關市場中交易最活絡的契約也是如此——所以多數的圖形分析技巧都幾乎不能運用於個別契約之中。縱使個別契約具有一年或以上的高流動性資料，徹底的圖形分析也往往需要多年的週線圖與月線圖。因此，我們需要把一系列的期貨契約銜接為單一的走勢圖。如果個別契約的資料非常有限，任何有意義的圖形分析都必須銜接圖形。對於其他市場而言，則需要銜接圖形來分析

多年的價格型態。

銜接圖形的方法

最近期貨

銜接契約圖形最常用的方法是「最近期貨」（nearest futures）。這是取最近交割月份契約的價格，直到該契約到期而繼續取次一交割月份的契約價格，依此方式繼續繪製價格走勢圖。

乍看來，這似乎是銜接圖形的合理方法，但每當舊契約到期而改採用新契約，最近期貨的價格就會發生價格缺口——而且這些缺口經常很大。舉例來說，假定 10 月份活牛契約的到期價格是 60 美分，次一交割月份（12 月份）契約的收盤價是 63 美分。如果隔天的 12 月份契約跌停，收盤價由 63 美分跌到 61 美分。最近期貨的價格數列將顯示這兩天的收盤價為：60 美分與 61 美分。換言之，根據最近期貨契約顯示，多頭部位將發生 1 美分的獲利，但實際上是發生 2 美分的跌停。這個例子絕對不是誇張的特例。類似的扭曲——甚至更嚴重的價格跳動——經常發生在最近契約的展延日。

由於最近期貨的走勢圖在契約展延日經常造成扭曲，所以需要採用其他的方法來銜接契約。下一節將討論這類的銜接方法。

連續（價差調整）的價格數列

經過價差調整的價格數列（我們稱之爲「連續期貨」[continuous futures]），是將新、舊契約在展延日的累積價差加到新契約的價格數列之上。讓我們舉一個例子來說明這種方法。假定我們採用 6 月份與 12 月份契約來繪製 COMEX 黃金的價差調整後連續價格數列[1]。如果我們是由年初開始繪製價格數列，首先是採用該年到期的 6 月份契約價格。在展延日（未必是最後交易日），假定 6 月份契約的收盤價是\$400，12 月份黃金的收盤價是\$412。在這種情況下，往後登錄的 12 月份契約價格都必須向下調整\$12──12 月份與 6 月份契約在展延日的價差。

次一個展延日，假定 12 月份黃金收盤價爲\$450，次一交割契約的 6 月份價格是\$464。這意味著價差調整後的連續價格是\$438。所以，在第二個展延日，6 月份契約的價格高於調整後數列\$26；後續的所有 6 月份契約價格都必須向下調整\$26。整個程序繼續進行，每當新契約成爲最近交割月份時，就必須調整當時與先前累積的價差。如此計算的價格數列將不會反映契約展延的價格跳動。

建構連續期貨數列，在數學上對等於始終持有圖形中的

---

[1] 如何選擇契約月份，其中涉及主觀的認定。原則上來說，任何一組月份契約都可以，只要它們是該市場中交易非常活絡的月份契約。就 COMEX 黃金來說，我們選擇的契約可以是六種交易活絡契約的任何組合──2 月份、4 月份、6 月份、8 月份與 12 月份──甚至僅採用單一的月份契約（例如：12 月份契約）。

最近交割契約（假定所有的契約都在到期前某特定日期展延爲次一交割契約）。習慣上，如此繪製的走勢圖還需要採取最後的調整步驟，就當時的累積價差調整圖形的刻度，使得當時的數列價格對應最近交割契約的交易價格；換言之，將價格數列上／下移動而不改變整體數列的形狀，使得目前的價格讀數等於目前最近交割月份的實際交易價格。關於連續期貨的走勢圖，進一步的資料請參考第 19 章「挑選電腦測試的最佳期貨價格數列」。

兩種價格數列的比較

請注意，經過銜接的期貨價格數列僅能夠精確反映價格水準（例如：最近期貨）或價格變動（例如：連續期貨），但不能同時具有這兩種性質——就像一個銅板不能同時是正面與反面一樣。連續期貨的過去讀數不等於歷史的實際價格。可是，連續價格可以精確反映實際的價格變動；換言之，精確反映多頭部位的淨值波動（假定部位始終持有最近交割月份的契約，並在價格數列的展延日繼續展延爲次一交割月份）。就價格變動來說，最近期貨的價格數列會造成嚴重的扭曲。

圖形分析中採用最近期貨或連續期貨

由於最近期貨與連續期貨具有完全不同的性質，讀者顯然會提出一個問題：圖形分析中應該採用那一種價格數列——

最近期貨或連續期貨？在某種程度上，這個問題類似於：購買
汽車應該考慮價格或品質？當然應該同時考慮兩者，因為每個
因子都提供另一個因子所不包含的資訊。詳細來說，最近期貨
價格數列可以提供過去價格水準的精確資訊，但不能反映價格
擺動；連續契約的情況恰好相反。

請觀察圖 12.4。最近期貨在 1986 年曾經於一天之內暴跌
40 美分，究竟是什麼重大事件造成這種崩跌的走勢？答案是：
絕對沒有發生任何重大事故。這種「幽靈」的價格變動僅不過
是反映前一作物年度 7 月份契約展延為次一作物年度 10 月份

圖 12.4
棉花最近期貨

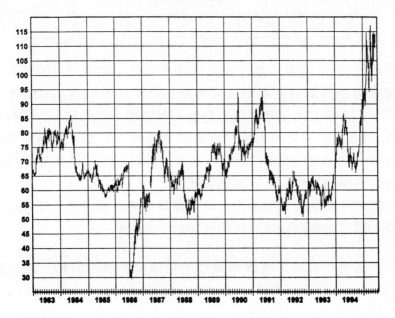

圖 12.5
棉花連續期貨

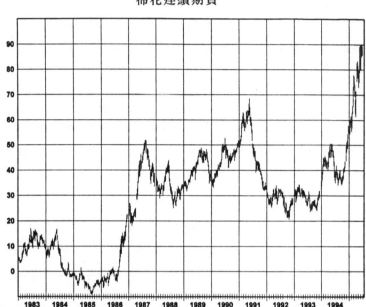

契約的價差。（這個重大的價差是反映政府農業計劃的重大改
變，大幅調低貸款水準，使得新作物年度的低限支撐價格下
降。）事實上，當時的價格是處於明確的上升趨勢中！請參考
圖 12.5，這是相同市場的連續期貨價格走勢圖（根據定義而
剔除契約展延的價差）。我們可以清楚看出，當時的棉花價格
是處於漲勢之中，上升趨勢是起始於 1985 年的年中。所以，
強調價格擺動觀念的圖形分析，顯然不適合採用最近期貨走勢
圖，它們在契約展延時可能造成嚴重的扭曲。

在另一方面，連續期貨為了精確反映價格變動，就必須

圖 12.6
活豬連續期貨

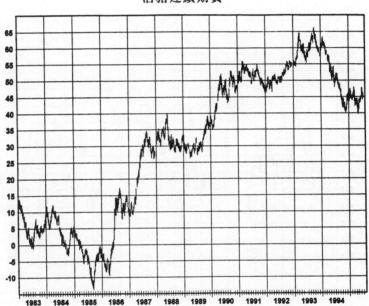

犧牲價格水準，連續期貨的歷史價格讀數可能顯著偏離實際發生的價格。事實上，連續期貨的歷史價格讀數可能成為負值（請參考圖 12.6）。這種「不可能」的歷史價位當然不能做為未來走勢的支撐。

　　這兩種型態的價格走勢圖──最近期貨與連續期貨──都存在本質上的缺點，完整的分析必須結合這兩種圖形。這兩種圖形經常顯示截然不同的價格結構。舉例來說，請觀察圖 12.7 中的活豬最近期貨價格走勢圖，顯示活豬市場在這 12 年的期間內基本上是處於相當寬的交易區間。可是，讓我們觀察同一

圖 12.7
活豬最近期貨

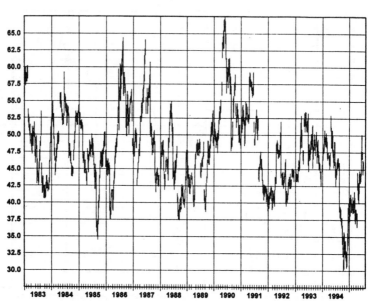

個市場的連續契約走勢圖（圖 12.6），它顯示活豬市場曾經發生數個主要的趨勢——這類的價格走勢完全隱藏在最近期貨的走勢圖內（但會反映在實際的交易中）。事實上，如果不觀察圖形的標示，我們甚至不能判斷圖 12.6 與圖 12.7 是代表相同的市場。

結論

　　總之，除了傳統的最近期貨走勢圖之外，技術分析者至

少必須參考連續期貨走勢圖，評估後者對於分析是否有所助益。以下所提供的圖形，將比較主要市場的最近期貨與連續期貨長期走勢圖（不包括前文中已經討論的棉花與活豬）。請注意，本書後文中引用的相關圖形可能不同於此處的走勢圖，因為我們會隨時調整圖形的刻度而對應當時的交易價格（但圖形的形狀維持不變）。

公債最近期貨

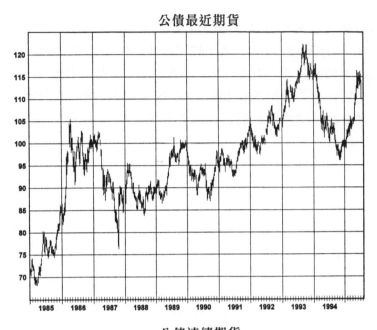

公債連續期貨

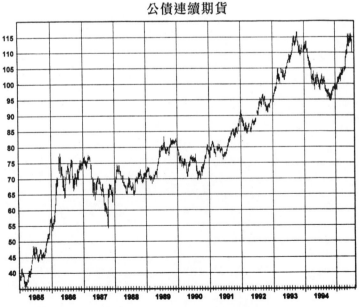

歐洲美元最近期貨

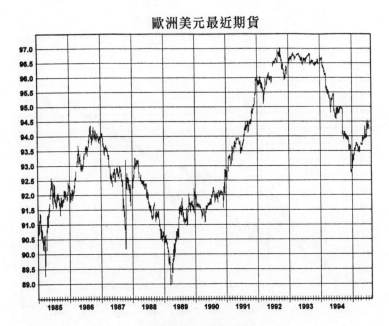

歐洲美元連續期貨

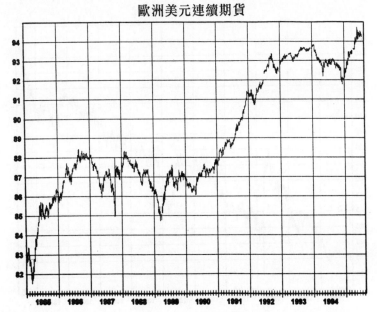

S&P 500 最近期貨

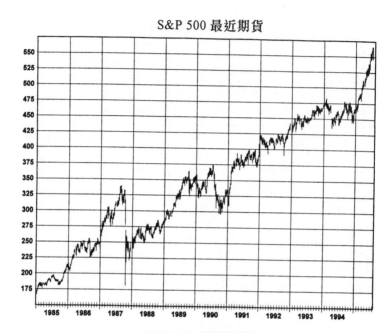

S&P 500 連續期貨

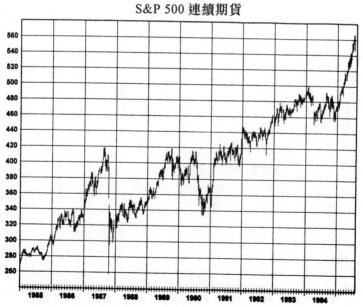

英鎊最近期貨

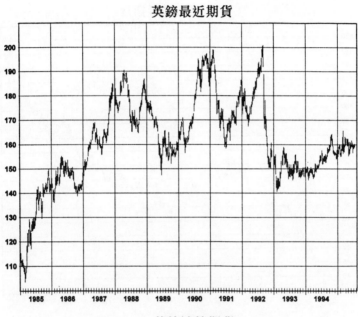

英鎊連續期貨

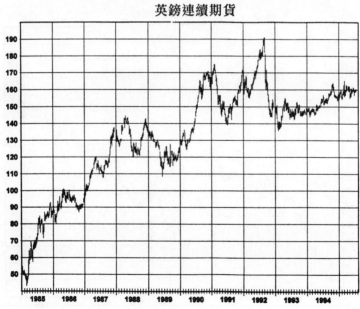

日圓最近期貨

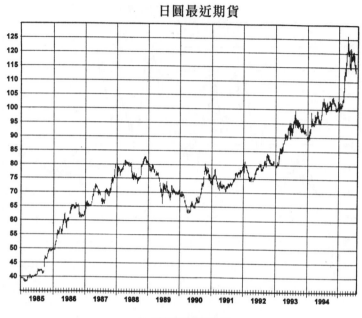

日圓連續期貨

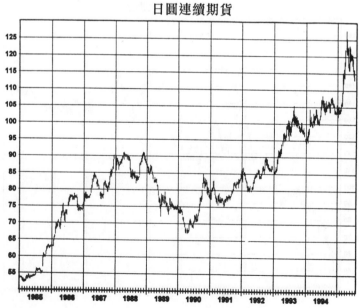

德國馬克最近期貨

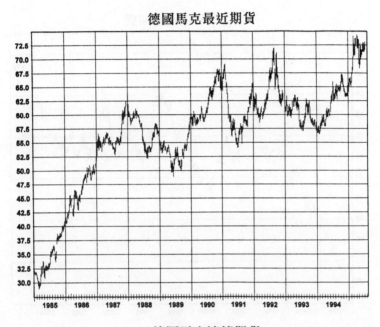

德國馬克連續期貨

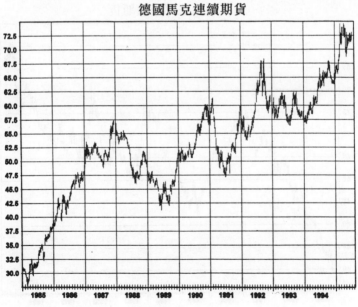

瑞士法郎最近期貨

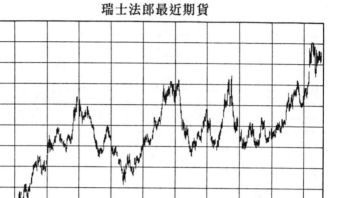

瑞士法郎連續期貨

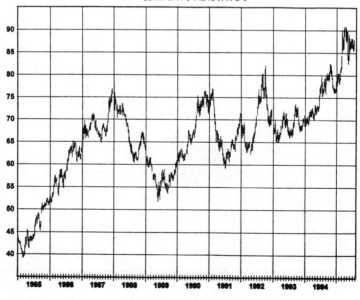

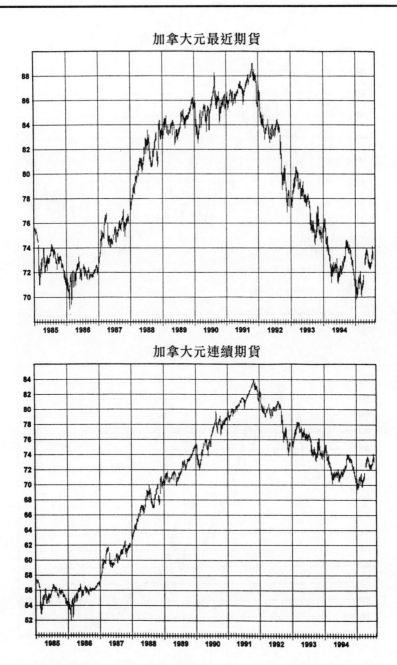

加拿大元最近期貨

加拿大元連續期貨

黃金最近期貨

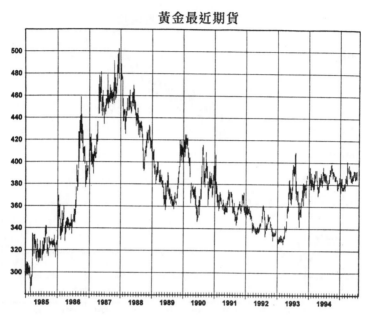

黃金連續期貨

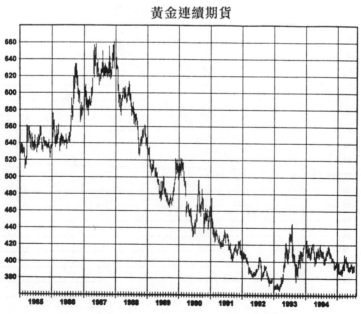

白金最近期貨

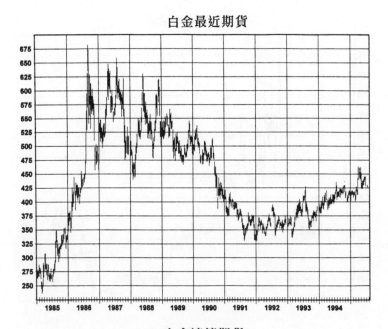

白金連續期貨

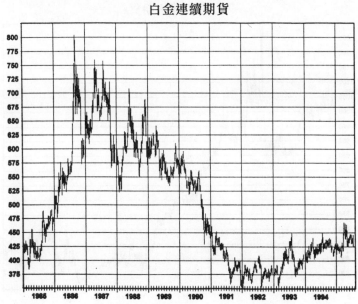

白銀最近期貨

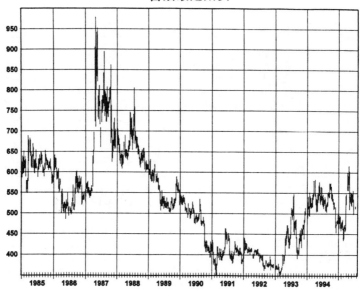

白銀連續期貨

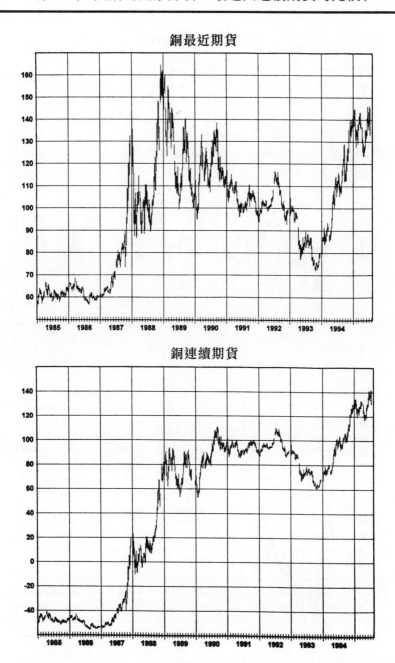

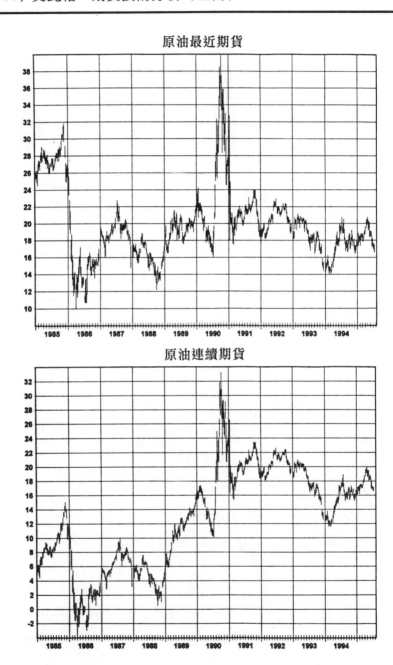

熱燃油最近期貨

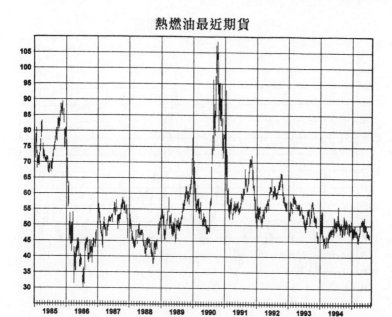

熱燃油連續期貨

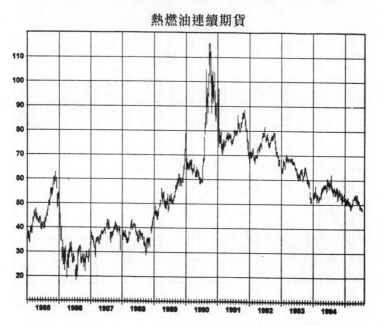

無鉛汽油最近期貨

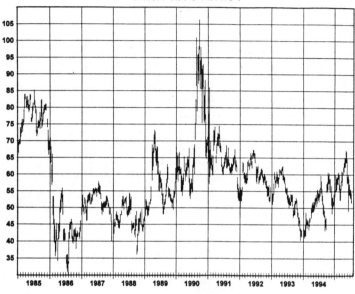

無鉛汽油連續期貨

玉米最近期貨

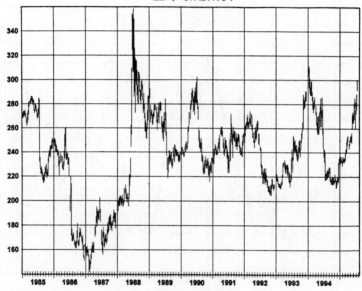

玉米連續期貨

小麥最近期貨

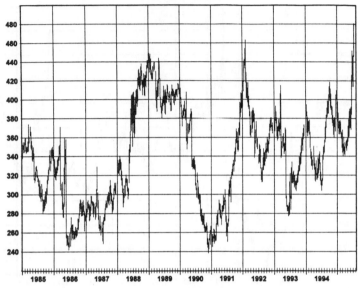

小麥連續期貨

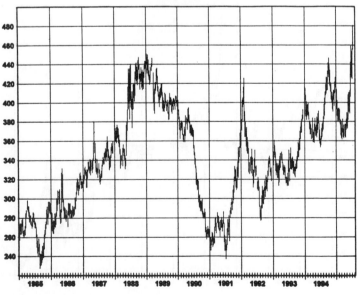

黃豆最近期貨

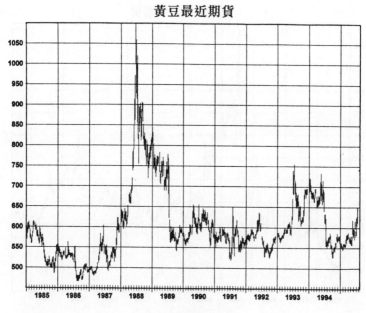

黃豆連續期貨

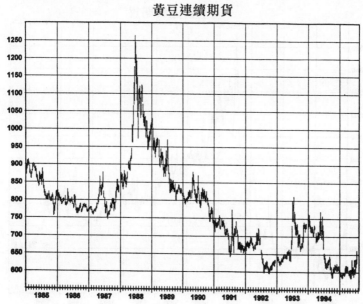

黃豆餅最近期貨

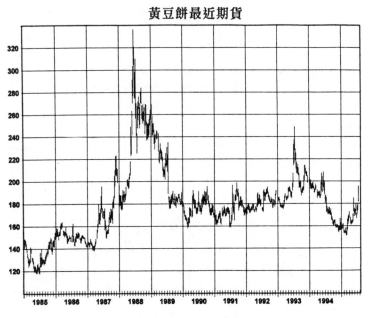

黃豆餅連續期貨

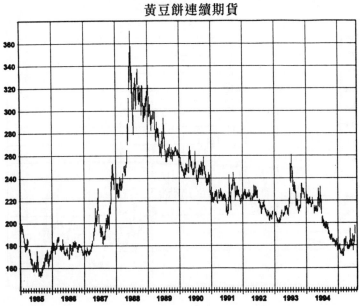

黃豆油最近期貨

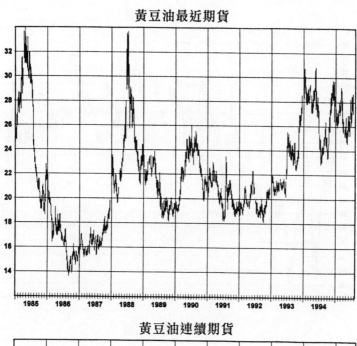

黃豆油連續期貨

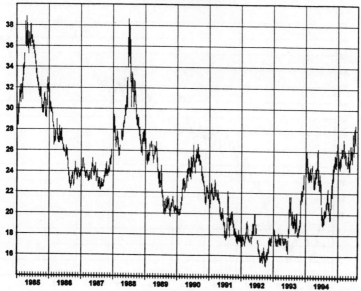

活牛最近期貨

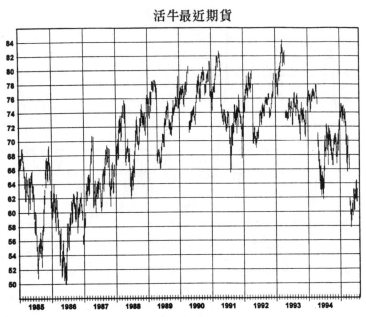

活牛連續期貨

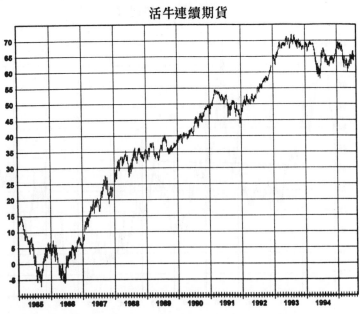

糖最近期貨

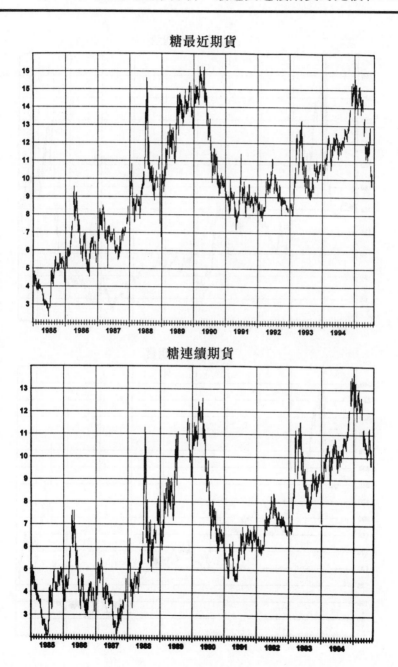

糖連續期貨

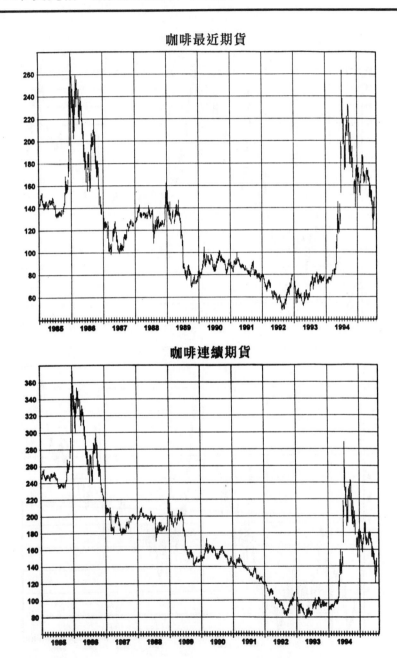

可可最近期貨

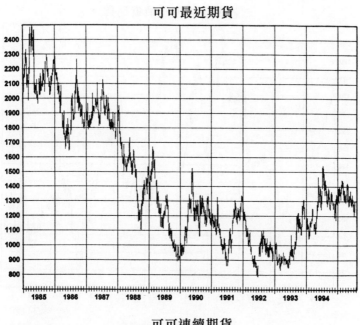

可可連續期貨

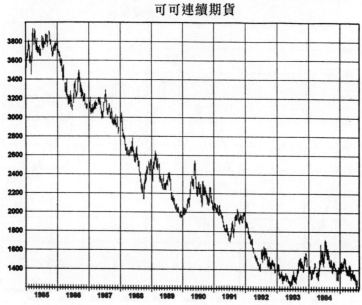

冷凍濃縮橙汁最近期貨

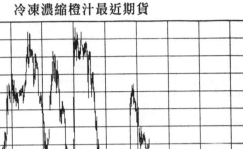

冷凍濃縮橙汁連續期貨

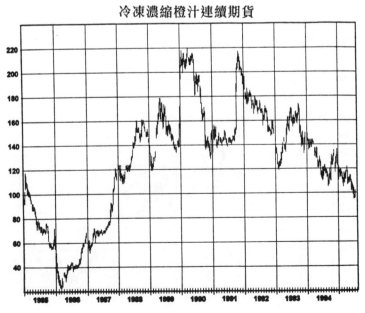

木材最近期貨

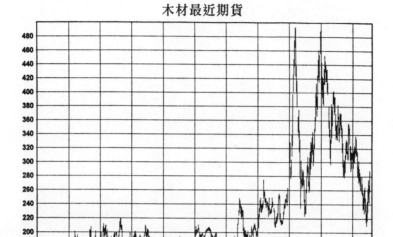

木材連續期貨

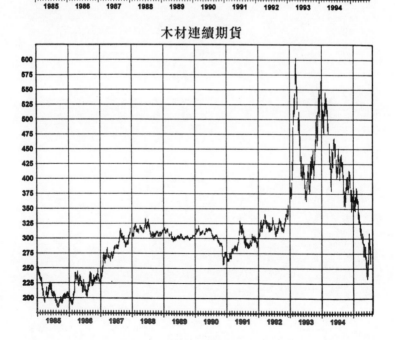

❖ 13 ❖　　　　日本陰陽線

Steve Nison[*]

傑克・史瓦格編輯

山風林火。

第 17 世紀，日本領主武田信玄所採用的
戰鬥旗幟，代表其戰術的精義：

> 不動如山；
> 迅疾如風；
> 耐心如林；
> 侵襲如火。

　　陰陽線是日本最普遍的技術分析方法，其發展歷史遠早
於圈叉圖與長條圖。日本人很早就體認技術分析的重要性。他

[*]Steve Nison 是「大和證券」（美國紐約）的副總裁。他是暢銷書《陰線陽
線》（*Japanese Candlestick Charting Techniques*，「寰宇」）一書的作者，《股
票 K 線戰法》（*Beyond Candlesticks—New Japanese Trading Techniques*，「寰
宇」）是其最新著作。Nison 是一位世界著名的演說家；「世界銀行」在美國
首都華盛頓舉行的年會中，Nison 的講演曾經備受推崇。許多報章雜誌都曾
經報導他的故事，包括：《華爾街日報》、《機構投資人》、《洛杉磯時報》、
《Barron's 雜誌》與《日本經濟期刊》（*Japan Economic Journal*）。他定期在
CNBC 頻道發表技術分析的評論。Nison 擁有財務與投資方面的碩士學位，
在金融市場有 20 多年的分析經驗。他是正式的市場技術分析師（Chartered
Market Technician），也是「市場技術分析協會」（Market Technicians
Association）的會員。

們在 17 世紀中葉就開始從事「空米」的交易（換言之，不存在的米，也即是米的期貨契約）。稻米期貨的主要交易場所位在大阪。大阪是日本最重要的商業城市，「最近有沒有賺錢？」是當地的寒喧用詞，甚至目前都還有這種習慣。

在「東方窺密」的 6 年期間內，我大約翻譯了 10 多本日文書籍。下列這句評論是摘自其中一本書：

> 當每個人都看空行情，這是價格上漲的開始。當每個人
> 都看多行情，這是價格下跌的起源。

這聽起來不正是西方的相反意見理論？可是，這本書《黃金泉》的寫作時間是 1755 年。甚至在美國還沒有立國之前，日本人就已經採用相反意見來進行交易。這本書還提出下列的建議：

> 你必須在市場中學習市場的相關知識──唯有如此，才
> 能成為人見人怕的交易好手。

多麼一針見血的說法！成為人見人怕的交易好手，這不是令人興奮的經驗嗎？

陰陽線在遠東地區已經有數百年的運用歷史，但西方世界對此幾乎一無所知，直到我的作品《陰線陽線》在 1991 年問世之後才改觀。在此之前，美國與歐洲僅有極少數的資訊機構提供陰陽線的圖形。目前，幾乎每家即時資訊服務機構與技

術分析的套裝軟體都提供陰陽線。陰陽線的普及化可以反映其實用效力。非常有趣地，西方世界近 100 年以來，長條圖與圈叉圖可以說是僅有的兩種繪圖工具，但在《陰線陽線》出版的兩年之內，陰陽線的普遍性已經不輸給長條圖與圈叉圖。

在美國早期的獸皮交易中，有某家公司非常願意承擔相關的風險，並做謹慎的準備。交易的旅途充滿刺激，但如果某個成員遺忘了一些東西，第一個紮營地點可能僅距離總部幾英哩。換言之，謹慎的準備可以避免不必要的潛在困難。

同理，成功的交易需要有周密的準備。對於陰陽線的初學者來說，本章的內容可以做為一份導讀，讓讀者瞭解陰陽線的基本理論與型態。可是，我們雖然僅討論最基本的陰陽線訊號，但這已經足以反映它在技術分析上的潛力。深入研究陰陽線之後，某些交易者再也不願採用長條圖。

陰陽線何以深受喜愛？

陰陽線何以日益受到交易者的偏愛？部分的理由可能是：

1. 陰陽線極具彈性，可以配合任何的西方分析技巧。陰陽線所採用的價格資料與傳統的長條圖相同：開盤、最高、最低與收盤價。因此，長條圖的任何技術分析方法（例如：移動平均，趨勢線與折返）都直接適用於陰陽線。可是，在另一方面，陰陽線卻可以提供一

些長條圖所沒有的訊號。

2. 陰陽線具有普遍的適用性。陰陽線技巧可以運用於投機、投資與避險；適用於期貨、股票與選擇權。換言之，陰陽線適用於技術分析的任何運用場合。

3. 陰陽線經常可以提供比較及時的訊號。長條圖的反轉型態往往需要幾個星期的醞釀；陰陽線的反轉排列經常僅需要幾天的發展時間。

4. 對於西方交易者來說，陰陽線雖然是一種新觀念，但在日本已經使用數個世代，經過不斷的修正。

5. 人們希望知道日本人如何運用技術分析於交易之中。在世界金融市場中，日本人是主要的玩家之一，而他們在每個市場中都採用陰陽線的 K 線圖。讓我們摘錄《歐洲週刊》（Euroweek）中的一段評論，這是引用某位服務於日本銀行之英國交易員的說法：

> 此處的所有日本交易員——以及在外匯、期貨與股票市場的交易員——都使用陰陽線。倫敦市場每天有數百億美元的交易，其中有多少部分是根據陰陽線而成交，或許難以估計，但我相信其中的數量必然非常可觀。

想想看，雖然每天有數百億美元的交易是採用陰陽線的訊號，但我們一直到最近之前還完全不明瞭日本人的技術交易技巧。不可置信，是嗎？深入瞭解日本最常用的技術交易工具，將有助於回答下列的問題：「日

本人接下來打算如何？」

6. 無疑地，陰陽線之所以很快被認同，一方面也是因爲各種型態中獨具一格的術語，例如：鎚子、夜星與吞噬。這些日本術語別有風味。許多交易者一旦品嚐其中的滋味之後，就再也不能割捨。

日本人非常熟悉西方的技術分析方法。雖然我所翻譯的日文書籍基本上都是解釋陰陽線的技巧，但每本書都以相當大的篇幅介紹西方的觀念。以下引用某本書中的一段代表性評論：

> 如果希望透徹瞭解股票交易，單是掌握日本的圖形方法
> 還不足夠……還必須吸收西方技術分析的精華。

由這段評論中可以發現，日本人是綜合陰陽線的圖形技巧與西方的分析觀念。我們爲什麼不能也這麼做？結合東、西方的精粹，我們可以發展出一套最強而有力的分析工具。過去，日本由西方汲取了很多知識，現在輪到我們來討教。

陰陽線的線形結構

圖 13.1 與 13.2 是代表陰陽線最基本的結構。寬廣的部分稱爲「實體」，涵蓋交易時段的開盤價與收盤價。如果收盤價

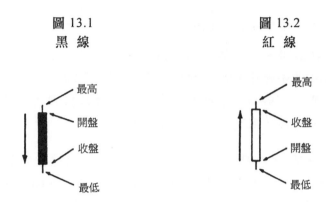

圖 13.1
黑　線

圖 13.2
紅　線

低於開盤價，實體繪製爲黑色（圖 13.1）。如果收盤價高於開盤價，實體繪製爲紅色或白色（圖 13.2）。

　　實體上、下兩端的細線，稱爲「影線」，代表交易時段內的極端價格。上方的細線稱爲「上影線」，下方的細線稱爲「下影線」。所以，上影線的頂端代表交易時段的高價，下影線的底端代表交易時段的低價。

　　根據前述的定義，圖 13.1 的開盤是在最高價附近，收盤是在最低價附近。圖 13.2 的情況恰好相反，開盤在最低價附近，收盤在最高價附近。由於這些線形非常類似兩端有蕊心的蠟燭，所以陰陽線又稱爲「燭形線」。

　　陰陽線的顏色與形狀經常可以凸顯多／空雙方的交戰結果。長紅線代表多方居於主導地位，長黑線代表空方掌握大局。實體很小的黑線或紅線，代表多／空的力量大致均衡。

請注意，我們可以由任何的時間架構繪製陰陽線，由盤中走勢圖到月線圖。舉例來說，60 分鐘的走勢圖是採用 60 分鐘的開盤、最高、最低與收盤價。日線圖是採用每天的開盤、最高、最低與收盤價。週線圖是採用星期一的開盤，整個星期的最高價與最低價，以及星期五的收盤價。

十字線

圖 13.3 是幾種「十字線」（doji）的線形。十字線的開盤價與收盤價相同；換言之，線形沒有實體的部分。另外，如果開盤價與收盤價非常接近，通常也被視為是十字線。十字線是反映多／空雙方處於均衡狀態的行情。

在橫向走勢中，十字線是代表中性的意義，因為線形本身僅不過是重覆強調中性的狀態。可是，如果十字線發生在上

圖 13.3
十字線

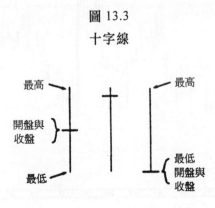

升趨勢中，這代表行情轉折的訊號，因為十字線代表多方失去控制，雖然還沒有顯示空方取得主導權。十字線代表不確定。買方一旦呈現猶豫、躊躇或不確定的心態，將不能維持上升走勢。買方必須有強烈的認同感，才足以維持漲勢。經過一段延伸性的漲勢之後，如果出現十字線（猶豫的訊號），可能顯示買方的支持力道已經減退。所以，行情下跌的風險自然提高。如果十字線發生在長紅線之後，其意義尤其顯著。日本人稱此為「高價所引起的不安徵兆」。

圖 13.4 顯示 12 月中旬以來的一波漲勢受阻於一支長紅線

圖 13.4

長紅線之後的十字線：1994 年 3 月份英鎊

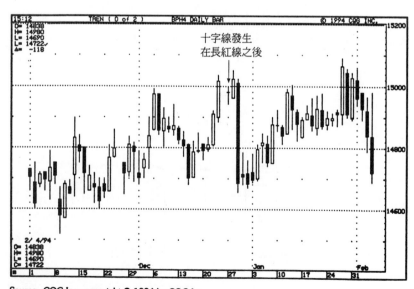

Source: CQG Inc.; copyright © 1994 by CQG Inc.

之後的十字線。這支十字線告訴我們,多/空雙方處於均衡狀態——顯然不同於先前兩支長紅線所蘊含的多頭力道。按照日本人的說法,這支十字線代表「市場被隔離原先的趨勢」。

鎚子

「鎚子」是下影線很長而實體很小的線形(不論顏色),而且實體位在交易區間的上端(請參考圖 13.5)。這個名稱不僅代表其形狀,還有脫離困境的意思。如果這種線形出現在下降走勢中,意味著趨勢可能向上反轉。鎚子需要符合三個條件:

1. 實體位在交易區間的上端(顏色不重要)。

2. 下影線很長,至少是實體長度的兩倍。

3. 上影線很短或不存在。

下影線愈長,上影線愈短,實體部分愈小,鎚子的多頭

圖 13.5
鎚 子

紅色或
黑色

意義愈顯著。

　　由線形的結構來說，鎚子開盤之後，價格走低，但收盤拉高而幾乎收在最高價附近。陰陽線經常可以由單一的線形中透露市場的訊息，鎚子顯然是典型的例子。

　　一般來說，鎚子出現之後，如果往後發生跌勢，折返走勢經常會重新測試鎚子的支撐，並因此而擴大底部。圖 13.6就是這類的例子。請注意第一支鎚子的位置①；不久之後，第二支鎚子②重新測試其支撐；然後，一支長紅線③再測試相同

圖 13.6

鎚子：1994 年 3 月份玉米

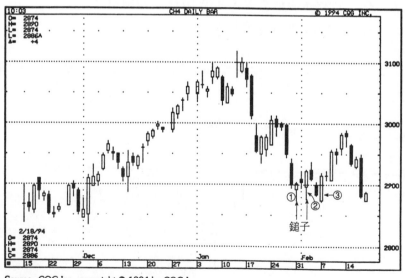

Source: CQG Inc.; copyright © 1994 by CQG Inc.

的支撐，顯示鎚子的底部存在強勁的買盤。

吊人

吊人的線形與鎚子完全相同（圖 13.7）——下影線很長的小實體位在交易區間的上端。兩者之間的唯一差別是：鎚子發生在賣壓之後，吊人發生在漲勢之後。換言之，鎚子與吊人的形狀完全相同，差別僅在於先前的走勢。如果型態發生在上升趨勢中（吊人），代表漲勢即將結束。吊人的名稱是反映吊在半空中的垂死者。

看起來或許有些奇怪，相同的線形竟然可以代表完全相反的多／空意義。可是，西方的長條圖也有類似的情況。舉例來說，島狀反轉的多／空意義也取決於它發生在下降趨勢或上升趨勢的末端（請參考第 6 章）。

如同鎚子的情況一樣，下影線愈長，上影線愈短，實體

圖 13.7

吊 人

■← 紅色或黑色

愈小，吊人的空頭意義愈顯著。請注意，吊人線形需要等待空頭的確認，因為很長的下影線意味著市場還有上升的力道。舉例來說，這類的確認訊號可以是隨後線形的收盤價位在吊人實體的下方，這代表任何在吊人線形的開盤或收盤買進者，當時都處於虧損狀態。在這種情況下，多方可能認賠出場，進一步引發跌勢。

請參考圖 13.8，①點的位置形成吊人線形，但次一個交易時段的收盤價高於吊人線，這意味著吊人型態沒有得到確認；事實上，收盤價走高已經瓦解吊人線的空頭意涵。可是，在點

圖 13.8

吊人線形與型態確認：1994 年 3 月份可可

Source: CQG Inc.; copyright © 1994 by CQG Inc.

②又形成另一支吊人線，而且次一個交易時段的線形③確認吊人的型態，因爲收盤價位在實體的下側。

流星

我們知道，在下降趨勢中，如果線形有很長的下影線（鎚子），代表潛在的多頭意義；同理，在上升趨勢中，很長的上影線代表空頭的基調。如果上升趨勢中發生一支上影線很長的線形，而且很小的實體位在交易區間的下端，這稱爲「流星」（圖 13.9）。典型的流星與前一支線形的實體之間存在缺口，實體的顏色不重要。

請參考圖 13.10，一月底的價格峰位出現一顆流星。這支流星的上影線可以確認前一支線形在 118 附近遭逢的壓力。就圖形的結構來說，流星開盤在最低價附近，價格一度強勁上揚，但後繼無力而收在最低價附近。

圖 13.9

流 星

紅色或黑色

圖 13.10

流星與多頭吞噬型態：1994 年 3 月份公債

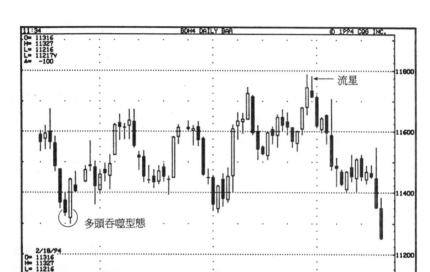

Source: CQG Inc.; copyright © 1994 by CQG Inc.

吞噬型態

在下降趨勢中，當一支紅線的實體「吃掉」前一支黑線的實體，這稱爲「多頭吞噬」型態（圖 13.11）。反之，在上升趨勢中，當一支黑線的實體「吃掉」前一支紅線的實體，這稱爲「空頭吞噬」型態（圖 13.12）。請注意，唯有在明確的上升或下降趨勢中——即使是短期的趨勢也無妨——吞噬型態才有意義。由於吞噬型態是以實體爲基準（不考慮影線），所以

圖 13.11
多頭吞噬型態

圖 13.12
空頭吞噬型態

這種型態不能在長條圖中觀察。相對於前一支線形的實體，第二支線形的實體愈長，型態愈有意義。

吞噬型態可以說明陰陽線如何凸顯市場的行為。陰陽線可以顯示市場的趨勢，這一點與長條圖相同，但陰陽線還能反映走勢背後的勁道，這一點就是長條圖無能為力之處。如果市場當時處在下降趨勢中，這意味著空頭主導大局。在這種情況下，如果一支長紅線能夠吃掉前一支黑線（換言之，構成多頭的吞噬型態），顯示多方已經由空方手中奪取主導權。

讓我們回頭觀察圖 13.10，多頭的吞噬型態形成 11 月中旬。一支黑線之後出現一支長紅線，顯示多方由空方手中取得控制權，這是一個典型的多頭吞噬型態。請注意這個型態如何演變為 12 月份與隔年 1 月份的支撐。

圖 13.13 中提供一個空頭吞噬型態的例子。2 月初，價格向上突破 1 月份的交易區間（壓力大約在 $16.00）。可是，不

圖 13.13

空頭吞噬型態與晨星：1994 年 3 月份原油

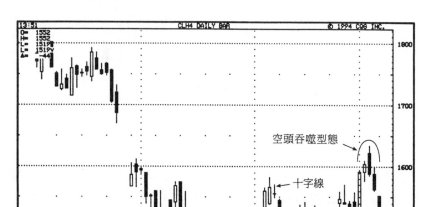

Source: CQG Inc.; copyright © 1994 by CQG Inc.

久之後的空頭吞噬型態顯示上攻走勢陷入困境。這是典型的空頭吞噬型態，因爲第二支黑線的長度遠超過前一支紅線的實體。

　　圖 13.14 說明盤中走勢圖中的空頭吞噬型態。請注意，這個例子中的第二支黑線沒有創新高，所以長條圖中不能顯示反轉的訊號，後者需要該線形創新高而收盤價低於前一支線形的收盤（譯按：反轉高點）。可是，在空頭吞噬型態中，僅需要第二支黑線的實體吃掉前一支紅線的實體。因此，就這個例子

圖 13.14

空頭吞噬型態：1994 年 3 月份公債 60 分鐘走勢圖

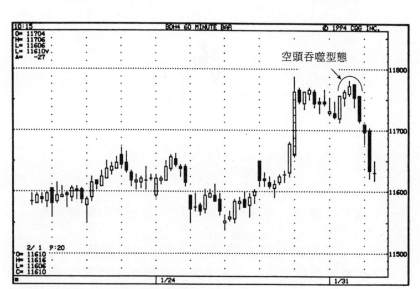

Source: CQG Inc.; copyright © 1994 by CQG Inc.

來說，陰陽線透過空頭吞噬型態顯示長條圖所沒有呈現的反轉
訊號，這可以說明陰陽線所能夠提供的及時反轉警訊。

烏雲罩頂

　　「烏雲罩頂」是由兩支線形構成的空頭反轉排列（圖
13.15），第一支線形是強勁的紅線，第二支線形開盤高於前一
支線形的高價（換言之，高於上影線的端點），但收盤價深入

圖 13.15
烏雲罩頂

第一支線形的實體。這種排列顯示行情的上攻力量遭到壓抑。

第二支黑線的收盤愈深入前一支紅線的實體，訊號愈有效。某些日本的技術分析者要求黑線實體至少貫穿紅線實體的50%。如果黑線收盤沒有穿越紅線實體的中點，最好等待隨後的空頭確認訊號。

圖 13.16 提供一個烏雲罩頂的例子。在排列的第一支線形中，多頭仍然主導盤勢。隔天，開盤價創新高，多頭顯然十分滿意。可是，隨後價格開始下滑，收盤價深入前一天實體之內。由於價格由新高價下跌，收盤價遠低於前一天的收盤，多頭的立場勢必動搖，可能決定平倉。另外，由於多方不能守住新高，空方可能決定進場。請注意，烏雲罩頂僅由兩支線形構成，但竟能夠透露如此多的市場訊息。

圖 13.16

烏雲罩頂：1994 年 3 月份熱燃油

Source: CQG Inc.; copyright © 1994 by CQG Inc.

晨星

「晨星」是屬於底部反轉型態（圖 13.17）。晨星的名稱由來，是因為水星的出現代表太陽即將升起，晨星預示著價格即將上漲。晨星是由三支線形構成，首先是一支順勢的長黑線，其次是一支實體向下跳空的小紅線或小黑線，最後是一支長紅線，其收盤價深入第一支黑線的實體之內。這種排列顯示多方取得主導權。

圖 13.17

晨　星

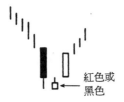

紅色或
黑色

　　晨星是開始於下降走勢中，第一支線形是順勢的長黑線。
在這個時候，空方顯然還主控大局。接著，出現一支實體很小
的線形，顯示空方不能繼續壓低價格。最後，第三天出現一支
長紅線，代表多方已經取得控制權。在最理想的情況下，中間
線形之前與之後都應該發生實體跳空的現象（換言之，第二支
線形為「星形」）。可是，第二個缺口相當罕見，即使沒有這個
缺口也不會嚴重影響排列的多頭意義。

　　請回頭觀察圖 13.13，12 月底的底部形成一個晨星。請注
意，很多陰陽線的型態都會構成重要的支撐或壓力。以目前的
例子來說，1 月中旬左右，一支十字線發生在長黑線之後——
代表向上反轉的訊號——恰好形成於晨星的支撐區。（另外，
在 1 月初的連續四支長紅線之後發生一支十字線，預示價格將
下跌。）

夜星

「夜星」是與晨星相互對應的空頭排列（圖 13.18）。夜星也是由三支線形構成，首先是一支順勢的長紅線，其次是一支實體向上跳空的小紅線或小黑線，最後是一支長黑線，其收盤價深入第一支紅線的實體之內。第三支線形對應著頭部而完成夜星的排列。

陰陽線的妙處之一是它所採用的術語。舉例來說，前述的晨星是指水星而言，代表日出——多頭的意涵。夜星是指金星而言，預示著大地將籠罩在黑暗之中，明顯的空頭意涵。所以，陰陽線的名稱經常可以反映市場當時的情緒狀態。

就如同晨星可以提供支撐的功能一樣，夜星將成為**後續**走勢的壓力。請參考圖 13.19 的義大利公債週線圖，夜星排列成為後續漲勢的主要壓力。唯有當隨後的收盤價高於整個排列的最高價，夜星型態才被破壞。就目前的例子來說，唯有當週

圖 13.18

夜 星

紅色或
黑色

圖 3.19

夜星：義大利公債週線圖

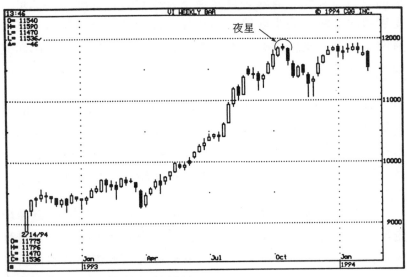

Source: CQG Inc.; copyright © 1994 by CQG Inc.

線的收盤價高於夜星上影線的端點，才能確認價格突破夜星的
壓力區。

窗口

　　陰陽線中的「窗口」相當於是長條圖中的「缺口」。所以，
上升窗口是指當天的下影線端點高於前一天的上影線端點（圖
13.20）；下降窗口是指當天的上影線端點低於前一天的下影線

圖 13.20
上升窗口

圖 13.21
下降窗口

端點（圖 13.21）。窗口在走勢圖中顯得非常突兀，因為它代表「一面倒」的走勢與心理。

窗口是屬於連續型態，行情通常會朝著窗口發生之前的**趨勢**方向發展。所以，上升窗口代表多頭的連續型態，先前的上升趨勢將繼續發展。下降缺口具有空頭的意涵，因為價格將恢復先前的下降趨勢。

日本人有一種說法：「修正走勢將止於窗口。」換言之，窗口可以侷限修正走勢。所以，下降的修正走勢將在先前的上升窗口獲得支撐，上升的修正走勢將在先前的下降窗口遭到壓力。請參考圖 13.22，行情的上漲走勢受限於先前的下降窗口。另外，請注意，上升走勢的反轉點得到流星的確認。

圖 13.22

下降窗口所構成的壓力：1994 年 3 月份無鉛汽油

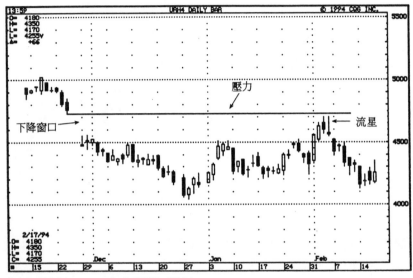

Source: CQG Inc.; copyright © 1994 by CQG Inc.

　　如果採用窗口為支撐與壓力的指標，請注意價格可能暫時跌破上升窗口的下緣，或穿越下降窗口的上緣，然後再朝窗口的方向折返。舉例來說，圖 13.23 中的 9 月份低價一度貫穿 4 月初的上升窗口。

　　原則上來說，如果收盤價貫穿窗口，窗口應該被視為不再有效（就支撐與壓力的功能而言）；可是，如果僅是盤中價格（或週線圖中的線形高價與低價）穿越，窗口不算被破壞。舉例來說，如果上升窗口介於$83 與$85 之間，唯有當收盤價

圖 13.23

上升窗口所構成的支撐：黃金週線圖

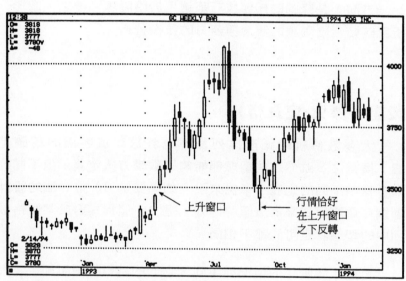

行情恰好
在上升窗口
之下反轉

上升窗口

Source: CQG Inc.; copyright © 1994 by CQG Inc.

低於$83，上升趨勢才視為結束。反之，如果下降窗口介於$62
與$60 之間，唯有當收盤價高於$62，下降趨勢才視為結束。

結論

　　日本人說：「陰陽線的單一線形與排列型態，可以完全
反映市場參與者的心理、供／需的力量與買／賣雙方的勁道。」
本章僅是介紹陰陽線圖形分析的最基本概念。還有很多其他的

型態、觀念與技巧。可是，即使是最簡單的介紹也足以凸顯陰陽線的潛力，它開啓一扇大門，進入長條圖所不能處理的領域；另一方面，長條圖的任何技巧都適用於陰陽線。總之，圖形分析應該結合陰陽線的觀念與西方的技術分析。

後記（傑克·史瓦格）

大多數傳統的圖形排列都不允許數學或客觀的精確定義。換言之，雖然這些型態都能夠以數學方式定義，但不同的人會採用不同的定義。舉例來說，如果要求 10 位一流的設計師撰寫電腦程式來辨識頭肩排列，這 10 個程式對於某價格數列中的型態認定可能都不相同。

可是，陰陽線的情況則不同，它們的結構相對單純——大多數的型態都是由一支到三支**的線形構成**——通常允許明確而客觀的定義（至少在某種程度內是如此）。舉例來說，究竟下影線需要多長，才足以構成「鎚子」的型態，這或許頗有爭議，但各種定義的分歧不會太大。另外，某些陰陽線的型態可以採用**嚴格的數學**定義。舉例來說，空頭吞噬型態——長黑線的**實體吃掉前一支紅線的實體**——就適合採用嚴格的數學定義。由於陰陽線具有這種性質，我們可以透過電腦來測試型態的預測能力。最明顯的一個問題是：每當陰陽線型態發生時，如果我們自動建立部位，是否可以因此而獲利？

爲了回答這個問題，我請求 Bruce Babcock 的協助（《商

品交易者消費者報告》[*Commodity Traders Consumers Report*]的編輯），他發展一套專門測試陰陽線型態的電腦軟體[1]。我要求測試的問題很簡單：當各種基本的陰陽線型態發生時，如果採用「買進／持有」或「放空／持有」的策略，在隨後的 5 天到 10 天之內是否可以獲利？

我們採用 5 年的價格資料（1989~1994），在 10 個市場中測試 6 種型態，每種型態都包括多、空的對等排列。另外，我們也接受 Bruce 的建議，這些接受測試的型態也經過 5 天動能指標的過濾，使得訊號能夠與短期的趨勢方向相互吻合。對於任何一筆交易，我們都扣除\$100，代表佣金與滑移價差。測試的結果摘要列示於表 13.1 中，績效似乎不甚理想。僅有很少數的型態／行情組合可以在 5 年的測試期間內產生淨獲利的結果。即使是獲利的組合也不適合於交易，因為最大連續損失相對上遠超過獲利。可是，有一點值得注意，經過動能指標過濾之後的型態，表現比較理想，這顯示訊號的評估還是應該考慮當時的趨勢。

前述的測試結果並不能證明陰陽線沒有價值，僅能夠顯示陰陽線型態的解釋不能過於簡化。換言之，盲目採用陰陽線的訊號並不是一種有效的方法。可是，如果考慮型態發生當時的整體架構（包括陰陽線與西方傳統的其他排列），由相對複雜的角度篩選訊號，再配合資金管理的策略，結果很可能截然

---

[1] 此處所採用的電腦軟體是 *Candlestick Professional System Tester*，由《商品交易者消費者報告》提供（1731 Howe Street, Sacramento, CA 95825）。

不同。（Nison 的新書《股票 K 線戰法》也討論這方面的問題。）
另外，由於陰陽線所蘊含的資訊多於長條圖，圖形的視覺效果
比較理想，某些交易者或許認為 K 線圖優於傳統的長條圖。
總之，陰陽線是否是一種有效的工具，這取決於交易者個人的
經驗與嘗試。就這方面來說，陰陽線類似於長條圖——藝術的
成份多於科學。

表 13.1

測試陰陽線的型態 [a]

(a) 鎚子與吊人線（沒有過濾，持有 5 天）					
	交易筆數	獲利筆數百分率	最大連續損失	每筆交易平均獲利	淨獲利
公債	38	47	12,425	−261	−9,925
歐洲美元	17	53	1,775	−49	−825
德國馬克	18	61	5,688	97	1,737
日圓	21	48	7,213	50	1,050
黃金	26	38	5,830	−119	−3,090
白銀	25	36	6,835	−246	−6,160
黃豆	13	46	2,513	9	113
玉米	19	26	3,288	−149	−2,838
原油	17	47	3,180	−14	−230
糖	39	31	12,202	−281	−10,945

表 13.1（續前）

(b) 鎚子與吊人線（動能過濾，持有 5 天）

	交易筆數	獲利筆數百分率	最大連續損失	每筆交易平均獲利	淨獲利
公債	42	50	9,056	−19	−794
歐洲美元	18	56	2,800	−60	−1,075
德國馬克	19	26	8,063	−375	−7,125
日圓	21	43	7,937	−193	−4,050
黃金	28	46	3,120	39	1,100
白銀	25	52	2,285	70	1,760
黃豆	13	38	3,400	−259	−3,363
玉米	18	33	1,538	−76	−1,375
原油	17	29	5,960	−262	−4,450
糖	39	54	2,082	106	4,130

(c) 鎚子與吊人線（沒有過濾，持有 10 天）

	交易筆數	獲利筆數百分率	最大連續損失	每筆交易平均獲利	淨獲利
公債	32	50	6,588	−38	−1,200
歐洲美元	16	44	2,550	−158	−2,525
德國馬克	18	56	5,425	349	6,287
日圓	19	63	8,325	313	5,950
黃金	24	33	4,330	−125	−2,990
白銀	25	44	6,790	−180	−4,510
黃豆	12	67	1,438	101	1,213
玉米	19	26	5,038	−235	−4,463
原油	17	59	3,060	106	1,800
糖	36	39	13,190	−295	−10,634

表 13.1（續前）

(d) 鎚子與吊人線（動能過濾，持有 10 天）

	交易筆數	獲利筆數百分率	最大連續損失	每筆交易平均獲利	淨獲利
公債	40	45	13,119	−313	−12,500
歐洲美元	18	44	4,450	−182	−3,275
德國馬克	19	37	8,675	−292	−5,550
日圓	21	43	12,100	−275	−5,775
黃金	26	46	4,830	−118	−3,080
白銀	25	52	3,860	89	2,230
黃豆	12	33	3,475	−271	−3,250
玉米	18	44	1,250	−52	−938
原油	17	35	6,780	−287	−4,880
糖	37	57	2,166	131	4,857

(e) 吞噬型態（沒有過濾，持有 5 天）

	交易筆數	獲利筆數百分率	最大連續損失	每筆交易平均獲利	淨獲利
公債	102	37	30,069	−235	−23,950
歐洲美元	49	45	6,600	−111	−5,450
德國馬克	71	44	26,563	−323	−22,925
日圓	54	39	16,112	−298	−16,112
黃金	84	37	12,860	−70	−5,920
白銀	93	32	7,705	−83	−7,695
黃豆	101	35	11,813	−83	−8,400
玉米	65	31	7,563	−116	−7,563
原油	97	40	14,760	−132	−12,780
糖	74	35	7,784	−105	−7,747

表 13.1（續前）

(f) 吞噬型態（動能過濾，持有 5 天）

	交易筆數	獲利筆數百分率	最大連續損失	每筆交易平均獲利	淨獲利
公債	40	45	12,169	−253	−10,125
歐洲美元	15	33	3,050	−170	−2,550
德國馬克	27	41	16,225	−601	−16,225
日圓	19	26	12,813	−674	−12,813
黃金	29	45	4,570	−12	−350
白銀	32	31	6,270	−95	−3,050
黃豆	32	53	3,288	93	2,975
玉米	23	43	2,413	−18	−413
原油	37	38	8,030	−75	−2,760
糖	26	35	2,870	−106	−2,757

(g) 吞噬型態（沒有過濾，持有 10 天）

	交易筆數	獲利筆數百分率	最大連續損失	每筆交易平均獲利	淨獲利
公債	91	36	35,663	−263	−23,913
歐洲美元	45	38	7,625	−129	−5,825
德國馬克	65	48	27,625	−335	−21,788
日圓	51	35	31,513	−618	−31,513
黃金	74	42	15,370	−115	−8,480
白銀	78	33	13,795	−177	−13,770
黃豆	83	43	10,763	−78	−6,463
玉米	56	30	7,663	−123	−6,888
原油	89	42	9,920	51	4,510
糖	62	34	10,235	−160	−9,896

表 13.1（續前）

(h) 吞噬型態（動能過濾，持有 10 天）

	交易筆數	獲利筆數百分率	最大連續損失	每筆交易平均獲利	淨獲利
公債	38	47	14,581	−306	−11,613
歐洲美元	15	40	3,750	−165	−2,475
德國馬克	25	32	26,788	−1,055	−26,363
日圓	19	26	17,325	−912	−17,325
黃金	29	52	3,190	116	3,370
白銀	30	43	7,140	−112	−3,360
黃豆	31	45	5,038	−23	−725
玉米	22	55	1,875	19	425
原油	36	50	3,790	212	7,650
糖	24	38	3,690	−111	−2,669

(i) 流星（沒有過濾，持有 5 天）

	交易筆數	獲利筆數百分率	最大連續損失	每筆交易平均獲利	淨獲利
公債	36	36	14,069	−237	−8,538
歐洲美元	15	33	4,050	−172	−2,575
德國馬克	28	36	8,575	−109	−3,062
日圓	28	50	9,612	−146	−4,087
黃金	41	39	6,770	−129	−5,300
白銀	12	25	2,045	−91	−1,095
黃豆	27	48	3,063	−95	−2,563
玉米	30	37	6,450	−127	−3,813
原油	24	42	4,980	−85	−2,030
糖	36	28	4,518	−126	−4,518

表 13.1（續前）

(j) 流星（動能過濾，持有 5 天）

	交易 筆數	獲利筆數 百分率	最大 連續損失	每筆交易 平均獲利	淨獲利
公債	25	44	6,556	−75	−1,875
歐洲美元	13	38	2,700	−73	−950
德國馬克	18	44	4,475	171	3,075
日圓	17	47	11,150	−377	−6,412
黃金	26	42	3,980	−135	−3,500
白銀	4	25	850	−138	−550
黃豆	18	50	1,738	153	2,763
玉米	22	36	3,888	−81	−1,775
原油	18	33	4,990	−149	−2,680
糖	24	42	2,187	−60	−1,448

(k) 流星（沒有過濾，持有 10 天）

	交易 筆數	獲利筆數 百分率	最大 連續損失	每筆交易 平均獲利	淨獲利
公債	30	37	17,013	−402	−12,063
歐洲美元	15	40	4,600	−205	−3,075
德國馬克	24	38	14,975	−420	−10,075
日圓	26	38	18,137	−440	−11,450
黃金	36	33	5,910	−86	−3,080
白銀	11	64	1,360	152	1,670
黃豆	26	46	3,925	−11	−275
玉米	26	46	4,788	−37	−950
原油	21	57	1,350	162	3,410
糖	30	33	3,026	−69	−2,070

表 13.1（續前）

(l) 流星（動能過濾，持有 10 天）

	交易 筆數	獲利筆數 百分率	最大 連續損失	每筆交易 平均獲利	淨獲利
公債	21	52	10,163	159	3,338
歐洲美元	13	38	4,175	−188	−2,450
德國馬克	17	35	9,150	−272	−4,625
日圓	17	41	14,675	−373	−6,337
黃金	23	39	3,340	−106	−2,430
白銀	4	50	665	−51	−205
黃豆	17	47	1,700	259	4,400
玉米	21	48	4,200	−42	−875
原油	17	47	2,010	1	10
糖	21	48	1,875	119	2,503

(m) 十字線（沒有過濾，持有 5 天）

	交易 筆數	獲利筆數 百分率	最大 連續損失	每筆交易 平均獲利	淨獲利
公債	23	43	13,581	−590	−13,581
歐洲美元	93	38	7,100	−59	−5,525
德國馬克	22	50	6,012	−98	−2,162
日圓	12	25	4,838	−327	−3,925
黃金	25	44	3,530	−128	−3,190
白銀	18	28	3,665	79	1,425
黃豆	23	39	6,188	−269	−6,188
玉米	60	38	2,463	−39	−2,325
原油	23	30	8,850	−160	−3,690
糖	33	21	7,166	−201	−6,638

表 13.1（續前）

(n) 十字線（動能過濾，持有 5 天）

	交易 筆數	獲利筆數 百分率	最大 連續損失	每筆交易 平均獲利	淨獲利
公債	8	38	3,819	−416	−3,331
歐洲美元	35	31	4,900	−123	−4,300
德國馬克	9	44	1,362	−35	−312
日圓	5	0	1,450	−290	−1,450
黃金	8	38	930	−116	−930
白銀	9	56	815	618	5,560
黃豆	8	38	1,488	−48	−388
玉米	18	39	688	−9	−163
原油	7	43	1,170	−144	−1,010
糖	13	8	2,622	−202	−2,622

(o) 十字線（沒有過濾，持有 10 天）

	交易 筆數	獲利筆數 百分率	最大 連續損失	每筆交易 平均獲利	淨獲利
公債	20	25	16,938	−847	−16,938
歐洲美元	79	42	5,000	−26	−2,050
德國馬克	21	52	6,975	−26	−538
日圓	12	50	2,662	306	3,675
黃金	24	46	3,300	68	1,630
白銀	18	33	7,605	−103	−1,850
黃豆	23	30	9,138	−397	−9,138
玉米	56	52	1,825	45	2,513
原油	23	35	8,550	−313	−7,210
糖	29	45	4,689	−70	−2,038

表 13.1（續前）

(p) 十字線（動能過濾，持有 10 天）

	交易筆數	獲利筆數百分率	最大連續損失	每筆交易平均獲利	淨獲利
公債	8	25	5,950	−674	−5,394
歐洲美元	32	47	5,150	−127	−4,075
德國馬克	9	56	2,350	532	4,787
日圓	5	40	3,350	−365	−1,825
黃金	8	25	1,350	−169	−1,350
白銀	9	56	2,420	533	4,975
黃豆	8	38	1,638	−77	−613
玉米	18	56	738	55	988
原油	7	29	2,210	−316	−2,210
糖	11	45	2,795	−55	−607

(q) 貫穿線與烏雲罩頂（沒有過濾，持有 5 天）[b]

	交易筆數	獲利筆數百分率	最大連續損失	每筆交易平均獲利	淨獲利
公債	15	20	13,938	−929	−13,938
歐洲美元	5	40	1,150	−175	−875
德國馬克	8	63	6,725	−542	−4,338
日圓	11	27	6,400	−582	−6,400
黃金	14	43	2,230	−99	−1,380
白銀	14	29	1,820	−56	−790
黃豆	19	32	5,938	−294	−5,588
玉米	25	32	2,888	−116	−2,888
原油	25	32	4,490	−144	−3,610
糖	13	38	1,463	−60	−785

表 13.1（續前）

(r) 貫穿線與烏雲罩頂（動能過濾，持有 5 天）[b]

	交易 筆數	獲利筆數 百分率	最大 連續損失	每筆交易 平均獲利	淨獲利
公債	5	40	3,181	−538	−2,688
歐洲美元	3	33	825	−233	−700
德國馬克	3	67	1,088	71	212
日圓	8	25	4,275	−534	−4,275
黃金	4	75	410	155	620
白銀	6	50	610	278	1,665
黃豆	8	13	4,525	−566	−4,525
玉米	12	33	1,163	−94	−1,125
原油	12	17	3,580	−250	−3,000
糖	10	40	1,028	−8	−82

(s) 貫穿線與烏雲罩頂（沒有過濾，持有 10 天）[b]

	交易 筆數	獲利筆數 百分率	最大 連續損失	每筆交易 平均獲利	淨獲利
公債	15	33	9,344	−623	−9,344
歐洲美元	5	40	1,825	−260	−1,300
德國馬克	8	25	11,250	−813	−6,500
日圓	11	36	9,662	−878	−9,662
黃金	14	21	4,380	−269	−3,760
白銀	14	21	5,335	−381	−5,335
黃豆	19	32	6,375	−336	−6,375
玉米	24	42	4,813	−182	−4,363
原油	24	21	7,350	−290	−6,970
糖	13	46	1,991	8	100

表 13.1（續前）

(t) 貫穿線與烏雲罩頂（動能過濾，持有 10 天）[b]

	交易 筆數	獲利筆數 百分率	最大 連續損失	每筆交易 平均獲利	淨獲利
公債	5	60	1,475	556	2,781
歐洲美元	3	33	1,200	−375	−1,125
德國馬克	3	0	3,963	−1,321	−3,963
日圓	8	38	6,200	−775	−6,200
黃金	4	50	630	−2	−10
白銀	6	33	2,350	−152	−915
黃豆	8	25	1,725	−216	−1,725
玉米	12	42	2,350	−170	−2,038
原油	12	17	4,380	−365	−4,380
糖	10	50	625	155	1,554

(u) 晨星與夜星（沒有過濾，持有 5 天）

	交易 筆數	獲利筆數 百分率	最大 連續損失	每筆交易 平均獲利	淨獲利
公債	22	59	6,188	−89	−1,950
歐洲美元	9	56	1,700	−136	−1,225
德國馬克	18	44	4,200	−181	−3,262
日圓	14	36	11,925	−733	−10,263
黃金	11	27	2,350	−174	−1,910
白銀	21	43	1,660	70	1,465
黃豆	21	38	7,413	−325	−6,825
玉米	12	33	1,950	−96	−1,150
原油	17	41	4,050	11	180
糖	12	17	3,307	−247	−2,958

表 13.1 (續前)

(v) 晨星與夜星 (動能過濾,持有 5 天)

	交易 筆數	獲利筆數 百分率	最大 連續損失	每筆交易 平均獲利	淨獲利
公債	12	67	3,781	−35	−419
歐洲美元	3	33	825	−142	−425
德國馬克	12	42	3,662	−187	−2,250
日圓	5	20	2,725	15	75
黃金	5	20	1,760	−352	−1,760
白銀	15	53	1,410	184	2,760
黃豆	8	50	3,263	−330	−2,638
玉米	5	20	1,650	−208	−1,038
原油	8	25	2,510	−135	−1,080
糖	8	25	2,157	−226	−1,808

(w) 晨星與夜星 (沒有過濾,持有 10 天)

	交易 筆數	獲利筆數 百分率	最大 連續損失	每筆交易 平均獲利	淨獲利
公債	21	24	17,725	−722	−15,163
歐洲美元	9	44	1,850	−178	−1,600
德國馬克	18	56	4,063	351	6,325
日圓	13	31	7,738	−319	−4,150
黃金	10	60	1,360	−76	−760
白銀	19	58	3,735	249	4,725
黃豆	21	38	8,938	−364	−7,638
玉米	12	50	1,338	−64	−763
原油	16	38	9,900	−366	−5,860
糖	12	42	4,034	−336	−4,034

表 13.1（續前）

(x) 晨星與夜星（動能過濾，持有 10 天）

	交易 筆數	獲利筆數 百分率	最大 連續損失	每筆交易 平均獲利	淨獲利
公債	12	17	8,513	−686	−8,231
歐洲美元	3	33	1,125	−367	−1,100
德國馬克	12	50	3,063	373	4,475
日圓	5	20	2,475	−288	−1,438
黃金	4	50	1,080	−170	−680
白銀	13	77	2,575	439	5,710
黃豆	8	50	3,025	−189	−1,513
玉米	5	40	2,500	−395	−1,975
原油	7	29	7,890	−950	−6,650
糖	8	50	3,489	−401	−3,208

[a] 所有的結果都扣除 $100，代表滑移價差與佣金。

[b] 「貫穿線」在正文中沒有提及，它是「烏雲罩頂」的對應多頭型態。

第 II 部分

圖形分析的實務運用

❖ 14 ❖ 　　圖形分析的實務運用

> 投機客的最大敵人永遠來自於內心。期待
> 與恐懼是人類不能割捨的天性。當市場發生不
> 利的走勢時,你期待每一天都是最後一天——
> 損失的程度遠超過不存期待之心的狀況——而
> 這正是那些開創者成功的必要條件。另一方
> 面,當市場發生有利的走勢時,你恐懼明天的
> 行情將攫取既有的獲利,於是你過早出場。恐
> 懼使你不能賺取應有的獲利。成功的交易者必
> 須克服這兩種根深蒂固的本能。他必須扭轉所
> 謂的本能衝動。期待的時候應該恐懼;恐懼的
> 時候應該期待。他必須恐懼既有的損失演變為
> 更大的損失,期待既有的獲利發展為更大的獲
> 利。
>
> Edwin Lefèvre

由事後的角度分析圖形,顯然非常輕鬆愉快。可是,在走勢圖的最右端進行分析,並擬定實際的交易決策,這就完全是另一回事了。為了說明圖形分析在實務交易中的運用,當我決定撰寫這本書之後,開始登錄我在 Prudential Securities 所提出的所有交易建議,包括進／出場的理由,以及一切明朗化之後的教訓與啟示。

當然,由於篇幅的限制,本書不可能涵蓋所有的交易建

議。另外，某些交易之間非常類似，所以也沒有重覆的必要。可是，我儘可能納入虧損的交易，藉以反映實際的交易情況。（我希望特別強調一點，本章案例中發生虧損的百分率小於實際的交易，這主要是因為大部分虧損交易的持有時間都很短暫，損失也不嚴重，而且彼此之間都很類似；可是，由另一個角度來說，此處所列示的累積淨獲利也小於這段期間內真正實現的獲利。）

本章導讀

1. 請注意閱讀的順序，本章應該擺在第 I 部分之後。

2. 為了達到最大的功效，讀者應該秉持臨場處理的態度。我建議各位先把奇數頁複印一份。

3. 每筆交易都列示進場的理由。讀者應該試問自己對於圖形的解釋是否相同。技術分析者對於相同的走勢圖可能有不同的解釋。我的雙重頂可能是你的交易區間。總之，歡迎讀者表達不同的看法。請記住，很多交易的最後結果都是虧損。

4. 以下的例子中很多是屬於我個人最喜愛的圖形排列與分析技巧。這絕對不代表這些方法比較重要或精確，僅是反映我個人的偏好而已。畢竟來說，圖形分析是相當主觀的一們學問。

　　本書中所討論的許多技巧並沒有運用於下列的案例中。某些讀者或許認為這類的技巧很有幫助，或者應該取代後文中所採用的方法。我相信每個人所習慣採用的方法可能多少都有一些差異。原則上來說，每位技術分析者都應該挑選一組自己覺得最自然的技術工具，界定自己的分析風格。

5.　運用你最喜愛的方法分析奇數頁的走勢圖，擬定你的應對策略，以及詳細的交易計劃。如果你複印一份奇數頁的走勢圖，可以把這些重點紀錄下來。然後，**翻到隔頁（偶數頁）**，看看你的（與我的）分析結論在現實世界中如何發展。偶數頁中列示交易的出場理由，以及相關的評論。

請遵循導讀中的程序而不要被動的閱讀，如此才能得到最大的學習效果。

由於版面安排的緣故

本頁故意留白

圖 14.1*a*

1993 年 9 月份公債

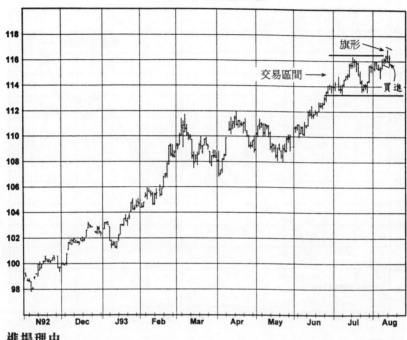

進場理由

　　旗形出現在交易區間的上緣，通常代表多頭的型態。價格能夠盤整於主要壓力區附近（交易區間的上緣）而沒有拉回，這反映根本的勁道。

你是否同意前述的分析？

翻到下一頁之前，請評估圖中的情況。

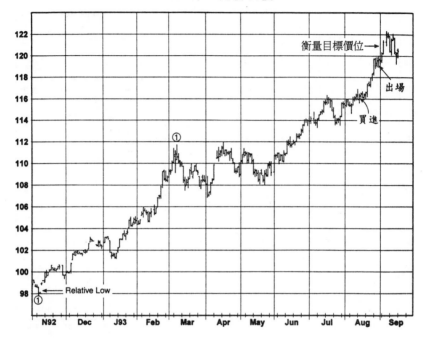

圖 14.1b

1993 年 9 月份公債

出場理由

　　這筆交易因爲追蹤性停止單被觸發而出場。停止價位設定得很緊，因爲價格已經接近主要的衡量目標。

評論

　　這個例子可以說明「買進永遠不嫌高」的原則。另外，請注意，進場點雖然在新高價附近，但風險相對有限，因爲起始停損可以設定在旗形排列的下緣（參考圖 14.1a）。

圖 14.2a

1993 年 12 月份公債

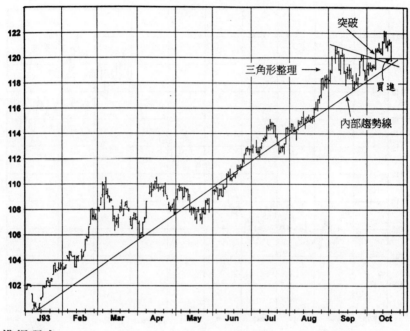

進場理由

1. 突破三角形排列，意味著多頭走勢將繼續發展。

2. 拉回走勢使價格接近內部趨勢線與三角形排列上緣的主要支撐區。

你是否同意前述的分析？

翻到下一頁之前，請評估圖中的情況。

圖 14.2*b*
1993 年 12 月份公債

出場理由

　　價格顯著向下突破三角形排列的下緣，使得最初的交易訊號無效。

評論

　　一旦進場的主要前提不存在，就應該立即平倉。就目前的例子來說，價格應該維持在三角形排列的上側或其附近。價格明顯跌破三角形的下緣，先前突破訊號的有效性非常值得懷疑。只要判斷部位當初建立的前提不復存在，就應該及時認賠出場。由圖 14.2*b* 中可以發現，稍做猶豫就必須付出昂貴的代價。

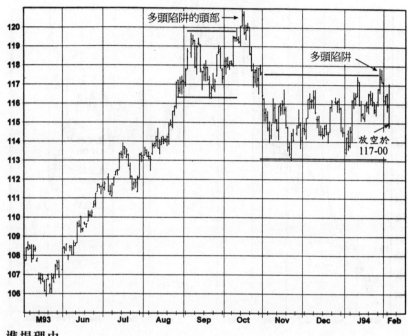

圖 14.3a

1993 年 3 月份公債

進場理由

1. 經過延伸性的漲勢之後，10 月份的多頭陷阱形成於歷史新高區域，可能代表主要的頭部。當時，價格的修正幅度還很有限，前一波的漲勢起始於這份圖形之前（請參考圖 14.1b），這意味著下檔的空間很大。

2. 1 月底，價格向上突破 11 月份~1 月份的交易區間，隨後又拉回而深入交易區間之內，這是另一個多頭陷阱。

請注意，此處建議在價格反彈到 117-00 附近建立空頭部位，而不是立即放空。

你是否同意前述的分析？

翻到下一頁之前，請評估圖中的情況。

371

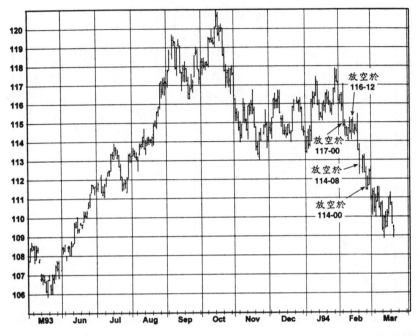

圖 14.3*b*

1993 年 3 月份公債

評論

　　如同圖形所示，價格始終沒有反彈到建議的放空價位 117-00。隨後，三度調低進場價位，但行情還是沒有觸及進場點。所以，最初的想法雖然不錯，但價格迅速朝預期中的方向進行，等待折返的策略使我們完全錯失這個交易機會。

　　每一筆交易都必須折衷於兩個得失因子之間：確保進場與理想價位。這筆交易可以凸顯等待理想價位所可能付出的代價。在這個案例中，保守的態度使我們錯失整個機會。這段評論並不意味著交易者永遠應該立即進場，而僅是強調市價單的功能：確保交易機會不會流失。如果交易者預期獲利的潛能很大而希望建立長期部位（就如同目前的情況一樣），尤其應該採用市價單。事實上，這筆交易的錯誤並不是最初採用限價單，因為這是當時走勢的合理選擇（交易區間）。最大的敗筆是沒有隨著後續的發展調整適當的進場點（例如：在交易區間下緣形成旗形排列），因為價格顯然已經不太可能反彈。

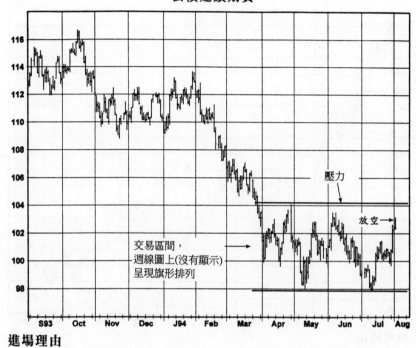

圖 14.4*a*

公債連續期貨

図中標示:
壓力
放空→
交易區間,
週線圖上(沒有顯示)
呈現旗形排列

進場理由

1. 由長期的週線圖中觀察,4 月份~7 月份的交易區間似乎是三角形整理——價格很可能朝原先的趨勢方向繼續發展。

2. 當時的價格處在交易區間上緣的壓力區。

你是否同意前述的分析?

翻到下一頁之前,請評估圖中的情況。

圖 14.4*b*

公債連續期貨

出場理由

　　這筆交易的平倉理由，是短期走勢透露反轉的可能性。詳細來說，旗形排列發生逆向的突破，而且突破是一支向上的長線形。

評論

　　當我們進場時，圖 14.4*a* 的型態也可以解釋為打底走勢，但由週線圖（沒有顯示）中觀察，這應該是下降趨勢的暫時停頓。教訓：任何的交易首先都應該由長期的走勢圖中而取得宏觀的視野，然後再分析短期的走勢圖。當然，何謂長期，何謂短期，這是主觀的認定。對於某些交易者而言，長期是週線圖或月線圖，短期是日線圖；對於另一些交易者來說，長期是日線圖，短期是盤中走勢圖。

　　就交易的平倉來說，雖然結果證明出場的價位並不是反轉點，但平倉的決定還是沒有錯誤，尤其是價格已經出現相當大的跌幅，短期內很可能向上修正。事實上，價格的進一步跌勢很有限，然後就反彈到出場點之上（參考圖 14.5*a*）。

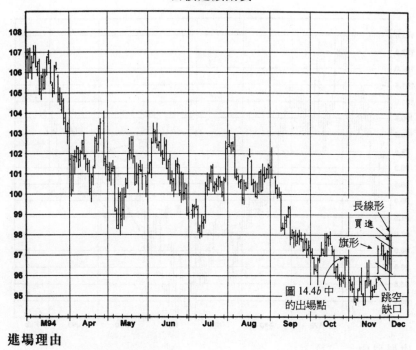

圖 14.5a

公債連續期貨

進場理由

1. 向上的價格跳空缺口。

2. 向上突破旗形整理。

3. 向上的長線形。

你是否同意前述的分析？

翻到下一頁之前，請評估圖中的情況。

圖 14.5b

公債連續期貨

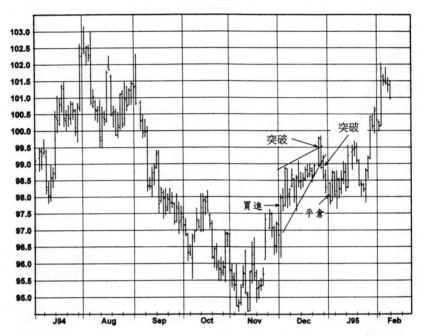

出場理由

價格向上假突破三角形排列之後，大幅拉回而跌破三角形的下緣。

評論

由事後的角度來說，平倉的決策顯然不正確，但我不認爲這是一個錯誤，因爲當時的價格走勢看起來確實已經反轉。

圖 14.6a

公債連續期貨

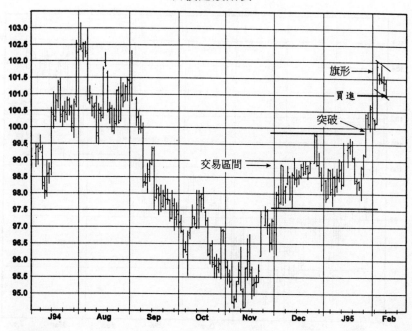

進場理由

1. 價格明顯突破先前的交易區間。

2. 交易區間的上側出現旗形整理。

你是否同意前述的分析？

翻到下一頁之前，請評估圖中的情況。

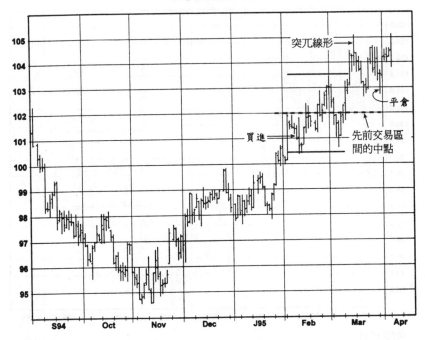

圖 14.6*b*

公債連續期貨

圖中標示：突兀線形、平倉、買進、先前交易區間的中點

出場理由

觸發追蹤性停止價位而結束部位。我們採用相對緊密的停止點，因為突兀高點的警訊在將近兩個星期之內都沒有被解除，很可能形成頭部。

評論

結果證明這筆交易過早出場，因為價格隨後又大幅走高。由於前述的突兀高點，我們雖然有理由調緊停止點，但把停止價位設定在前一個相對高點，似乎有些過於保守，或許應該設定在交易區間的中點。教訓：追蹤性停止點設定得過於保守，往往會過早結束一筆有利的交易。

378

圖 14.7a

1994 年 12 月份歐洲美元

進場理由

　　長期交易區間的上側出現旗形排列,通常代表絕佳的買進機會,因為價格可以守住突破走勢,代表該突破訊號獲得確認。

你是否同意前述的分析?

翻到下一頁之前,請評估圖中的情況。

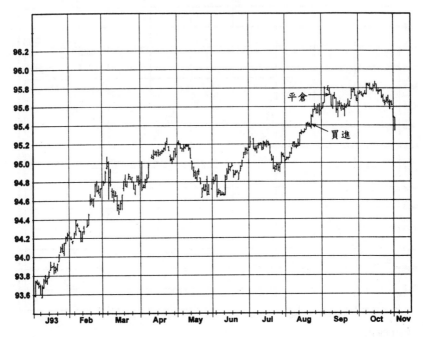

圖 14.7*b*

1994 年 12 月份歐洲美元

出場理由

平倉訊號是來自於資金管理的停止價位。停止點設定得**相對緊密**，主要是因為波段的漲幅已經很大。

評論

這個例子可以說明「買進永遠不嫌高」(或賣出永遠不嫌低)的原則。請注意，多頭部位雖然建立在歷史新高價位，但風險相對有限，因為我們可以界定一個相對緊密的停損點。最初的停損設定在旗形排列下方幾點處(請參考圖 14.7*a*)。

圖 14.8*a*

1994 年 12 月份英鎊

進場理由

1. 向上大幅突破三角形整理。
2. 價格向上擺動之後，出現三角旗形排列。

你是否同意前述的分析？

翻到下一頁之前，請評估圖中的情況。

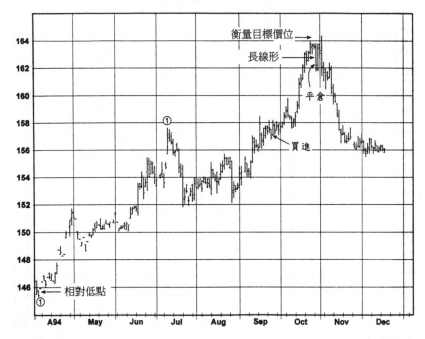

圖 14.8*b*

1994 年 12 月份英鎊

出場理由

  價格已經接近上檔的衡量目標價位，在向下的長線形中平倉。

評論

  這筆交易的最初建議時機是在標示買點之前的幾個星期，限價買點設定在三角形整理區內（參考圖 14.8*a*），希望掌握向上的突破。價格始終沒有到達這個買點；隨後，我們改變建議而利用市價單建立多頭部位。這個行動使我們能夠取得剩餘的大部分漲勢。教訓：如果價格不能到達設定的進場點，而且走勢已經朝預期中的方向發展，似乎應該接受比較差的進場點，不應該放棄整個機會。

  這筆交易也說明如何利用衡量目標價位來協助出場，一旦反轉訊號發生在目標價位附近，立即出場可以保障既有的獲利。

圖 14.9a

1995 年 3 月份英鎊

進場理由

　　向上的長線形使得先前的三角形向下突破無效，意味著價格可
能向上反轉。因此，我們建議的買進點設定在隨後的拉回走勢中，
預期價格可以守住 12 月份的低點。

你是否同意前述的分析？

翻到下一頁之前，請評估圖中的情況。

圖 14.9*b*

1995 年 3 月份英鎊

出場理由

由於價格向下貫穿旗形排列。

評論

長線形的收盤價逆向突破旗形排列,這經常是**趨勢反轉的早期**
訊號。

384

圖 14.10 *a*

1993 年 12 月份日圓

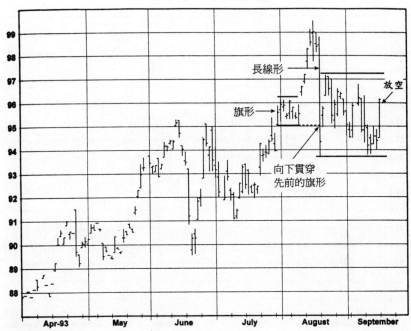

進場理由

1. 經過將近一個月的整理而始終不能拉回長線形的端點,做頭的可能性提高。

2. 價格向下突破旗形整理的下緣,可能繼續下跌。

3. 價格下跌之後形成橫向整理,這種走勢經常演變爲另一波跌勢。

你是否同意前述的分析?

翻到下一頁之前,請評估圖中的情況。

圖 14.10*b*
1993 年 12 月份日圓

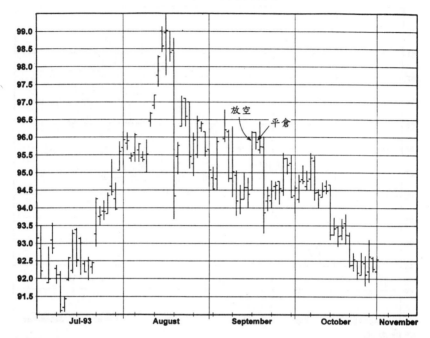

出場理由

　　為了嚴格侷限可能發生的損失，我們把收盤停損單設定在進場點下側 10 點處。隔天，停損恰好被觸發。

評論

　　除非你願意接受一些風險，否則絕對不可能在市場中賺錢。我們將停損設定在進場點附近，而沒有採用最近的技術性壓力區為停損（大約在目前整理區之上 75 點），結果在反彈的高點附近被停損，錯失一筆非常有利的交易。教訓：停損的緊密程度不應該超過最近的技術性關鍵價位，尤其是在剛進場的時候，除非行情的發展改變技術面的結構。

386

圖 14.11a

1994 年 12 月份日圓

進場理由

　　旗形排列發生在交易區間的上緣，意味著向上突破的可能性。

你是否同意前述的分析？

翻到下一頁之前，請評估圖中的情況。

圖 14.11b

1994 年 12 月份日圓

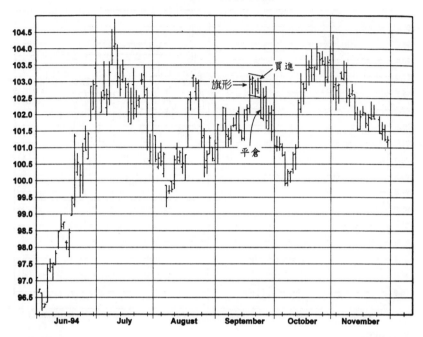

出場理由

價格跌破旗形排列，先前進場的理由已經不存在。

評論

原則上來說，每當進場的理由消失，就應該結束交易。雖然我們的多頭部位幾乎建立在行情的峰位，但遵守這個原則可以侷限損失。

圖 14.12*a*

1995 年 3 月份日圓

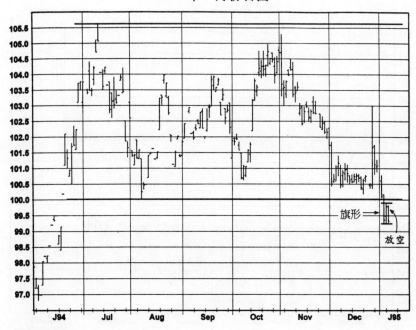

進場理由

在長期的橫向整理區間下側出現旗形排列，強烈顯示價格即將下跌的可能性。

你是否同意前述的分析？

翻到下一頁之前，請評估圖中的情況。

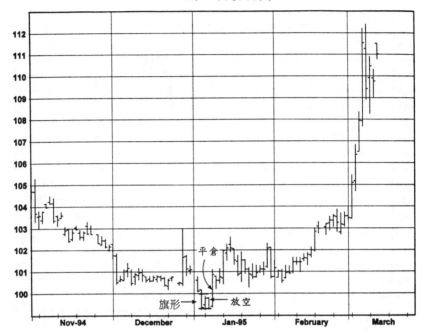

圖 14.12*b*
1995 年 3 月份日圓

出場理由

　　旗形的逆向突破，使得進場的理由消失。

評論

　　即使是可靠的型態也未必始終有效。雖然長期交易區間下側出現旗形排列，通常都代表理想的放空機會，但這筆交易發生虧損。然而，如果將來再面對這種情況，我還是會做相同的決定，因為這類的部位整體而言可以獲利。請記住，圖形分析是一場機率而不是絕對的遊戲。

　　同樣地，只要任何的跡象顯示進場的理由不復存在，立即出場可以將損失侷限在最小的程度——雖然我們是在主要的底部放空。

390

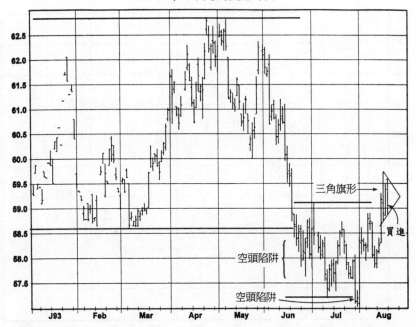

圖 14.13*a*
1993 年 9 月份德國馬克

進場理由

1. 就 1992 年 11 月~1993 年 6 月的交易區間與 1993 年 6 月中
   旬~7 月的小交易區間而言，分別發生空頭陷阱。

2. 空頭陷阱確認之後，發生三角旗形的整理排列。

你是否同意前述的分析？
翻到下一頁之前，請評估圖中的情況。

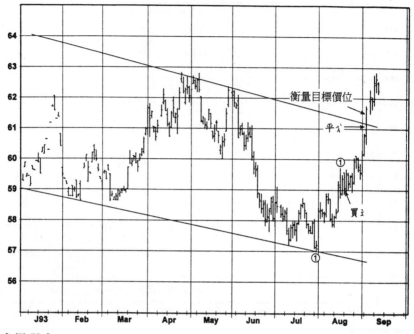

圖 14.13*b*
1993 年 9 月份德國馬克

出場理由

　　在漲勢未停頓之前獲利了結，因爲當時的價格已經接近衡量的
目標價位，而且接近下降通道上緣的壓力區。

評論

　　就這個例子來說，在沒有任何反轉跡象之前平倉出場，結果證
明我們的決策正確。（圖形中顯示的 9 月份峰位形成相對高點。）可
是，我們不能由這個案例中歸納任何的一般性結論，因爲在有利**趨
勢**的發展過程中獲利了結，經常有過早出場之虞。

圖 14.14*a*

1993 年 12 月份德國馬克

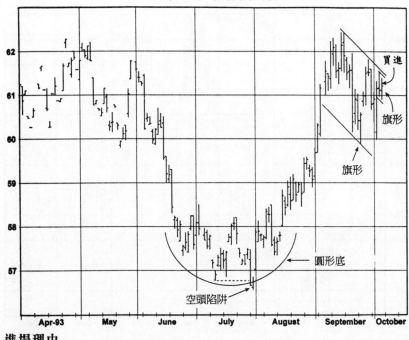

進場理由

1. 價格出現圓形底的排列，並在低點形成的空頭陷阱，這都
   顯示主要的底部已經完成。
2. 小的旗形與大的旗形都顯示價格很可能向上突破。

你是否同意前述的分析？

翻到下一頁之前，請評估圖中的情況。

圖 14.14*b*
1993 年 12 月份德國馬克

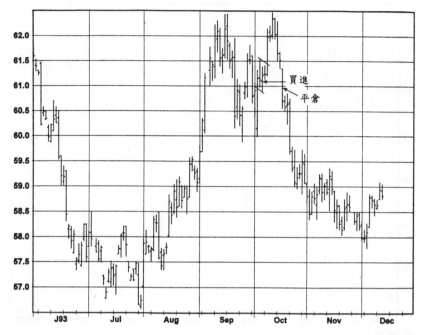

出場理由

　　雖然價格最初向上突破，但跟進的漲勢很有限，隨後又折返到先前旗形排列的中點之下，確認先前的向上突破失敗。

評論

　　在技術訊號失敗的第一個徵兆中出場，可以將損失侷限在最小的程度。

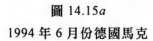

圖 14.15a
1994 年 6 月份德國馬克

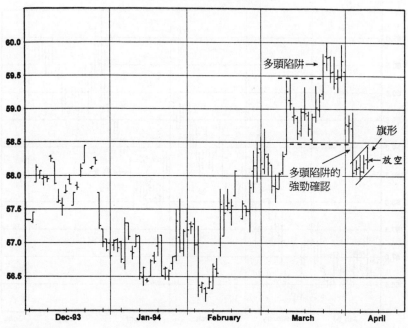

進場理由

1. 多頭陷阱的強勁確認。

2. 價格下跌之後發生旗形排列,顯示價格將繼續向下突破。

你是否同意前述的分析?

翻到下一頁之前,請評估圖中的情況。

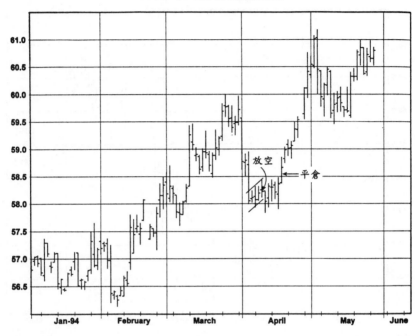

圖 14.15*b*

1994 年 6 月份德國馬克

出場理由

旗形逆向突破，價格可能向上反轉。

評論

雖然及時的出場可以侷限損失，但逆向突破應該是反轉為空頭部位的訊號，不僅僅代表平倉。

圖 14.16a
1994 年 9 月份德國馬克

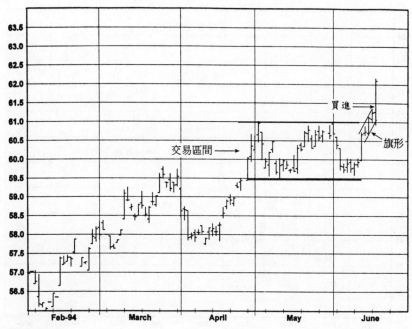

進場理由

1. 交易區間上緣附近出現旗形排列，典型的多頭型態。

2. 旗形排列向上突破。

你是否同意前述的分析？

翻到下一頁之前，請評估圖中的情況。

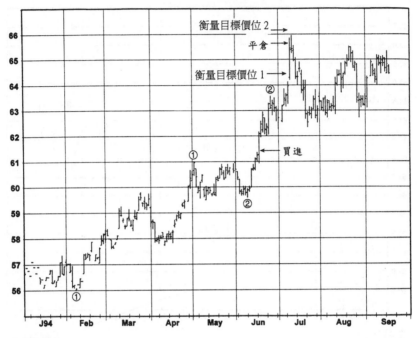

圖 14.16b
1994 年 9 月份德國馬克

出場理由

在兩個衡量目標價位之間獲利了結。

評論

雖然行情的發展最後還是高於我們的出場點（沒有顯示），但主要的目標價位完成之後，還是應該獲利了結，尤其是在目標價位迅速完成的情況之下，這可以避免短期的修正損及既有的獲利（例如：7 月份的折返走勢），即使價格最後還是走高。

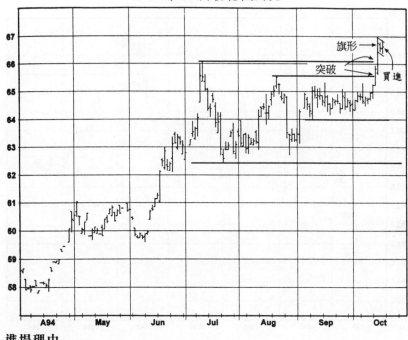

圖 14.17*a*

1994 年 12 月份德國馬克

進場理由

1. 顯著突破較寬與較窄的交易區間。

2. 突破交易區間之後，形成旗形排列。

你是否同意前述的分析？

翻到下一頁之前，請評估圖中的情況。

圖 14.17b
1994 年 12 月份德國馬克

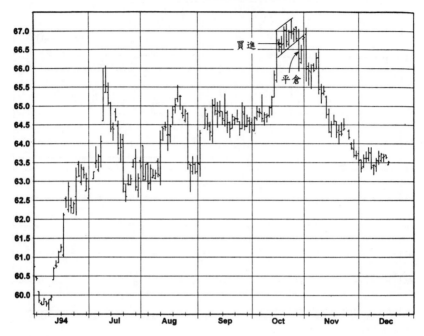

出場理由

旗形逆向突破，價格可能向下反轉。

評論

請注意，雖然多頭部位建立在頭部附近，但利用旗形排列設定停損，可以有效侷限損失。

圖 14.18*a*

1995 年 3 月份德國馬克

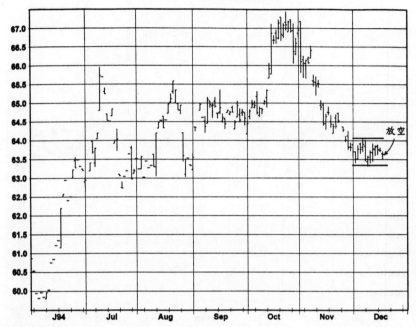

進場理由

　　急跌走勢之後形成狹幅整理，很可能是下降的連續排列。

你是否同意前述的分析？

翻到下一頁之前，請評估圖中的情況。

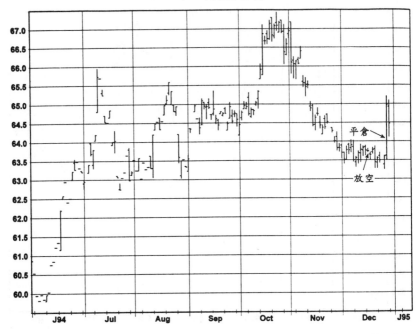

圖 14.18*b*

1995 年 3 月德國馬克

出場理由

逆勢突破，進場的理由不復存在。

評論

一旦進場的理由消失之後，立即出場可以侷限損失。

圖 14.19a

1995 年 3 月份德國馬克

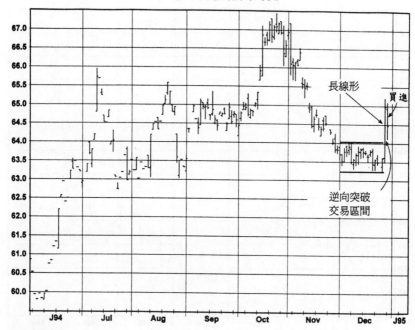

進場理由

1.　逆向突破狹幅整理區，意味著向上反轉。（這正是前一筆交易認賠出場的理由，參考圖 14.18b。）

2.　相對低點附近出現向上的長線形，這經常是趨勢向上反轉的早期訊號。

你是否同意前述的分析？

翻到下一頁之前，請評估圖中的情況。

403

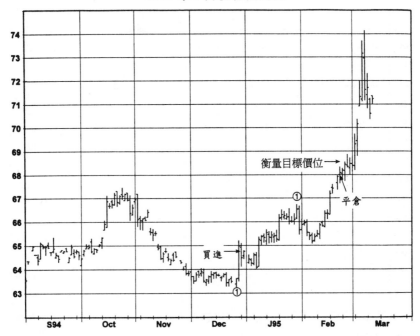

圖 14.19*b*

1995 年 3 月份德國馬克

出場理由

由於價格接近衡量目標價位，調緊停止點。

評論

這個例子可以說明一點，當技術條件發生變化，往往應該斷然反轉部位。兩天之前，我看空相同的市場而建立空頭部位（圖 14.18*a*）；現在，我改變看法而做多。請注意，回補空頭部位的理由也正是建立多頭部位的原因。不幸地，我很少這麼明智，通常都是「事後諸葛亮」。

這筆交易是在衡量目標價位附近平倉，犧牲相當大的一段漲幅。某些情況下，在目標價位附近獲利了結是正確的抉擇（例如：圖 14.18*b* 與 14.16*b*）；另一些情況下，應該聽任獲利部位繼續發展（例如目前的情況）。

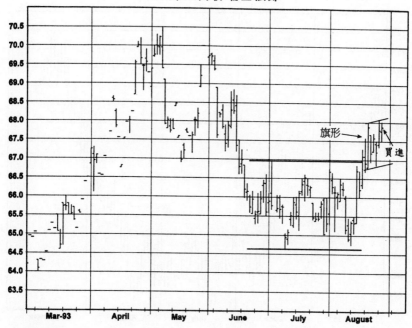

圖 14.20*a*
1993 年 9 月份瑞士法郎

旗形

買進

Mar-93　**April**　**May**　**June**　**July**　**August**

進場理由

交易區間的上緣附近出現旗形排列，價格可能繼續上漲。

你是否同意前述的分析？

翻到下一頁之前，請評估圖中的情況。

圖 14.20*b*
1993 年 9 月份瑞士法郎

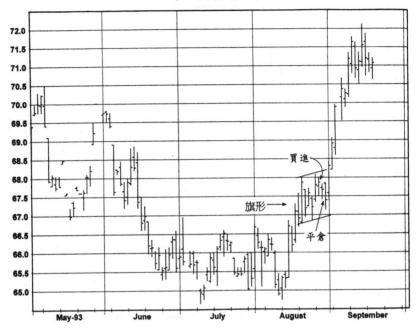

出場理由

　　為了侷限可能發生的損失，起始停損設定在旗形排列的中點。

評論

　　起始停損設定得太緊，使一筆原本可以獲利的交易演變為損失。這個評論是希望說明一個事實：停損應該設定在最近的技術性關鍵價位（旗形排列的下緣），完全不是根據事後的發展做成結論。

　　教訓：如果交易的理由還繼續有效，所設定的停損就不應該被觸發。舉例來說，目前這筆交易的動機是旗形排列位在交易區間的上緣，將停損設定在旗形整理區間的中點，顯然沒有技術上的根據。

圖 14.21*a*

1994 年 6 月份瑞士法郎

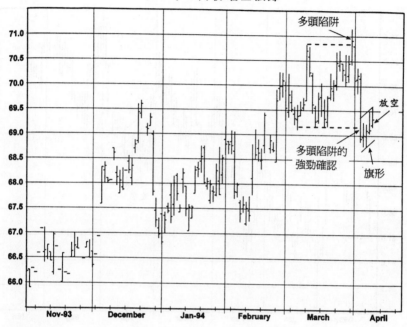

進場理由

1. 多頭陷阱的強勁確認。

2. 價格由高點下滑之後出現旗形排列。

你是否同意前述的分析？

翻到下一頁之前，請評估圖中的情況。

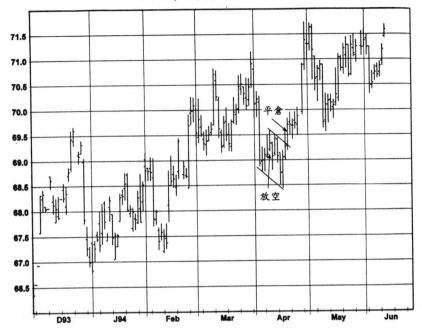

圖 14.21*b*
1994 年 6 月份瑞士法郎

出場理由

　　旗形排列逆向突破。

評論

　　這雖然是一筆虧損交易，但我認為進場與出場的理由都沒有錯誤。如果進場的理由還有效，但為了侷限損失而出場，這就是錯誤的交易。請注意，虧損與錯誤是兩個截然不同的觀念，千萬不可混淆。只要嚴格遵守有效的交易計劃，虧損完全可以接受——事實上也不可避免。虧損交易不會妨礙一套具有成功勝算的方法，但交易錯誤則會（即使結果獲利也是如此）。

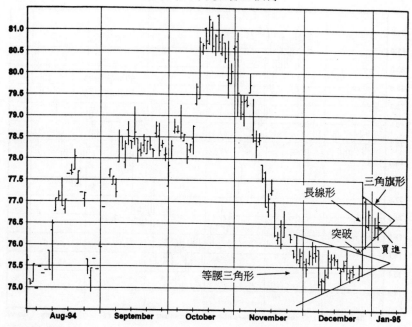

圖 14.22*a*

1995 年 3 月份瑞士法郎

進場理由

1. 等腰三角形向上突破。

2. 一段重大的跌勢低點出現向上的長線形。

3. 價格上揚之後出現三角旗形的整理。

你是否同意前述的分析？

翻到下一頁之前，請評估圖中的情況。

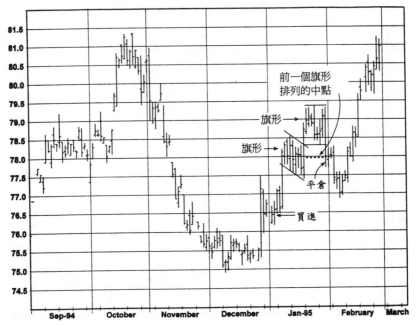

圖 14.22*b*

1995 年 3 月份瑞士法郎

（圖內標示）

前一個旗形
排列的中點

旗形 →

旗形 →

平倉

買進

出場理由

　　旗形發生逆向突破，價格折返到前一個旗形的中點下側。

評論

　　在重大的跌勢之後，一支收在最高價附近的長線形，通常代表*趨*勢向上反轉的早期訊號。

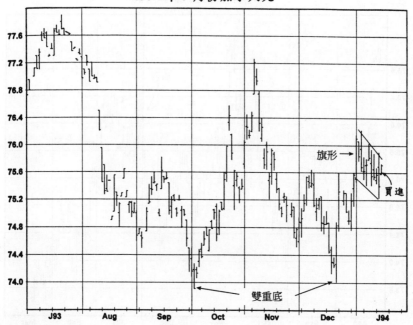

圖 14.23*a*

1994 年 3 月份加拿大元

進場理由

1. 雙重底。

2. 價格上漲之後的旗形排列。

你是否同意前述的分析?

翻到下一頁之前,請評估圖中的情況。

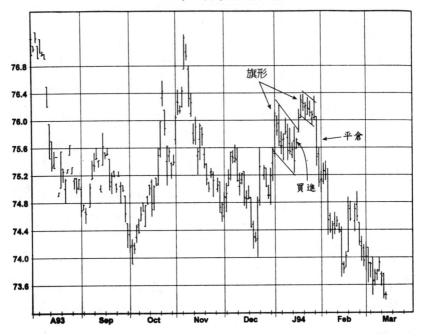

圖 14.23b

1994 年 3 月份加拿大元

出場理由

旗形排列反向突破。

評論

繼續持有部位將造成一場災難，根據短線型態（旗形）進場與出場，交易勉強持平，相當不錯的結果，因爲價格在進場之後的第三天創主要的高價。

圖 14.24a

1994 年 9 月份加拿大元

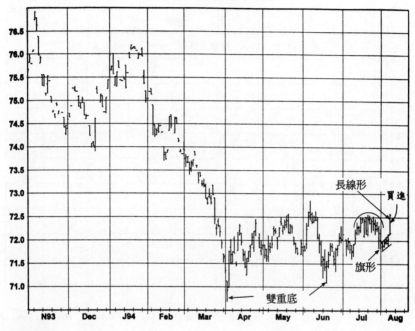

進場理由

1. 雙重底。

2. 扭轉圓形頂的曲度。

3. 旗形逆向突破。

4. 向上的長線形。

你是否同意前述的分析?

翻到下一頁之前,請評估圖中的情況。

413

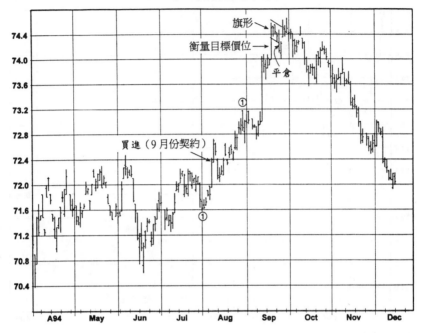

圖 14.24*b*

1994 年 9 月份加拿大元

出場理由

1.　一旦完成衡量目標價位，調緊停止點。

2.　旗形逆向突破，短線的反轉訊號。

評論

　　當目標價位完成之後，稍有反轉的跡象就立即平倉，使得交易可以在頭部附近出場，避免過度流失既有的獲利。

圖 14.25*a*

1993 年 10 月份黃金

進場理由

1. 經過確認的多頭陷阱。

2. 明顯的向下跳空缺口。

3. 向下長線形。

4. 下跌走勢之後的旗形整理。

你是否同意前述的分析?

翻到下一頁之前,請評估圖中的情況。

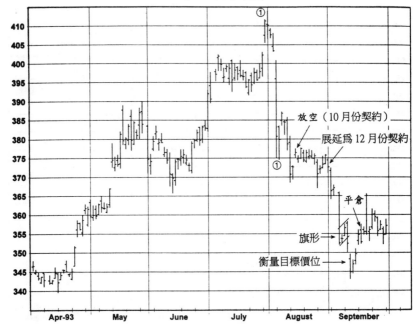

圖 14.25b
1993 年 10 月份黃金

出場理由

1. 完成目標價位之後，調緊停止點。
2. 價格反彈到前一個旗形排列的中點，趨勢反轉的徵兆。

評論

　　經過確認的多頭陷阱，是最可靠的頭部型態之一。另外，請注意，當目標價格完成之後，應該調緊停止點，這可以鎖定大部分的既有獲利，而且還有繼續獲利的空間（如果價格趨勢沒有中斷的話，但此處的情況顯然不是如此）。

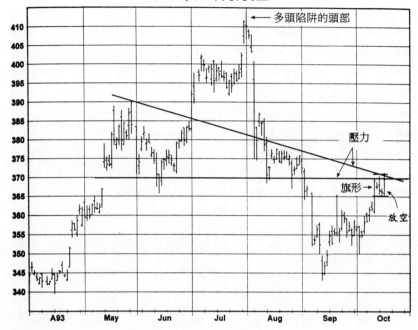

圖 14.26a

1993 年 12 月份黃金

進場理由

1. 典型的多頭陷阱意味著主要的頭部已經完成，後續的空頭走勢很可能超過兩個月。

2. 價格反彈到主要壓力區附近：內部趨勢線與先前相對低點密集區的最佳套入直線。

你是否同意前述的分析？

翻到下一頁之前，請評估圖中的情況。

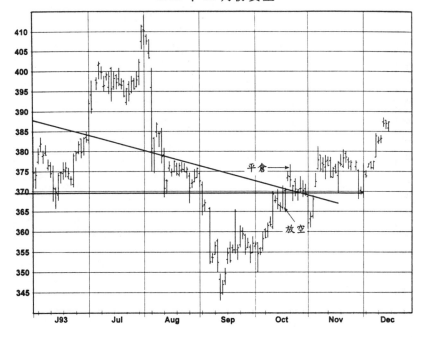

圖 14.26*b*
1993 年 12 月份黃金

出場理由

價格向上突破前述的兩條主要壓力線。

評論

建立這個部位的幾個理由雖然有效,但也存在顯著的負面因子:價格反彈之後出現旗形排列,可能代表隨後將繼續向上發展(參考圖 14.26*a*)。我忽略這方面的可能性,假定先前的空頭因子將繼續主導盤面——結果證明這個假定爲錯誤。教訓:如果整個技術面結構尚缺乏重要的配合條件,最好不要建立部位。換言之,最好等待相互衝突的訊號消失。

圖 14.27a

1994 年 6 月份黃金

進場理由

　　在寬廣的交易區間下緣出現旗形排列，意味著價格可能向下突破。

你是否同意前述的分析？

翻到下一頁之前，請評估圖中的情況。

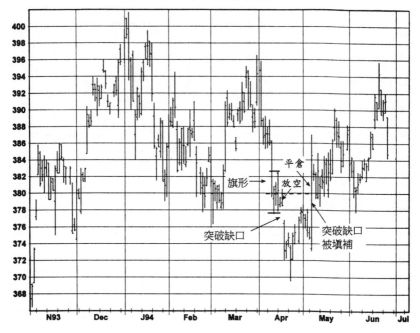

圖 14.27*b*

1994 年 6 月份黃金

出場理由

　　向下的突破缺口被填補，價格折返旗形排列的中點（虛線位置）。

評論

　　請注意，雖然我們對於建立部位的型態解釋錯誤，誤判長期的行情發展方向，但短線的價格走勢確實向下發展。這個因素使我們可以利用技術面關鍵價位為停損（旗形排列的中點，這也是當初建立部位的訊號），相關的損失很有限。這筆交易（以及本章中的許多其他案例）可以說明利用旗形排列做為進／出場訊號的特性：即使型態的判斷最終證明為錯誤，但損失通常都很有限。

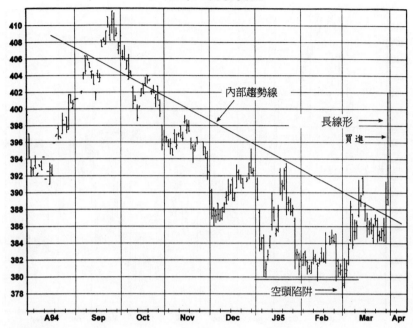

圖 14.28*a*

1995 年 6 月份黃金

進場理由

1. 空頭陷阱的底部。

2. 向上突破長期的內部趨勢線。

3. 向上長線形。

你是否同意前述的分析？

翻到下一頁之前，請評估圖中的情況。

圖 14.28*b*
1995 年 6 月份黃金

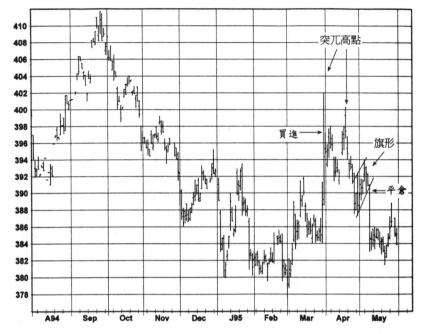

出場理由

1. 兩支突兀高點意味著潛在的頭部。

2. 價格跌破旗形排列。

評論

　　價格型態的組合不論多麼可靠，還是可能失敗。就這個例子來說，價格經過長期的下跌之後形成空頭陷阱，再配合長期內部**趨勢**線的突破，還有兩支向上的長線形，這一切看起來是很理想的買進訊號。可是，隨後的價格走勢卻證明這個判斷錯誤。**教訓**：不論當時的情況多麼具有說服力，交易者還是應該保持彈性，**根據實際的行情發展調整部位**。

圖 14.29a
白金連續期貨

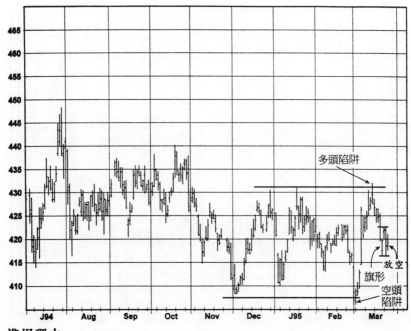

進場理由

1. 價格稍微向上突破寬廣的交易區間之後立即拉回,構成多頭陷阱。

2. 價格拉回之後出現旗形排列,次一波走勢可能向下發展。

你是否同意前述的分析?

翻到下一頁之前,請評估圖中的情況。

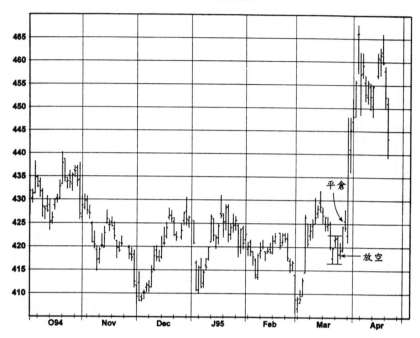

圖 14.29*b*
白金連續期貨

出場理由

價格向上突破旗形排列，進場的理由消失。

評論

雖然行情的隨後發展確實可怕——空頭部位建立之後，價格連漲 7 天，契約價值幾乎增加 12%——但「判斷錯誤／立即出場」可以將損失侷限在最小的程度。對於交易的最終成功來說，**斷然認賠**的態度，其重要性可能更超過絕妙的分析技巧。

424

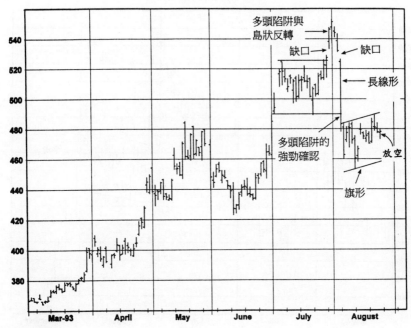

圖 14.30a

1993 年 12 月份白銀

進場理由

1. 確認多頭陷阱的頭部。

2. 島狀反轉。

3. 向下的長線形。

4. 價格下跌之後出現旗形排列。

你是否同意前述的分析？

翻到下一頁之前，請評估圖中的情況。

425

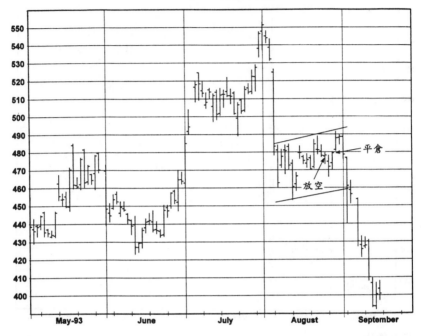

圖 14.30b
1993 年 12 月份白銀

出場理由

調緊停損，兩天之後平倉。

評論

　　這筆交易建立得非常漂亮，但我卻不願意採用足夠寬的停損（就這個例子來說，合理的停損至少應該設定在旗形排列上側的 5 美分處）。當然，由技術角度來說，把停損調緊到旗形排列的中點完全沒有意義。順便提及一點，類似的部位也曾經建立於黃金市場（圖 14.25a 與 14.25b）與白金市場（沒有列示），它們都採用合理的停損，結果都很理想。教訓：如果不願意接受合理的風險，部位就沒有合理的獲利機會。

426

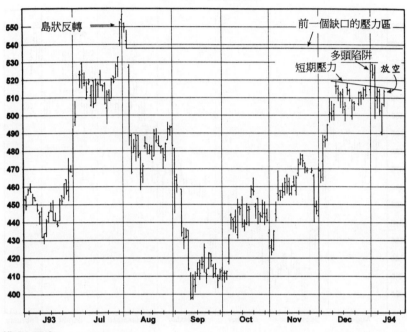

圖 14.31*a*
1994 年 3 月份白銀

進場理由

1. 反彈終止於前一個島狀反轉的跳空缺口處。

2. 反彈的峰位構成多頭陷阱。

3. 價格回升到先前相對高點的短期壓力線，建立空頭部位。

你是否同意前述的分析？

翻到下一頁之前，請評估圖中的情況。

圖 14.31*b*

1994 年 3 月份白銀

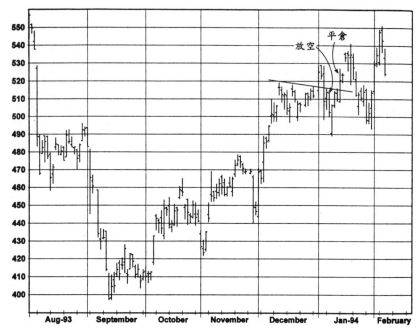

出場理由

價格穿越短期壓力線而接近前一個峰位，顯示多頭陷阱的假設錯誤。

評論

交易的理由不存在，立即出場，儘可能侷限損失。

圖 14.32a

1994 年 5 月份白銀

進場理由

1. 正常的情況下，旗形排列出現在交易區間的上側，價格應該向上突破。在這個例子中，逆向的突破意味著趨勢反轉的訊號。

2. 價格跌破前一個旗形之後，又出現另一個旗形，價格可能向下發展。

你是否同意前述的分析？

翻到下一頁之前，請評估圖中的情況。

圖 14.32*b*
1994 年 5 月份白銀

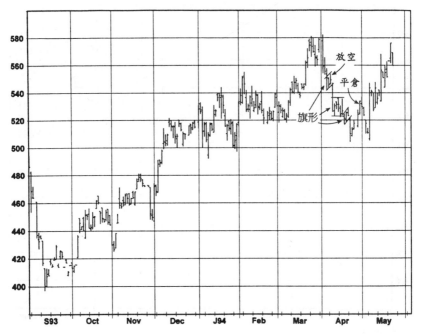

出場理由

　　價格反彈而穿越最近旗形的上端，短線走勢轉強的徵兆。

評論

　　這筆交易可以說明如何運用旗形排列來設定精密的進／出場位置。就這個例子而言，最初建立的部位雖然不符合長期的走勢方向，但結果還是能夠獲利。這可以說明一個普遍的原則：圖形分析的精髓，在於如何正確地回應價格行為，相對不強調如何精確地預測行情方向。

圖 14.33a

1994 年 9 月份白銀

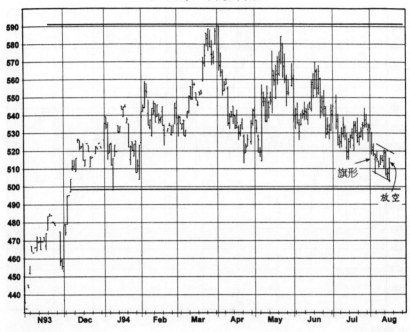

進場理由

　　旗形排列發生在一個長期而寬廣的交易區間下緣，通常代表理
想的放空機會。

你是否同意前述的分析？

翻到下一頁之前，請評估圖中的情況。

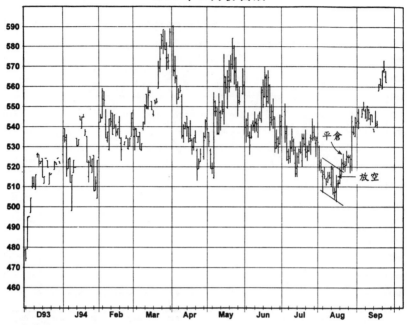

圖 14.33*b*

1994 年 9 月份白銀

出場理由

旗形排列逆向突破。

評論

有價值的圖形排列不一定需要有 50%以上的正確性（或接近 50%）。以目前這筆交易的價格型態來說——旗形出現在交易區間的下緣——如果判斷正確，交易者可以掌握整段的跌勢。另一方面，如果判斷錯誤，只要價格反向穿越旗形排列，就可以立即認賠出場。換言之，根據這種價格型態進行交易，每筆獲利交易的金額必定大於虧損。所以，即使訊號失敗的次數高於成功，這類的型態還是有所助益。

原則上來說，我們不應該根據成功交易的發生百分率來判斷一套系統或方法的效力。重點在於每筆交易的期望報酬（這等於「成功交易的發生百分率乘以成功交易的平均獲利」減去「失敗交易的發生百分率乘以失敗交易的平均虧損」）。

432

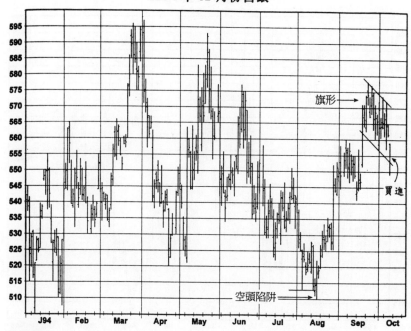

圖 14.34*a*

1994 年 12 月份白銀

進場理由

1. 經過確認的空頭陷阱代表主要的底部已經完成。

2. 上升走勢中發生旗形排列，意味著價格隨後將繼續向上發展。

3. 在旗形的下緣建立多頭部位，停損可以設定得相當緊密。

你是否同意前述的分析？

翻到下一頁之前，請評估圖中的情況。

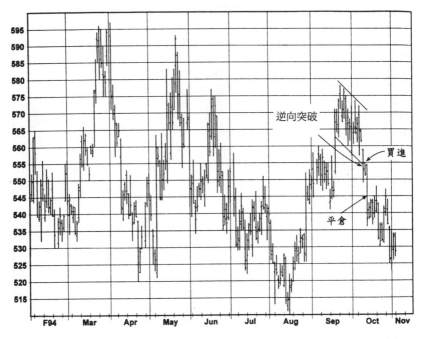

圖 14.34b

1994 年 12 月份白銀

逆向突破

買進

平倉

出場理由

旗形逆向突破。

評論

　　如果行情沒有按照預期的方式發展，立即出場。雖然這筆交易的損失相對很小（＄500），但某些讀者或許認為我們可以針對逆向突破設定更緊密的停損。或許吧！但差別很有限。一般來說，停損不應該太接近關鍵價位。以目前的旗形排列來說，發展過程中可能改變排列的形狀，或者型態可能被一支突兀線形突破而沒有跟進的力道。在這兩種情況下，如果停損設得太緊密，可能在旗形沒有失效之前結束部位，錯失一筆原本可以獲利的交易。

圖 14.35a

1994 年 12 月份白銀

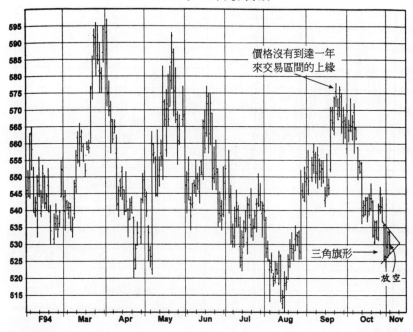

進場理由

1. 前一波反彈未能到達一年來交易區間的上緣，主要的峰位可能已經形成。

2. 價格下跌到交易區間的下緣而出現三角旗形的整理，價格可能向下發展。

你是否同意前述的分析？

翻到下一頁之前，請評估圖中的情況。

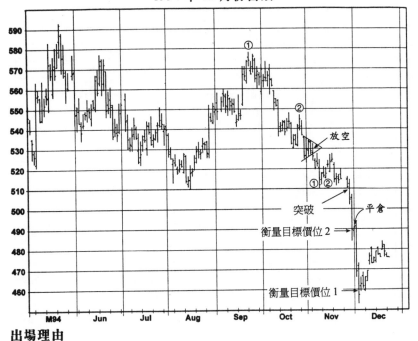

圖 14.35b

1994 年 12 月份白銀

出場理由

完成衡量的目標價位，調緊停止點。

評論

先前的許多例子最後都認賠出場，但並沒有觸犯技術上的錯誤（至少就我個人的觀點而言是如此）。非常諷刺地，這筆交易的獲利頗豐，但觸犯嚴重的錯誤。詳細來說，行情始終朝預期的方向發展，但停止點調得過緊而在毫無意義的價格波動中結束部位。如果延後兩天出場，獲利可以增加一倍！

讀者或許會質疑一點，當價格完成「衡量目標價位 2」，難道不應該採用非常緊密的停止點嗎？這個說法大致沒錯，但有三個考量：

1. 雖然價格一度停頓或折返「衡量目標價位 2」，但還有另一個更重要的「衡量目標價位 1」，顯示價格將進一步下滑。
2. 價格剛突破一個長期而寬廣的交易區間，跌幅不應該僅僅如此而已（實際上也是如此）。
3. 所設定的停止點沒有技術上的意義。

圖 14.36a

1993 年 12 月份銅

進場理由

1. 向下跌破長期的交易區間。

2. 向下突破發生跳空缺口，凸顯突破的重要性。

3. 突破之後立即出現旗形排列，具有非常空頭的意涵。

你是否同意前述的分析？

翻到下一頁之前，請評估圖中的情況。

437

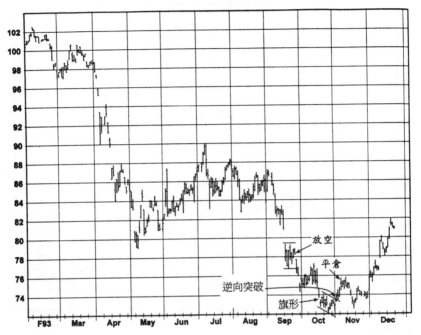

圖 14.36*b*

1993 年 12 月份銅

出場理由

價格在 10 月底反向突破旗形排列。

評論

旗形或三角旗形發生在長期交易區間的下側，這是非常可靠的訊號。基本上來說，價格進行這類的整理，可以確認先前的突破有效。

請注意，當向下的突破缺口在幾天之內沒有被填補，空頭部位可以在缺口上緣設定有意義的停損。在低點附近放空（或高點附近做多），具有技術意義的停損點不一定需要設定得很遠。

438

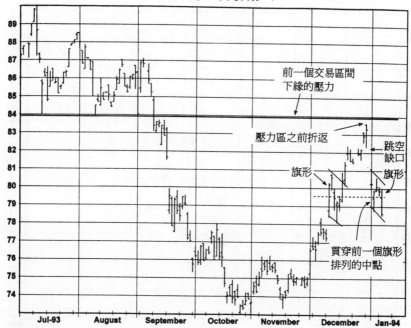

圖 14.37a

1994 年 3 月份銅

圖中標示：
前一個交易區間下緣的壓力
壓力區之前折返
跳空缺口
旗形
旗形
貫穿前一個旗形排列的中點

進場理由

1. 11 月份的反彈走勢在前一個交易區間下緣的壓力線之前折返。

2. 價格向下大幅跳空。

3. 急跌之後出現旗形排列。

4. 價格跌破前一個旗形排列的中點。

你是否同意前述的分析？

翻到下一頁之前，請評估圖中的情況。

439

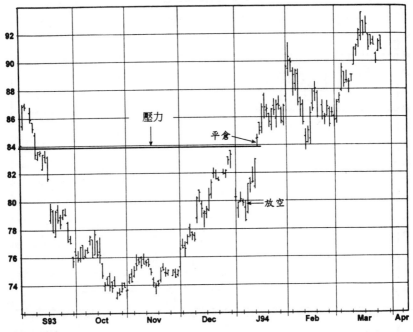

圖 14.37*b*

1994 年 3 月份銅

壓力

平倉

放空

出場理由

價格在一天之內出現至少四個平倉訊號：

1.　前一個向下的跳空缺口被填補。

2.　出現新的向上跳空缺口。

3.　收盤價站上主要壓力線。

4.　收盤價高於前一個相對高點。

評論

　　這筆交易是教科書中的典型放空機會，總共有四個理由支持空頭部位。如果在教科書中，賣出訊號之後應該出現漂亮的跌勢。可是，現實世界並不是如此運作。一筆交易不論看起來多麼合理，它也可能當面給你一記耳光。事實上，這筆交易建立之後就不曾獲利！教訓：不要過於執著某種看法。保持彈性是圖形分析的成功要訣之一。

440

圖 14.38a

1994 年 5 月份銅

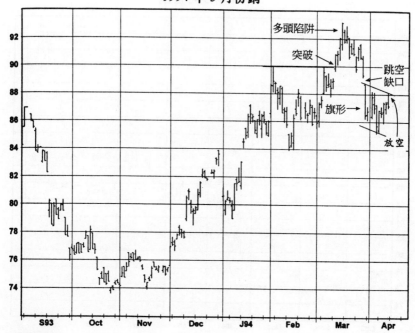

進場理由

1. 多頭陷阱的頭部。

2. 向下的跳空缺口。

3. 下跌之後的旗形排列。

4. 在旗形排列的上緣放空，停損可以設定得很緊密。

你是否同意前述的分析？

翻到下一頁之前，請評估圖中的情況。

441

圖 14.38*b*

1994 年 5 月份銅

出場理由

　　價格向上突破橫向整理區，訊號經過確認。

評論

　　另一筆合理而失敗的交易，並且發生在同一個市場，相隔不過幾個月。現實世界真是坎坷。前述範例的評論完全適用於此。

圖 14.39*a*
1994 年 12 月份銅

進場理由

1. 多頭陷阱的頭部。

2. 接近內部趨勢線的壓力區。

3. 價格下跌之後出現三角形排列，繼續下跌的可能性比較大。

你是否同意前述的分析？

翻到下一頁之前，請評估圖中的情況。

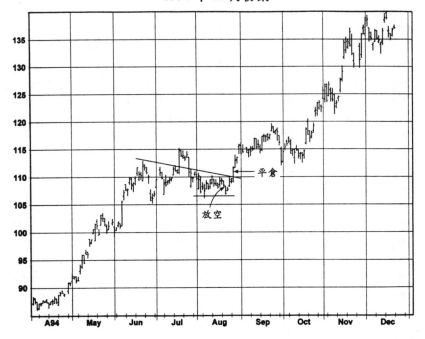

圖 14.39b
1994 年 12 月份銅

出場理由

收盤價遠高於內部趨勢線,產生反向的買進訊號。

評論

無三不成禮! 又是一個相當合理的放空機會,至少也應該有一波短線的下跌行情,但結果還是從一開始就陷入虧損──再一次,相同的市場,相隔幾個月。圖 14.37b 的評論也適用於此。另外,請注意,如果沒有根據行情的演變而立即反應,這三筆交易都會造成一場災難。當然,如果我真的很精明,就應該建立反向的部位。

444

圖 14.40*a*

1995 年 3 月份銅

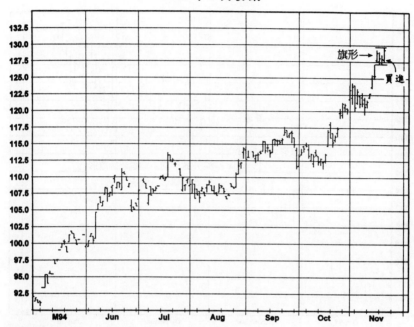

進場理由

　　新高價附近出現旗形整理，至少有一波短線的漲勢。

　　　　　　你是否同意前述的分析？

　　　　翻到下一頁之前，請評估圖中的情況。

圖 14.40*b*
1995 年 3 月份銅

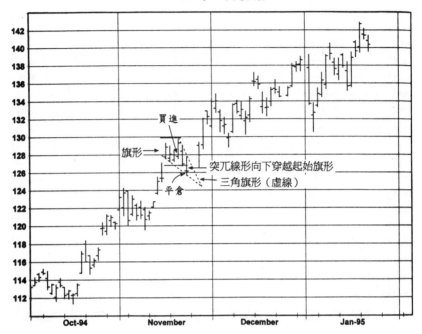

出場理由

旗形排列反向突破。

評論

　　雖然後續的行情發展證明這筆交易相當正確，獲利也應該非常理想，但實際上卻發生虧損。這個不幸的後果是因為我觸犯技術上的錯誤：停損設定得太緊密。旗形與三角旗形在演變過程中經常改變形狀，也經常出現單一的突破線形。因此，停損的設定需要保留合理的空間。就目前的案例來說，它符合前述兩者之中的任何一種情況——換言之，單一的突兀線形向下突破，或改變整理的形狀（由旗形演變為三角旗形）。

446

圖 14.41a

1995 年 7 月份銅

進場理由

1. 反彈走勢在前一個峰位附近拉回，可能形成雙重頂。
2. 向下穿越旗形排列。

你是否同意前述的分析？

翻到下一頁之前，請評估圖中的情況。

圖 14.41*b*

1995 年 7 月份銅

出場理由

大幅突破等腰三角形排列。

評論

雖然這筆交易的結果不符合預期中的發展，但最初的走勢確實向下，部位出現些許的獲利。停止點似乎設定得太寬，但我希望保留較大的周旋空間，因為雙重頂型態意味著相當大的下檔空間（雙重頂發生在長達一年多的漲勢末端）。

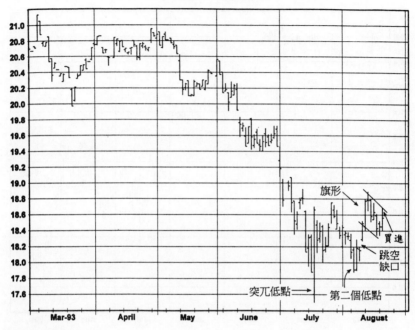

圖 14.42a

1993 年 11 月份原油

旗形
買進
跳空
缺口
突兀低點 ——⟶
第二個低點

進場理由

1. 突兀低點與第二個低點形成雙重底的排列。

2. 反彈之後出現旗形排列,很可能代表價格將繼續向上發展。

3. 向上的跳空缺口。

你是否同意前述的分析?

翻到下一頁之前,請評估圖中的情況。

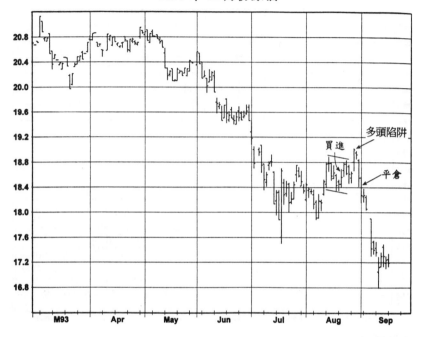

圖 14.42*b*

1993 年 11 月份原油

多頭陷阱

買進

平倉

出場理由

 向上突破之後，價格折返旗形排列的下緣，多頭陷阱獲得確認。

評論

 建立部位之後，必須保持彈性而根據行情的發展——多頭陷阱——進行調整。這種態度使得判斷嚴重錯誤的交易僅發生些許的損失。

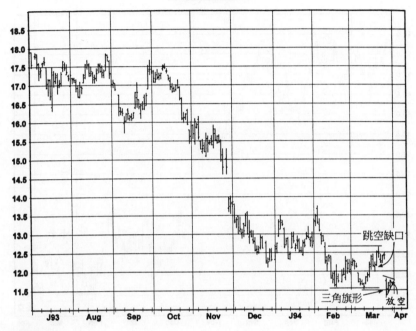

圖 14.43a
原油連續期貨

進場理由

1. 交易區間的下緣附近出現三角旗形的整理，價格很可能繼續下跌。

2. 三角旗形發生之前，價格向下跳空

你是否同意前述的分析？

翻到下一頁之前，請評估圖中的情況。

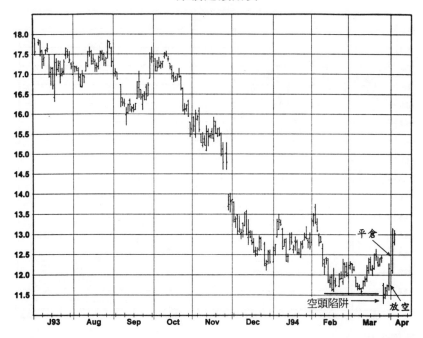

圖 14.43*b*

原油連續期貨

出場理由

　　價格反彈而穿越交易區間的上緣，使得三角旗形的低點看起來像是空頭陷阱。

評論

　　參閱下一筆交易。

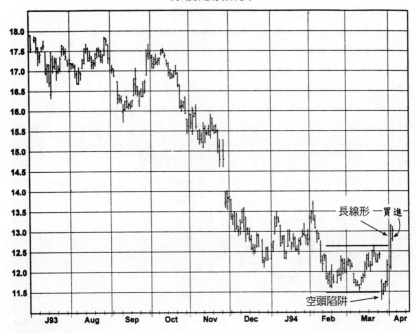

圖 14.44a

原油連續期貨

進場理由

1. 空頭陷阱。

2. 長期跌勢的低點附近出現長線形。

這筆交易是建立於前一筆交易停損出場的隔天。

你是否同意前述的分析?

翻到下一頁之前,請評估圖中的情況。

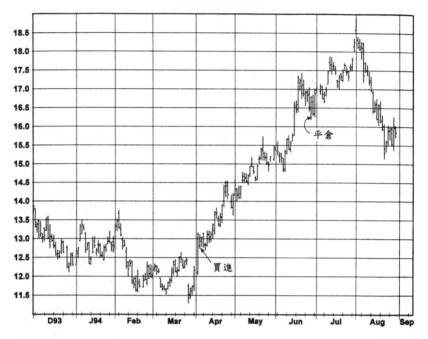

圖 14.44*b*

原油連續期貨

出場理由

　　觸發追蹤性停止單而獲利了結。當時採用相對緊密的停止價位，主要是爲了保護相當可觀的未實現獲利。

評論

　　這筆交易是根據前一筆交易的失敗訊號而建立。當我們發現自己在市場底部建立空頭部位（參考圖 14.43*a*），斷然承認錯誤而反轉部位（不僅僅是平倉而已），這種彈性態度使交易得以轉虧爲盈。這個例子可以凸顯一個非常重要的概念：果斷回應持續變動的行情發展，這種能力的重要性遠超過預測行情的技巧。（請注意，此處是採用連續期貨走勢圖，因爲這個部位經過數度的展延。）

454

圖 14.45a

1995 年 6 月份原油

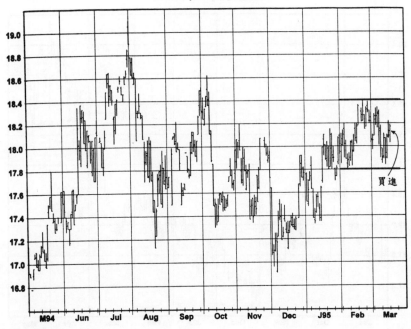

進場理由

　　寬廣交易區間的上緣出現狹幅整理，顯示價格將向上突破。

　　　　　　你是否同意前述的分析？

　　　　翻到下一頁之前，請評估圖中的情況。

圖 14.45b
1995 年 6 月份原油

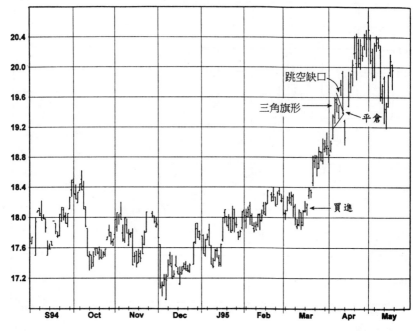

跳空缺口

三角旗形

平倉

買進

出場理由

三角旗形上側的跳空缺口被填補,顯示趨勢可能反轉。

評論

在寬廣交易區間的邊緣形成狹幅的橫向整理,往往代表價格將朝該邊緣方向突破。

圖 14.46*a*

1993 年 10 月份熱燃油

進場理由

1. 多頭陷阱。

2. 價格由多頭陷阱拉回之後，出現三角旗形的整理。

你是否同意前述的分析？

翻到下一頁之前，請評估圖中的情況。

457

圖 14.46*b*
1993 年 10 月份熱燃油

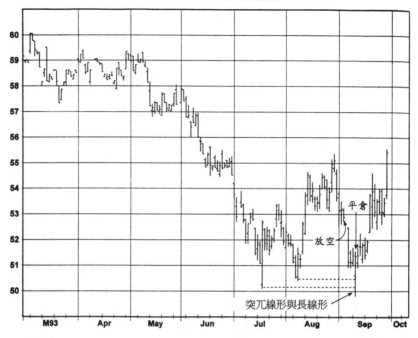

出場理由

　　盤中價格向下貫穿 7 月份與 8 月份的低點,但收盤價強勁回升,留下一個突兀低點(也是長線形反轉訊號)。

評論

　　突兀低點(或高點)的收盤價位在反向端點附近,這可能代表趨勢反轉。

圖 14.47*a*

1994 年 9 月份無鉛汽油

進場理由

1. 上升趨勢中出現旗形整理，隨後的走勢可能繼續向上發展。

2. 在旗形排列的下緣建立多頭部位，停損點相對緊密。

你是否同意前述的分析？

翻到下一頁之前，請評估圖中的情況。

圖 14.47b
1994 年 9 月份無鉛汽油

出場理由

　　完成主要的衡量目標價位之後，價格反向突破旗形排列。

評論

　　旗形排列的反向突破，往往代表相當接近主要轉折點的理想平倉（或反轉）訊號──尤其是當失敗訊號出現於主要衡量目標價位完成之後。

圖 14.48*a*

1994 年 12 月份無鉛汽油

進場理由

1. 空頭陷阱。

2. 向上突破內部趨勢線的壓力區。

3. 漲勢中出現旗形排列。

你是否同意前述的分析?

翻到下一頁之前,請評估圖中的情況。

圖 14.48*b*

1994 年 12 月份無鉛汽油

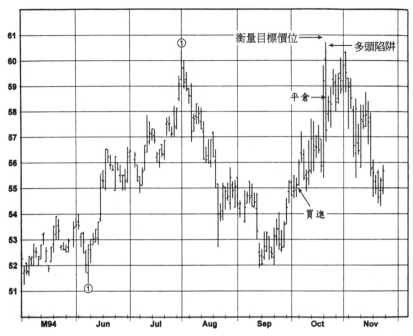

出場理由

完成上檔衡量的目標價位之後，價格一度穿越先前的峰位，但立即大幅拉回，可能形成多頭陷阱。

評論

某些情況下，可能同時出現數個訊號。舉例來說，在價格創峰位的當天（部位也在同一天平倉），呈現下列的空頭訊號：

1. 高價接近主要衡量目標價位；
2. 突兀高點；
3. 多頭陷阱；
4. 向下長線形。

數個相同性質的徵兆，通常可以提高訊號的可靠性。

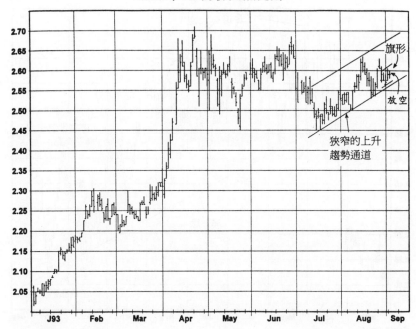

圖 14.49a
1993 年 12 月份天然瓦斯

進場理由

1. 價格似乎在形成頭部。目前的交易區間應該是頭部,而不是上升趨勢之前的整理,原因有幾點:

   a. 交易區間形成之前,價格曾經出現數波段的漲勢;

   b. 交易區間的涵蓋期間很長(建議當時已經超過五個月);

   c. 交易區間很寬,這是頭部的現象而不是整理。

2. 上升趨勢通道太窄,這是空頭的徵兆,價格應該向下突破;

3. 上升趨勢通道的下緣出現旗形排列,價格可能即將向下突破。

你是否同意前述的分析?

翻到下一頁之前,請評估圖中的情況。

463

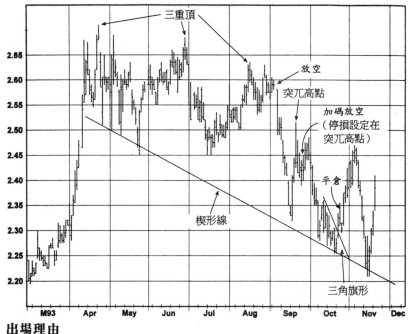

圖 14.49*b*

1993 年 12 月份天然瓦斯

出場理由

1. 價格始終挺在楔形線的上緣，必須留意反彈，採用相對緊密的停損。

2. 價格反彈突破三角旗形的上緣，短線走勢轉強。

評論

請注意，空頭部位曾經加碼，理由如下：

1. 似乎形成三重頂的排列。

2. 突兀高點代表反彈失敗，加碼部位可以採用緊密的停損。

加碼可以有效提昇獲利。可是，加碼部位必須能夠在技術關鍵價位設定緊密的停損，例如：這個例子的突兀高點。

這筆交易還有另一個啓示，價格始終守住楔形線，很可能突然發生反彈，所以應該調緊停損。雖然價格最後還是再創新低，但在楔形線的反彈過程中立即斷然出場還是正確的決定，因爲反彈走勢的強勁程度畢竟會觸發較高的停止價位。另外，我們隨後在更高的價位重新進場建立空頭部位。

464

圖 14.50a

1994 年 3 月份天然瓦斯

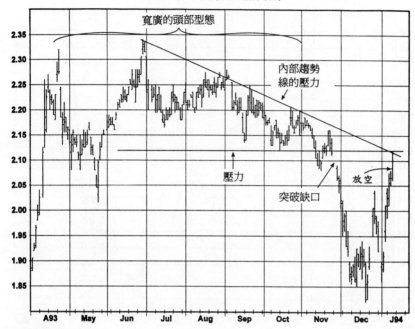

進場理由

在漲勢中放空，因為：

1. 寬廣的頭部排列相當明顯。
2. 價格接近內部趨勢線的壓力區、三角形的下緣與跳空缺口的上端。

你是否同意前述的分析？

翻到下一頁之前，請評估圖中的情況。

圖 14.50b

1994 年 3 月份天然瓦斯

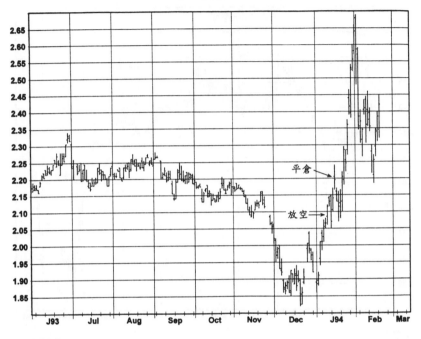

出場理由

　　價格突破前述幾個壓力，顯示這可能是新的多頭行情，而不是空頭市場中的反彈。

評論

　　價格顯著向上穿越寬廣頭部排列的下緣，這個排列不太可能繼續有效。（寬廣的頭部是指長期的交易區間，價格最後向下突破。）

圖 14.51a
1994 年 9 月份天然瓦斯

進場理由

　　長期而寬廣的交易區間上緣出現旗形排列，價格可能隨時向上突破。

你是否同意前述的分析？

翻到下一頁之前，請評估圖中的情況。

467

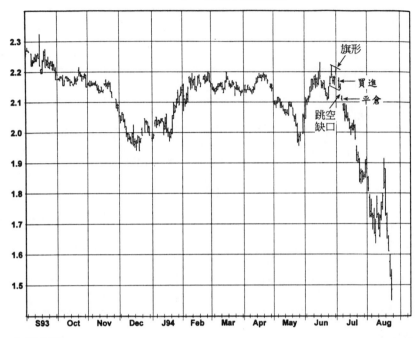

圖 14.51*b*
1994 年 9 月份天然瓦斯

出場理由

　　價格以跳空缺口的方式反向突破旗形排列，建立部位的動機已經不存在。

評論

　　一旦行情的發展違背部位當初建立的動機，應該立即認賠出場，這個例子可以說明這種觀念的重要性。請注意，多頭部位雖然建立在一波重大跌勢的開端，但我們還是能夠輕傷退場。如果不嚴格遵守前述的規範，這筆交易將是一場天大的災難。

　　表面上看起來，建立這筆交易是一個嚴重的錯誤，但我還是認為這是一筆「好交易」，即使由事後的角度來說也是如此：交易是建立在長期以來相當可靠的型態上，一旦發現錯誤，立即認賠。

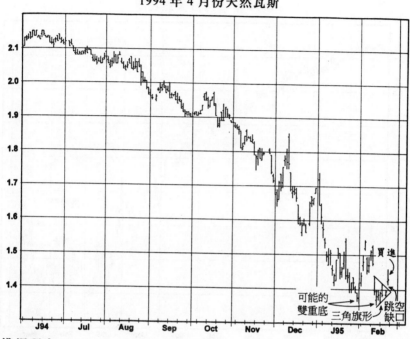

圖 14.52a

1994 年 4 月份天然瓦斯

進場理由

1. 當時處在多年來交易區間（沒有顯示）的下緣附近，應該注意向上反轉的徵兆。

2. 價格透過向上跳空的方式，反向突破三角旗形排列，這是潛在雙重底排列的第一個確認訊號。

3. 雖然沒有充分的證據顯示雙重底已經完成，但在此建立多頭部位的風險很低，因爲起始停損非常緊密。（起始停損可以設定在三角旗形的下側不遠處。）

你是否同意前述的分析？

翻到下一頁之前，請評估圖中的情況。

469

圖 14.52b
1994 年 4 月份天然瓦斯

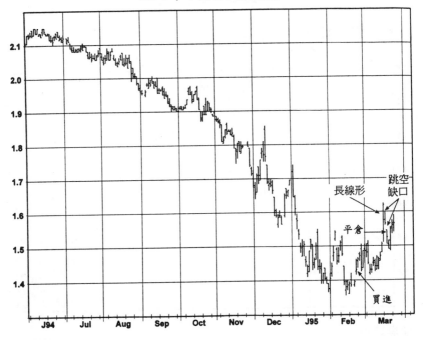

出場理由

連續兩天的下跌走勢幾乎勾消前一支長線形的漲勢，中間還夾著向下的跳空缺口，意味著長線形的訊號失敗。

評論

部位的建立往往不需等待某個底部或頭部型態完全得到確認。就目前這個例子來說，只要市場接近長期的支撐區，而且可以採用風險很低的停損，就可以根據反轉型態提早建立部位。

圖 14.53a

1993 年 12 月份玉米

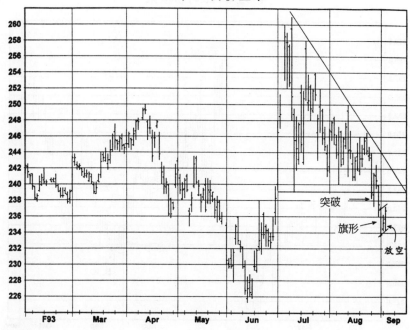

進場理由

1. 向下突破一個巨大的下降三角形。

2. 三角形突破之後立即出現旗形整理，很可能繼續向下突破。

你是否同意前述的分析？

翻到下一頁之前，請評估圖中的情況。

圖 14.53b

1993 年 12 月份玉米

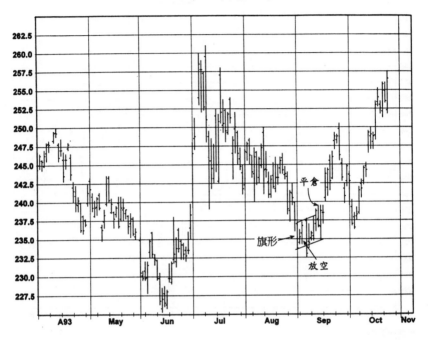

出場理由

反向突破旗形排列。

評論

一旦發現進場的動機錯誤，立即認賠出場，如此可以將損失降低到最小的程度。

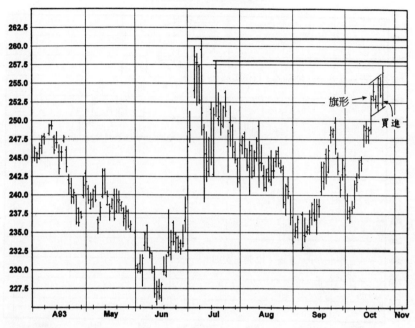

圖 14.54a

1993 年 12 月份玉米

進場理由

　　在寬廣的交易區間上緣出現旗形排列,價格可能隨時向上突破。

你是否同意前述的分析?

翻到下一頁之前,請評估圖中的情況。

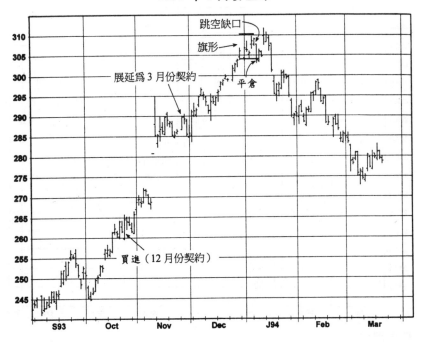

圖 14.54*b*

1993 年 3 月份玉米

跳空缺口

旗形

展延爲 3 月份契約

平倉

買進（12 月份契約）

出場理由

經過一段幾乎沒有停頓的飆漲走勢，價格面臨最近期貨週線圖上（沒有顯示）的 1990 年高價區，只要稍有反轉的徵兆，立即獲利了結。價格向下跳空，收盤價稍微貫穿當時的旗形排列。

評論

類似的訊號——寬廣交易區間的邊緣發生旗形排列——在先前的案例中造成很多虧損的交易。可是，一筆成功交易的獲利就足以彌補多筆失敗交易的損失。

圖 14.55a

1994 年 5 月份玉米

進場理由

1. 明顯跌破頭肩頂型態。
2. 突破之後出現旗形排列，價格可能進一步下跌。

你是否同意前述的分析？

翻到下一頁之前，請評估圖中的情況。

475

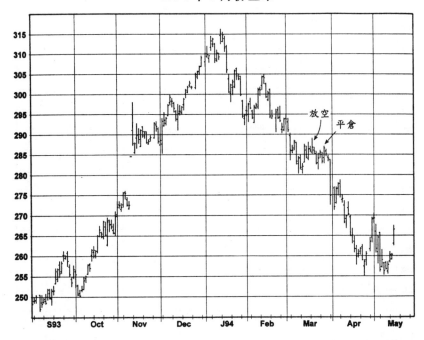

圖 14.55b

1994 年 5 月份玉米

出場理由

　　進場之後不久，將停止點調降到損益兩平位置的稍下側。

評論

　　價格觸發停止點之後（圖形中的平倉位置），立即展開崩跌的走勢。某些交易者遇到這種情況，可能會詛咒自己的運氣（或場內交易員）。**事實**上，這個結果與運氣沒有關連，而是因為交易中犯錯。簡而言之，停損調整得太緊密。我們先前也遇到許多類似的例子，防護性停止價位不應該設定在最近技術性關鍵價位的內側。我們把停止點調降到當時整理區間的中央，顯然完全沒有技術上的意義。更甚者，如果我們採用真正的損益兩平點而不貪蠅頭小利，停止點也不至於被觸發。由於不願意承擔風險，即將到手的大魚就溜走了。教訓：如果不願意虧損，就不可能獲利。

圖 14.56a

1995 年 3 月份玉米

進場理由

1. 長期走勢圖（此處沒有顯示）意味著底部可能即將完成。
   詳細來說，11 月份的低點是位在最近期貨走勢圖主要低點
   的密集交易區（先前九年的五個主要低點位在 212~222 之
   間），也位在連續期貨走勢圖的 1993 年低點的支撐區。

2. 突兀線形向下突破近五個月的交易區間，但立即重返交易
   區間，這代表典型的空頭陷阱。

3. 上升走勢中出現旗形排列，下一波走勢可能繼續向上發展。

你是否同意前述的分析？

翻到下一頁之前，請評估圖中的情況。

圖 14.56b

1995 年 7 月份玉米

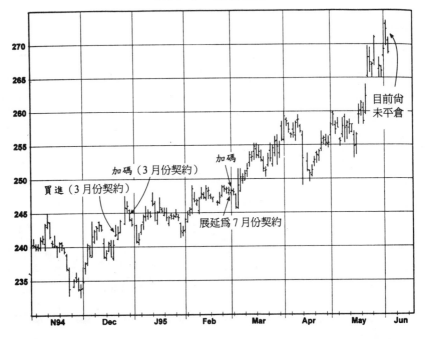

買進（3 月份契約）
加碼（3 月份契約）
加碼
展延爲 7 月份契約
目前尙未平倉

出場理由

撰寫本文時，部位還沒有平倉。

評論

長期走勢圖主要支撐區的空頭陷阱，經常是重大反轉的訊號。空頭陷阱維持得愈久，主要反轉訊號愈可靠。

一旦出現主要的交易機會（例如目前這個例子），務必充分掌握。偶爾的一支全壘打，是交易成功的重要因子之一。部位加碼的**關鍵考量**是停損，停損的位置必須相對緊密，而且具有技術上的**意義**。

圖 14.57a

1993 年 12 月份小麥

圖中標示：旗形、買進、突兀線形、內部趨勢線

進場理由

1. 價格守住內部趨勢線的支撐水準。

2. 突兀低點。

3. 價格彈升之後出現旗形整理。

你是否同意前述的分析？

翻到下一頁之前，請評估圖中的情況。

479

圖 14.57b

1993 年 12 月份小麥

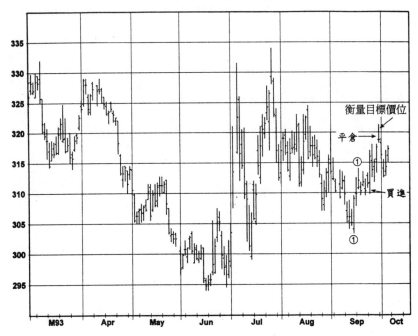

出場理由

完成上檔衡量的目標價位。

評論

如果部位是結束於獲利目標（不是反向的價格走勢），應該考慮在適當的情況下重新進場（參考下一筆交易）。

圖 14.58*a*

1993 年 12 月份小麥

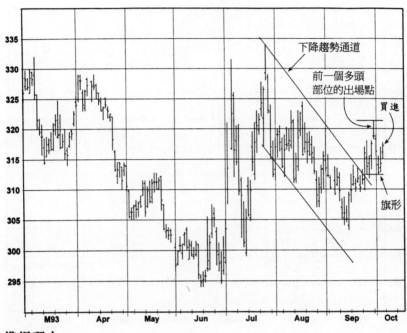

進場理由

　　向上突破趨勢通道之後，價格出現旗形排列，可能繼續向上發展。

你是否同意前述的分析？

翻到下一頁之前，請評估圖中的情況。

圖 14.58b
1993 年 12 月份小麥

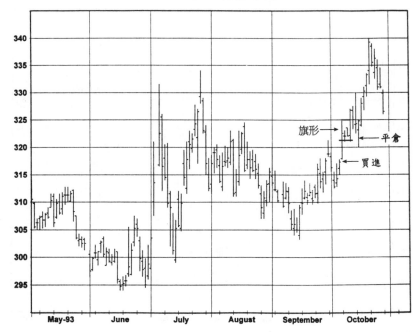

出場理由

　　價格拉回而跌破最近旗形排列的下緣，這是短期的失敗訊號。

評論

　　雖然這筆交易還是獲利，但在第一個短線反轉的訊號出場，使我們錯失一大段行情。在最近的關鍵性價位設定停止點，這是「一得一失」的決策：某些情況下，這可以提供及時的出場訊號；在另一些情況下，這會造成理想的交易過早結束（目前的例子就是如此）。這種設定停止價位的方式沒有必然的「對」或「錯」；基本上是反映個人的偏好與抉擇。或許我們可以採用一種折衷的辦法，部位建立最初的兩個星期之內，不要基於損益兩平而設定停止點。根據這個辦法，前述的交易就不會過早出場。

圖 14.59*a*

1993 年 12 月份小麥

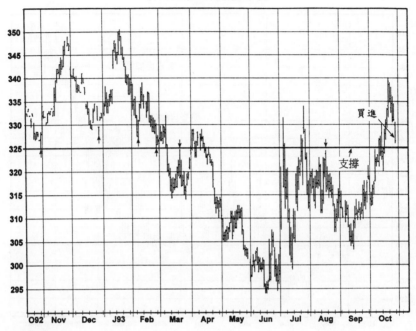

進場理由

　　先前的相對高點與相對低點密集區形成支撐（圖形中的直線），
多頭部位建立於此附近。

你是否同意前述的分析？

翻到下一頁之前，請評估圖中的情況。

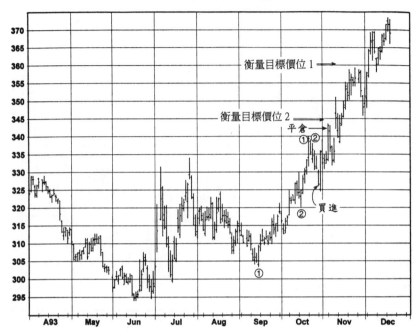

圖 14.59b

1993 年 12 月份小麥

出場理由

價格接近上檔衡量的目標價位。

評論

雖然這筆交易幾乎完全按照計劃發展——在修正低點買進，在短線高點的稍下方賣出——但沒有掌握延續性漲勢的潛在獲利。請注意，隨後的漲勢完成①~①衡量的目標價位。

圖 14.60a

1994 年 5 月份小麥

進場理由

1. 可能的雙重頂排列。

2. 下跌之後出現旗形排列。

你是否同意前述的分析？

翻到下一頁之前，請評估圖中的情況。

圖 14.60*b*
1994 年 5 月份小麥

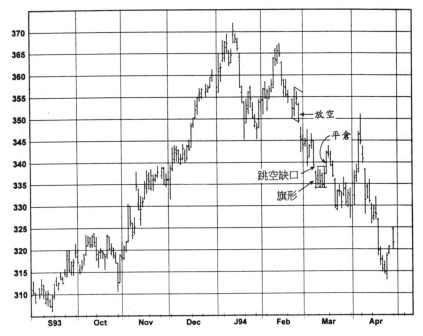

放空

平倉

跳空缺口

旗形

出場理由

旗形排列逆勢向上突破。

評論

請注意，行情最後還是大幅下挫；可是，如果我們採用**更寬的停損**，4 月份可能在更差的價位出場。在主要走勢中採用較寬的**停止價位**，這雖然是不錯的概念，但某些市場相當「滑溜」，如此設定停止價位，僅會造成更差的出場點。

486

圖 14.61*a*

1993 年 11 月份黃豆

進場理由

1. 主要的突兀高點與多頭陷阱，意味著長期的跌勢。

2. 相對寬廣的交易區間下緣出現旗形排列，下一波走勢可能繼續向下發展。

你是否同意前述的分析？

翻到下一頁之前，請評估圖中的情況。

圖 14.61*b*
1993 年 11 月份黃豆

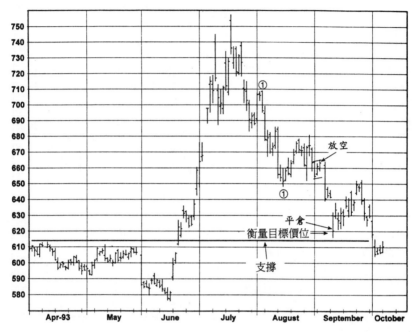

出場理由

價格接近先前交易區間的高點支撐，完成下檔衡量目標價位，
獲利了結。

評論

如果行情出現一段延伸性的走勢而接近主要支撐（或壓力），即
使沒有任何反轉的跡象，提早獲利了結也是一種合理的策略。縱使
價格最後繼續朝部位的方向發展，至少也應該會出現暫時的修正，
若是如此，部位很可能在相對不利的價位出場。以目前的例子來說，
雖然價格最後繼續下跌而低於我們的出場點；可是，如果沒有獲利
了結，部位很可能在 9 月份的反彈過程中出場。另外，獲利了結之
後，如果條件適合，還是可以再度進場（參考下一筆交易）。

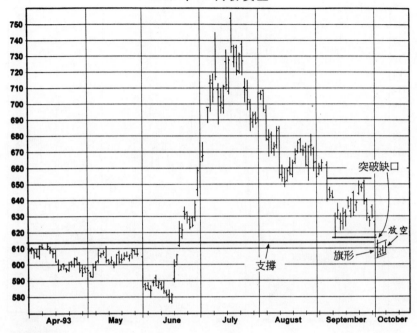

圖 14.62a

1993 年 11 月份黃豆

進場理由

1. 向下的突破缺口。

2. 旗形排列出現在交易區間與長期支撐的下側，很可能繼續
   向下發展。

你是否同意前述的分析？

翻到下一頁之前，請評估圖中的情況。

圖 14.62b
1993 年 11 月份黃豆

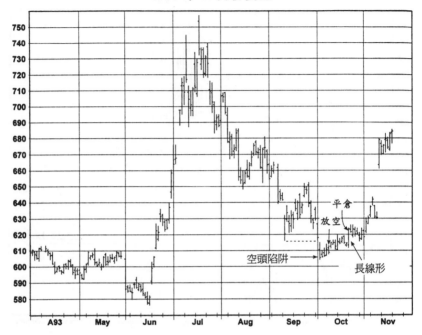

出場理由

1. 隨後幾個星期之內，始終沒有發生跟進的跌勢，當時很可能處在多頭陷阱的反轉型態中。

2. 底部附近發生強勁的長線形，走勢轉強的徵兆。

評論

　　這筆交易看起來非常穩當，價格至少會出現短線的跌勢。可是，進場之後僅有一天收低，然後開始穩定攀升。教訓：沒有絕對的交易，不論型態看起來多麼偏空或偏多。因此，只要行情沒有按照預期發展，必須斷然認賠。這種態度使這筆建立在低點附近的空頭部位沒有發生重大的損失。

490

圖 14.63a

1994 年 5 月份黃豆

進場理由

1. 明顯的空頭陷阱。
2. 上升走勢中出現旗形排列。

你是否同意前述的分析？

翻到下一頁之前，請評估圖中的情況。

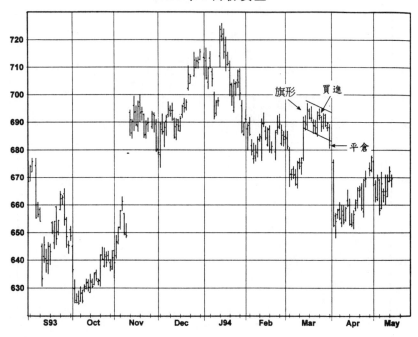

圖 14.63b

1994 年 5 月份黃豆

旗形　買進

平倉

出場理由

旗形反向突破。

評論

即使由事後的角度來說，我們也很難挑剔這筆交易的進場理由——型態明顯偏多。由這個與其他的例子顯示，圖形分析的交易是一場機率的遊戲，目標是讓平均損失遠低於平均獲利。可是，絕大部分的交易——不論看起來多麼合理而穩當——都會發生損失。就這筆交易來說，一旦察覺情況不對，斷然認賠可以侷限損失。

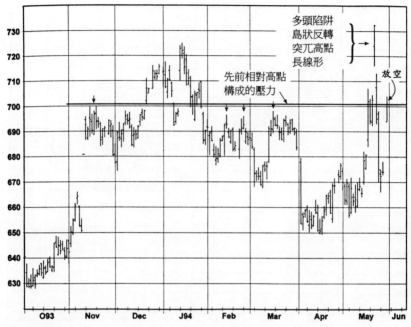

圖 14.64a
1994 年 7 月份黃豆

多頭陷阱
島狀反轉
突兀高點
長線形

先前相對高點
構成的壓力

放空

進場理由

1. 價格向上反彈到先前相對高點密集構成的壓力區（圖形中標示為向下的箭頭）。

2. 明顯的峰位，理由如下：

   a. 多頭陷阱

   b. 島狀反轉

   c. 突兀高點

   d. 長線形

請注意，前述的四種空頭徵兆發生在同一天之內。（當然，根據島狀反轉的定義，型態還涉及先前與隨後的發展。）

你是否同意前述的分析？

翻到下一頁之前，請評估圖中的情況。

493

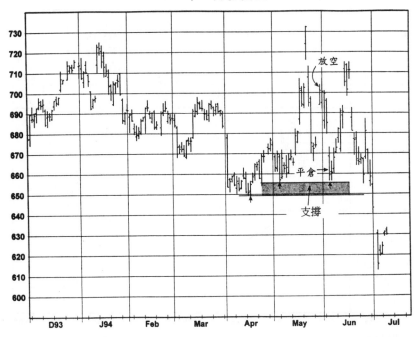

圖 14.64*b*

1994 年 7 月份黃豆

出場理由

價格下跌到先前相對低點密集構成的支撐區（圖形中標示爲向上的箭頭）。

評論

一般來說，獲利的部位應該聽任發展，直到某些反轉的徵兆出現爲止，但下列情況是例外：

1. 價格迅速而明確地朝預期方向發展；
2. 進入主要支撐區（或多頭部位的壓力區）。

如果行情的發展符合前述兩個條件，很可能突然折返；即使整個趨勢最後還是繼續發展，但修正走勢的幅度經常讓部位在很差的價位出場（觸發保護性的停止點）。

494

圖 14.65*a*

1995 年 5 月份黃豆

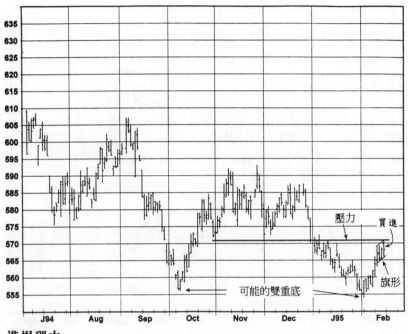

進場理由

1. 可能的雙重底。

2. 經過旗形整理之後,價格沒有順勢繼續下跌,向上反彈而出現另一個旗形,很可能向上突破壓力。

你是否同意前述的分析?

翻到下一頁之前,請評估圖中的情況。

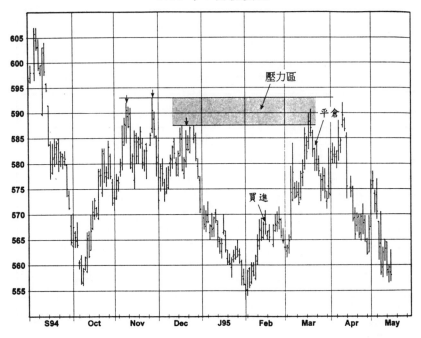

圖 14.65*b*

1995 年 5 月份黃豆

出場理由

　　價格接近先前相對高點構成的主要壓力區（圖形中標示爲向下的箭頭），調緊停止點。

評論

　　這筆交易的出場方式很類似前一筆交易，差異僅在於調緊停止點而不是主動平倉。這兩種方法沒有絕對的優／劣差別。調緊停止點或許可以掌握進一步的延伸走勢，但也可能在比較差的價位出場。

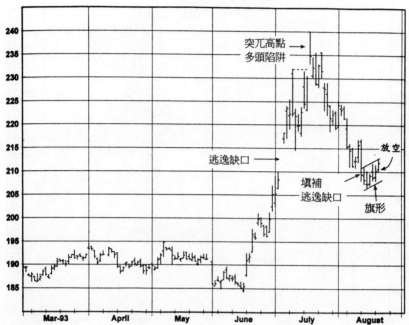

圖 14.66a

1993 年 12 月份黃豆餅

進場理由

1. 突兀高點與多頭陷阱可能構成主要的峰位。

2. 下跌走勢填補先前的向上逃逸缺口。

3. 下跌走勢中出現旗形排列。

你是否同意前述的分析?

翻到下一頁之前,請評估圖中的情況。

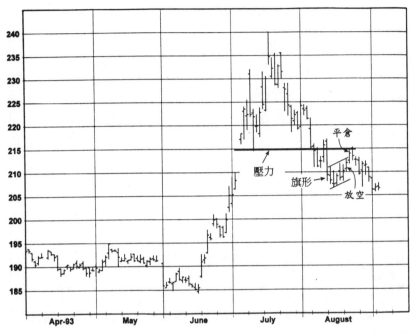

圖 14.66b

1993 年 12 月份黃豆餅

出場理由

旗形排列逆向突破。

評論

停損設得太近，雖然在旗形排列的上側，但在前一個頭部構成的主要壓力線下側。合理的停損至少應該設定在壓力線的稍上方。教訓：停損設得太近，很可能增加風險而不是降低風險。

498

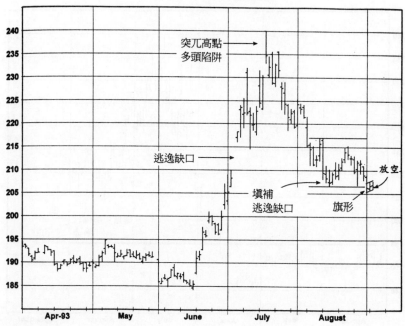

圖 14.67*a*

1993 年 12 月份黃豆餅

進場理由

1. 突兀高點與多頭陷阱可能構成主要的峰位。

2. 下跌走勢填補先前的向上逃逸缺口。

3. 交易區間下緣出現旗形排列。

你是否同意前述的分析？

翻到下一頁之前，請評估圖中的情況。

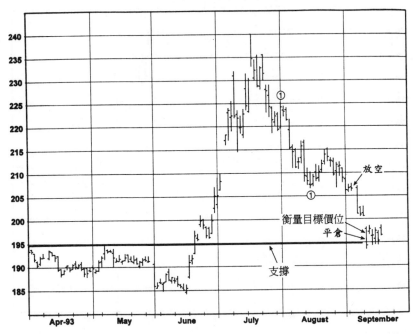

圖 14.67*b*

1993 年 12 月份黃豆餅

出場理由

完成衡量目標價位，價格接近主要支撐區。

評論

　　這筆交易看起來很熟悉，是嗎？這是建立於前一筆交易平倉的兩個星期之內。請注意，前一筆交易的出場顯然是錯誤，所以我們重新進場。教訓：如果行情的發展顯示先前的平倉是錯誤的決策，即使必須採用較差的價位，也應該重新進場。當然，這類的建議很容易提出，但執行上很困難。雖然目前的例子辦到這點，但我必須承認一點，面對這種情況，我通常沒有那麼睿智。

圖 14.68a

1993 年 12 月份黃豆餅

進場理由

1. 下降走勢中出現旗形排列。
2. 向下的跳空缺口。

你是否同意前述的分析?

翻到下一頁之前,請評估圖中的情況。

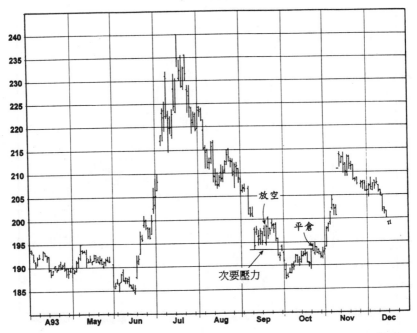

圖 14.68*b*
1993 年 12 月份黃豆餅

出場理由

　　價格向上穿越壓力線：9 月份整理區的下緣與低點反彈走勢的相對高點。

評論

　　這仍然是先前交易的延伸，建立於前一筆交易平倉的一個星期之後。（請比較圖 14.67*b* 與 14.68*a*。）前一筆交易之所以平倉，當時是因為價格接近主要的支撐區，而且衡量目標價位已經完成，很可能出現短暫的反彈行情。可是，當我們發現價格並沒有反彈而進入另一個旗形整理，走勢很可能繼續向下發展，於是再度進場建立空頭部位。另外，當時的旗形整理允許我們採用緊密的停損。

502

圖 14.69a

1994 年 7 月份黃豆餅

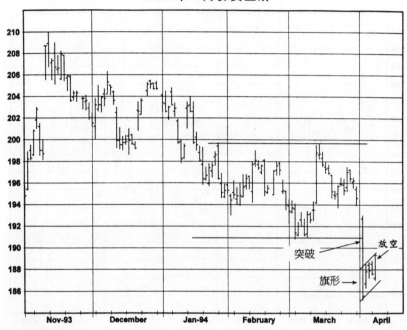

進場理由

　　價格向下突破寬廣的交易區間，立即出現旗形排列，強烈的空頭徵兆。

你是否同意前述的分析？

翻到下一頁之前，請評估圖中的情況。

圖 14.69*b*

1994 年 7 月份黃豆餅

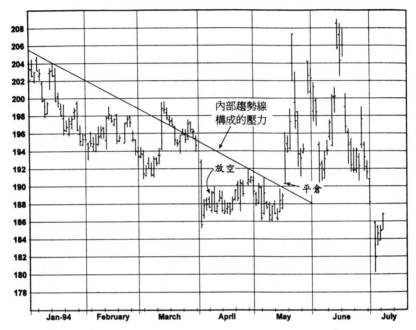

出場理由

1. 旗形排列演變為橫向的交易區間，違背進場的主要理由。
2. 向上突破內部趨勢線，可能向上反轉。

評論

不論圖形排列多麼可靠，後續的發展可能顯示部位應該及時平倉，藉以避免重大的損失。

圖 14.70a

1994 年 12 月份黃豆油

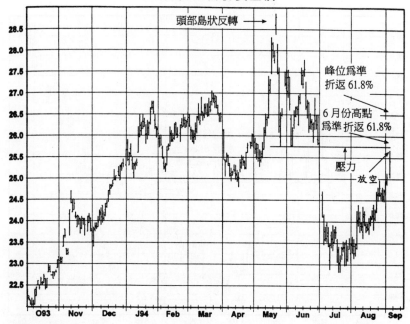

進場理由

1. 頭部的島狀反轉。

2. 相對於 6 月份高點到 7 月份谷底的跌幅,價格反彈 61.8%;
   而且,相對於 5 月份峰位與 7 月份谷底之間跌幅,折返的
   幅度也接近 61.8%。另外,當時處在 5 月份與 6 月份交易
   區間下緣的壓力區,價格很可能拉回打底。

你是否同意前述的分析?

翻到下一頁之前,請評估圖中的情況。

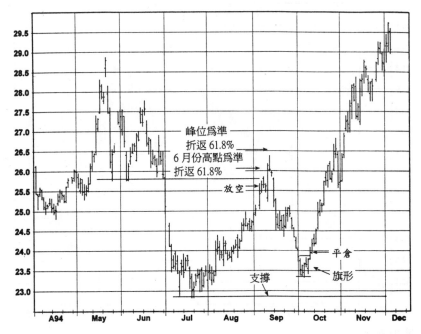

圖 14.70*b*
1994 年 12 月份黃豆油

出場理由

1. 接近支撐區，調緊停止點。
2. 反向突破旗形排列，向上反轉的訊號。

評論

　　部位建立之初，雖然價格一度穿越壓力線，但進場的理由基本上仍然有效。起始停損是設定在兩個折返 61.8%的較高者。這個例子說明一個觀念，如果一筆交易相當有把握，起始停損不應該設得太緊。

506

圖 14.71a

1994 年 12 月份燕麥

進場理由

上升通道的下緣出現旗形排列，可能向下突破。

你是否同意前述的分析？

翻到下一頁之前，請評估圖中的情況。

圖 14.71*b*

1994 年 12 月份燕麥

出場理由

完成主要的衡量目標價位，停止價位調得非常緊密。

評論

如果價格快速到達主要的目標價位，通常應該主動獲利了結，或將停止價位調得非常緊密，因爲走勢短期內繼續延伸的可能性遠低於暫時性的折返。

508

圖 14.72*a*

1995 年 6 月份活豬

進場理由

　　交易區間的上緣出現旗形排列，可能向上突破。

你是否同意前述的分析？

翻到下一頁之前，請評估圖中的情況。

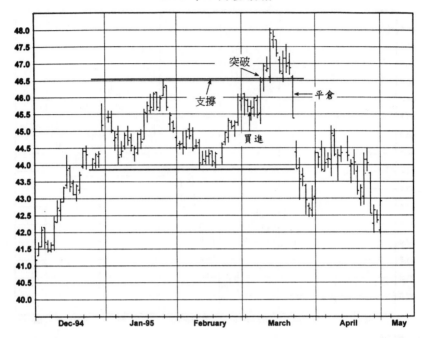

圖 14.72*b*

1995 年 6 月份活豬

出場理由

價格向上突破交易區間，經過一段整理之後，又向下突破，先前的向上突破可能是假突破。

評論

就行情的最後發展而言，進場的圖形判斷顯然錯誤，但正確預測短線的價格擺動，所以這筆交易還是獲利。

圖 14.73a

1994 年 5 月份糖

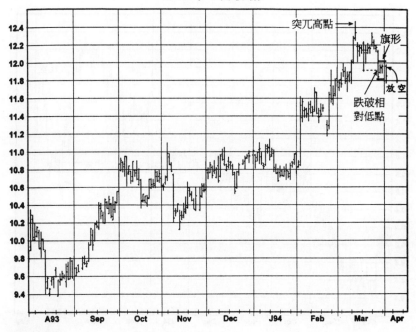

進場理由

1. 突兀高點。

2. 跌破相對低點。

3. 下降走勢中出現旗形排列，價格可能繼續朝下發展。

你是否同意前述的分析？

翻到下一頁之前，請評估圖中的情況。

圖 14.73*b*

1994 年 5 月份糖

出場理由

1. 價格朝預期方向快速而大幅的發展，調緊停止點。

2. 向下長線形的收盤價非常疲軟，但隨後沒有發生跟進的跌勢，反而向上彈升，這是向上反轉的警訊。

評論

　　這筆交易說明如何利用短期的排列拿捏進場與出場的位置；如果採用順勢交易的方法，這類大幅擺盪的走勢將造成嚴重的虧損。

512

圖 14.74a
1995 年 7 月份糖

進場理由

1. 楔形頂意味著一段相當長的空頭走勢。
2. 在寬廣的交易區間下緣形成狹幅整理，很可能向下突破。

你是否同意前述的分析？

翻到下一頁之前，請評估圖中的情況。

圖 14.74*b*

1995 年 7 月份糖

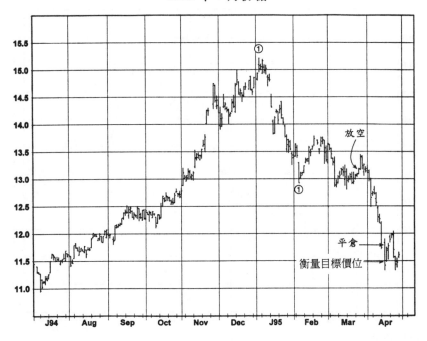

出場理由

完成下檔衡量的目標價位,調緊停止點。

評論

　　最初建立部位的時候,最好不要採用過於緊密的停損。就這筆交易來說,如果我們緊貼著狹幅整理區的上緣設定停損,結果將是小賠而不是隨後立即發生的重大獲利。原則上來說,唯有當部位建立一、兩個星期之後,或當行情朝預期方向發展之後,才需要調緊停止點。在這筆交易中,當價格還沒有向下突破之前,我沒有將停止點移到狹幅整理區的上緣。

圖 14.75a

1993 年 12 月份咖啡

進場理由

1. 兩支突兀線形看起來好像是多頭走勢中的兩個相對低點。

2. 寬廣的交易區間上緣出現旗形排列，價格很可能向上突破。

你是否同意前述的分析？

翻到下一頁之前，請評估圖中的情況。

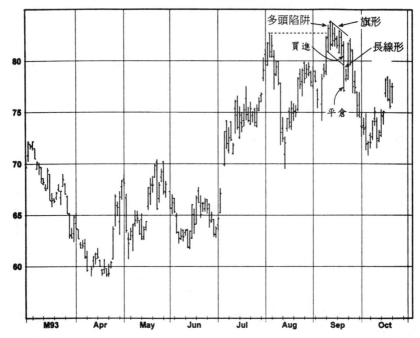

圖 14.75b

1993 年 12 月份咖啡

出場理由

1. 反向突破旗形排列。

2. 向下長線形。

3. 旗形的上端似乎構成多頭陷阱。

評論

　　如果技術面發生重大的變化,甚至應該在進場的同一天出場──例如目前的這筆交易。順便提及一點,目前的評論與前一筆交易的評論並不矛盾。在這個例子中,線形的演變已經讓多頭的架構轉變為空頭。(在前一筆交易中,短線的價格行為僅是降低空頭的氣勢。)另外,這筆交易的停損並沒有設定得很近,雖然還是在進場的同一天出場。

516

圖 14.76*a*

1994 年 7 月份咖啡

進場理由

1. 急漲走勢末端出現極端的突兀高點。

2. 價格拉回之後出現旗形排列，很可能向下突破。

你是否同意前述的分析？

翻到下一頁之前，請評估圖中的情況。

圖 14.76*b*

1994 年 7 月份咖啡

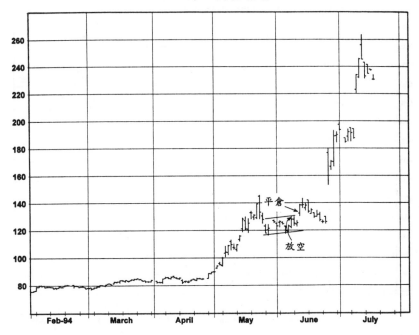

出場理由

旗形排列反向突破。

評論

某些情況下，主要的峰位可能僅是次要的高點。教訓：如果不
嚴格遵守停損的規範，交易生涯將很短暫。

圖 14.77*a*

1993 年 12 月份可可

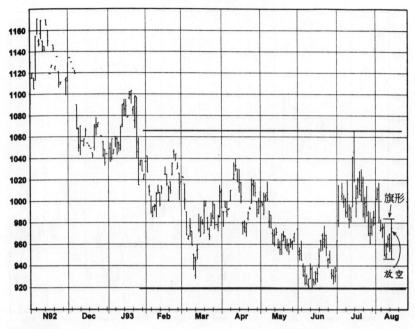

進場理由

　　寬廣的交易區間下緣出現旗形排列，價格可能向下突破。

你是否同意前述的分析？

翻到下一頁之前，請評估圖中的情況。

圖 14.77*b*
1993 年 12 月份可可

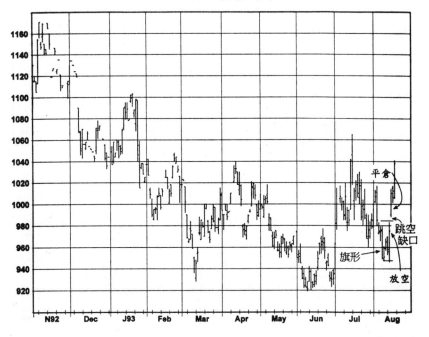

出場理由

透過跳空缺口反向突破旗形排列。

評論

如果行情沒有按照預期發展，往往應該投靠另一邊（參考下一筆交易）。

520

圖 14.78a

1993 年 12 月份可可

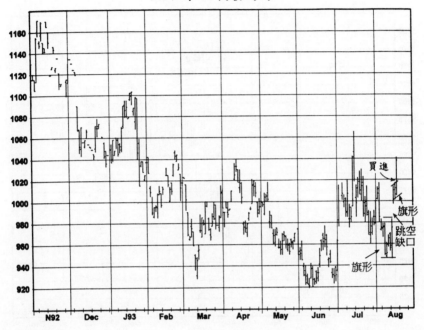

進場理由

1. 反向突破旗形排列（前一筆交易的平倉訊號）。

2. 向上突破另一個旗形排列。

你是否同意前述的分析？

翻到下一頁之前，請評估圖中的情況。

圖 14.78b

1993 年 12 月份可可

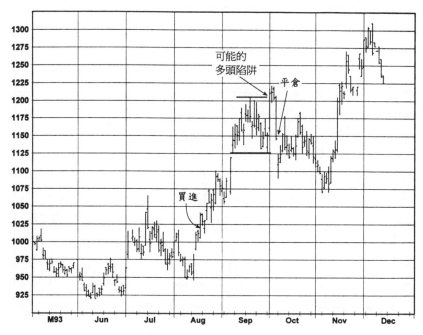

出場理由

經過一段漲勢之後，出現多頭陷阱的可能排列。

評論

雖然最初的看法完全錯誤（圖 14.77b），但認賠的幾天之後，立即翻空為多，使原本虧損的部位轉為獲利。「善變」是交易者的重要特性之一。

圖 14.79a
1994 年 5 月份可可

進場理由

1. 空頭陷阱。

2. 向上的長線形。

3. 漲勢中出現旗形排列。

你是否同意前述的分析？

翻到下一頁之前，請評估圖中的情況。

圖 14.79*b*
1994 年 5 月份可可

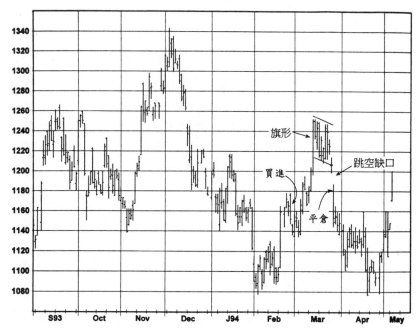

出場理由

透過跳空缺口反向突破旗形排列。

評論

請注意，進場的看法完全錯誤，因為價格拉回而創契約低點。可是，根據短期的線形排列（旗形）進行交易，使部位得以及**時脫身**，甚至還有一些獲利。

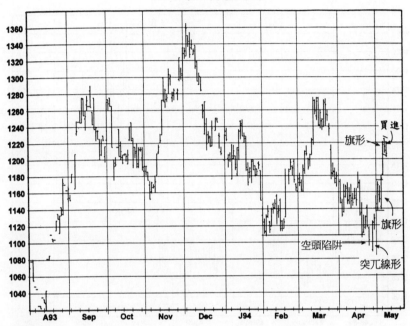

圖 14.80a
1994 年 7 月份可可

進場理由

1. 空頭陷阱。

2. 突兀低點。

3. 漲勢中的旗形排列。

你是否同意前述的分析？

翻到下一頁之前，請評估圖中的情況。

圖 14.80b

1994 年 7 月份可可

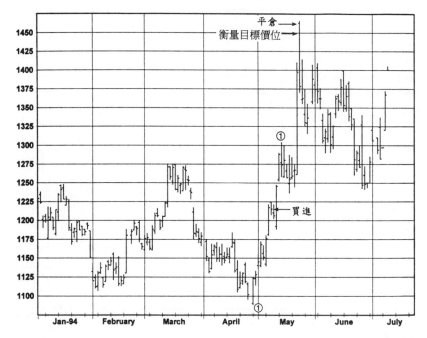

出場理由

　　進場之後不久，立即完成上檔衡量的目標價位。

評論

　　聽任獲利部位繼續發展，這雖然是普遍適用的法則，但也有例外的情況——價格迅速完成主要的衡量目標。理由：即使長期的趨勢將繼續發展，短期內也很可能發生修正走勢，折返的幅度可能觸發大部分的停止點。（某些讀者或許會提出一點質疑，我爲什麼繼續持有部位而在目標價位之上出場。我並不是故意如此，因爲市場向上跳空開盤而直接穿越目標價位。）

526

圖 14.81a

英國公債連續期貨（日線圖）

進場理由

寬廣交易區間的上側出現旗形排列，意味著價格可能向上發展。

你是否同意前述的分析？

翻到下一頁之前，請評估圖中的情況。

圖 14.81*b*
英國公債連續期貨（日線圖）

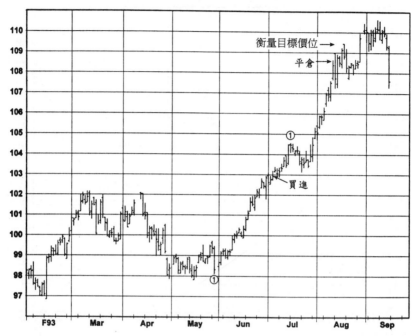

出場理由

　　迅速完成衡量的目標價位，過程中幾乎毫無修正，主動獲利了結。

評論

　　相對於潛在風險來說，我認為寬廣交易區間上側的旗形排列是最可靠的圖形訊號之一。

　　請注意，所有英國公債的例子都是採用連續契約，因為該市場中的所有交易量都幾乎集中在最近交割月份的契約，直到即將到期之前為止。因此，個別契約通常都不能提供足夠長度的走勢圖。

圖 14.82a

英國公債連續期貨（日線圖）

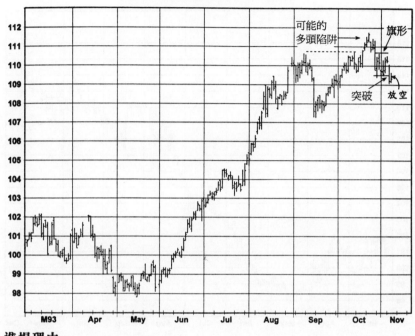

進場理由

1. 可能的多頭陷阱。
2. 向下突破旗形排列。

你是否同意前述的分析？

翻到下一頁之前，請評估圖中的情況。

圖 14.82b
英國公債連續期貨（日線圖）

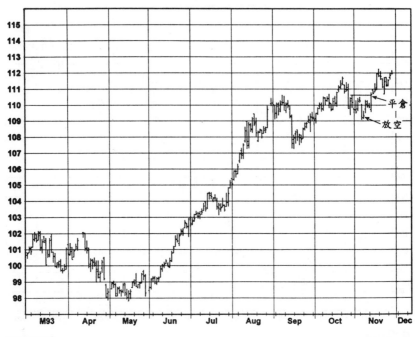

出場理由

價格反彈回到旗形排列的上緣。

評論

理想的情況下，應該等待四、五個星期的時間來確認多頭或空頭陷阱的有效性。當然，如果是一個有效的訊號，等待這麼久將在很差的價位進場。就這筆交易而言，我是猜測後續的發展而提早進場，但採用相當緊密的停損來侷限風險。結果，我的猜測顯然錯誤，但損失還是很有限。順便提及一點，如果我等待四個星期，就可以完全避免損失。

圖 14.83a
英國公債連續期貨（日線圖）

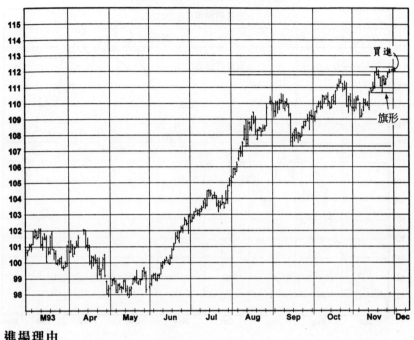

進場理由

　　寬廣交易區間的上緣出現旗形排列，價格很可能朝上發展。

你是否同意前述的分析？

翻到下一頁之前，請評估圖中的情況。

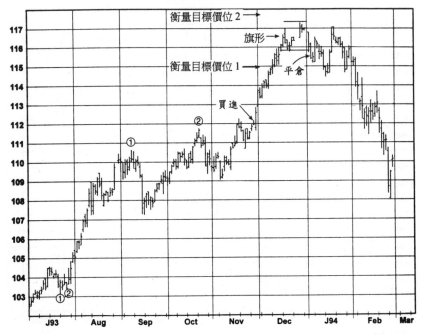

圖 14.83*b*
英國公債連續期貨（日線圖）

出場理由

　　價格穿越第一個衡量目標而幾乎完成主要的目標價位，調緊停止點而設定在最近旗形排列的向下突破。

評論

　　請注意，這筆交易是建立在前一筆反向交易被停損出場之後不久（參考圖 14.82*b*）。一旦行情的發展證明最初的判斷錯誤，交易者能夠斷然認賠而建立反向部位，這是成功的必要特質。雖然最初的部位完全錯誤，但最後的結果卻是獲利，這是因為迅速認賠的決心，並讓獲利部位持續發展到第一個弱勢徵兆發生為止。

　　另外，這個例子也說明旗形排列的反向突破可以做為出場的及時訊號。

532

圖 14.84a
英國公債連續期貨（日線圖）

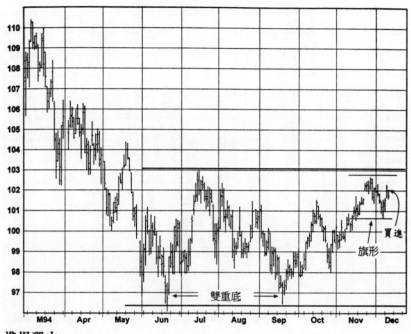

進場理由

1. 雙重底。

2. 寬廣交易區間上緣的旗形排列。

你是否同意前述的分析？

翻到下一頁之前，請評估圖中的情況。

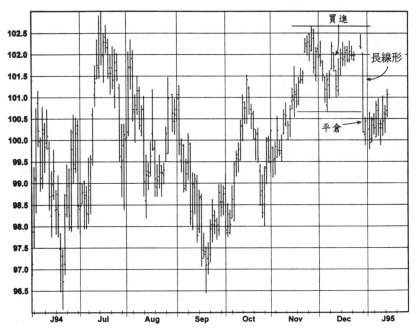

圖 14.84*b*
英國公債連續期貨（日線圖）

出場理由

向下的長線形突破旗形排列。

評論

請比較這筆交易（圖 14.84*a*）與前一筆交易（圖 14.83*a*）。兩者的圖形排列與進場理由都非常類似，但前者是個大贏家，後者是個輸家。教訓：透過圖形分析進行交易，我們幾乎不可能預先判定輸贏；事實上，交易的成敗分野並不十分仰賴事前的判斷，而在於如何侷限失敗交易的損失，使其遠低於成功交易的獲利。

圖 14.85a
英國公債連續期貨（日線圖）

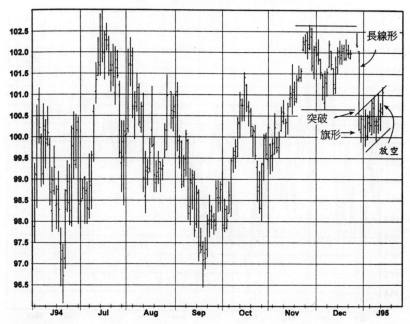

進場理由

1. 向下突破橫向走勢。

2. 向下的長線形構成最近的相對高點。

3. 下跌過程中出現旗形排列。

你是否同意前述的分析？

翻到下一頁之前，請評估圖中的情況。

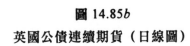

圖 14.85b
英國公債連續期貨（日線圖）

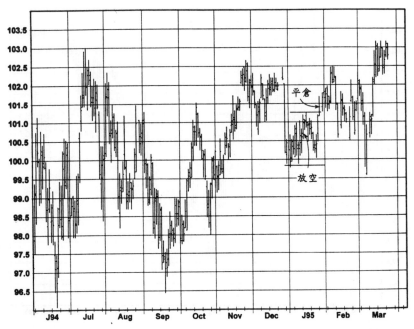

出場理由

旗形排列反向突破。

評論

請注意，這筆交易是建立於前一筆多頭部位認賠之後的兩個星期。就這個例子來說，斷然反轉先前的部位，僅不過造成另一筆損失。任何的立場都可能出差錯。

圖 14.86*a*
英國公債連續期貨（日線圖）

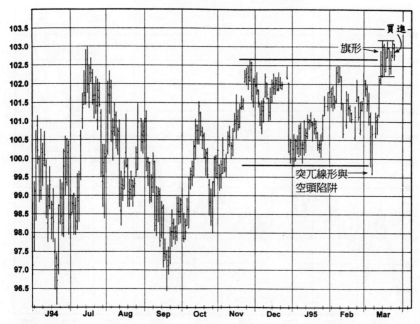

進場理由

1. 空頭陷阱。

2. 收盤價非常強勁的突兀低點。

3. 寬廣交易區間的上緣附近出現旗形排列。

你是否同意前述的分析？

翻到下一頁之前，請評估圖中的情況。

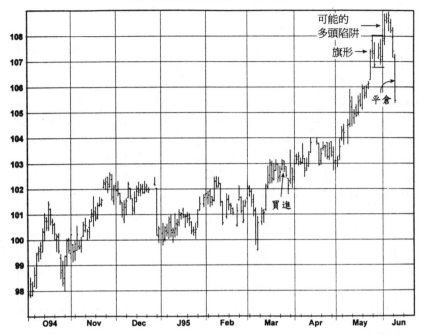

圖 14.86*b*

英國公債連續期貨（日線圖）

出場理由

上檔出現可能的多頭陷阱，確認訊號是價格向下突破旗形排列。

評論

請注意，這筆交易基本上是在較高的價位取代圖 14.84*a* 的多頭部位。換言之，在兩筆反覆的失敗交易之後，我們在較差的價位建立當初的部位。可是，目前這筆交易相當成功，獲利的程度遠超過先前兩筆交易的損失。教訓：如果某種方法經過長期的測試而證明有效，就應該堅持，即使它曾經造成數筆連續的損失。

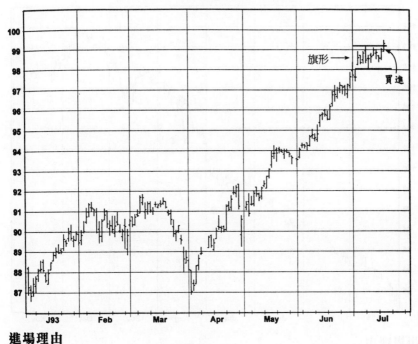

圖 14.87a

義大利公債連續期貨（日線圖）

旗形 →

買進

進場理由

　　上升趨勢中出現旗形連續排列。

你是否同意前述的分析？

翻到下一頁之前，請評估圖中的情況。

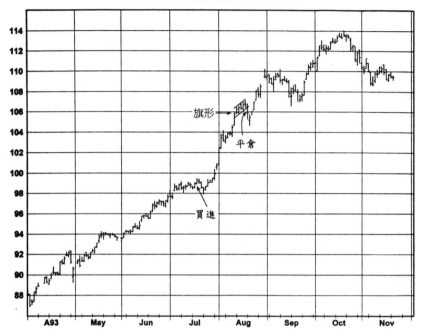

圖 14.87*b*
義大利公債連續期貨（日線圖）

出場理由

　　經過一段相當大的漲勢之後，價格反向突破旗形排列，至少有短線反**轉的危機**。(義大利公債的分析都完全採用連續期貨，理由與英國公債相同，因爲該市場中的所有交易量都幾乎集中在最近交割月份的契約，直到即將到期之前爲止。因此，個別契約通常都不能提供足夠長度的走勢圖。）

評論

　　這筆交易可以凸顯兩個重要的觀念：

1.　　雖然行情已經發生重大的漲勢，這並不代表太遲而不適合買進。

2.　　等待適當的圖形排列，即使是在重大的走勢之後進場，**停損點也**可以設定在很近的技術性關鍵價位。（就這筆交易來說，**起始停損設定在旗形排列下側不遠**。）

540

圖 14.88a

義大利公債連續期貨（日線圖）

進場理由

1. 圓形頂。

2. 下降走勢中出現旗形排列。

你是否同意前述的分析？

翻到下一頁之前，請評估圖中的情況。

圖 14.88b
義大利公債連續期貨（日線圖）

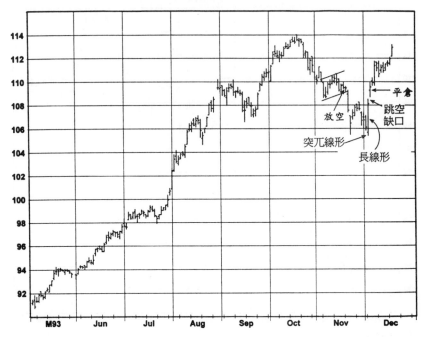

出場理由

　　同一天之內發生突兀低點與長線形，價格很可能向上反轉，**將**停止點調整到損益兩平位置。

評論

　　由比較長期的觀點來說，這筆交易顯然不正確，因為價格稍微頓挫之後開始急遽攀升。可是，根據行情發展調整交易計劃，使部位得以持平出場。另外，這個例子說明長線形可以做為**趨勢反轉的**訊號。

圖 14.89a

義大利公債連續期貨（日線圖）

進場理由

上漲過程中出現三角旗形的連續排列。

你是否同意前述的分析？

翻到下一頁之前，請評估圖中的情況。

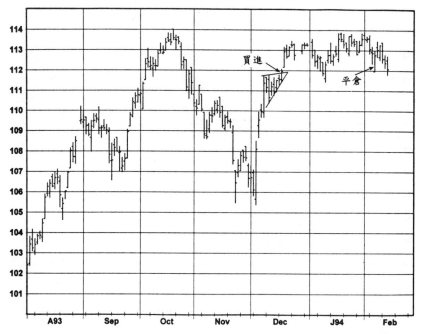

圖 14.89b

義大利公債連續期貨（日線圖）

出場理由

價格突破三角旗形之後，花費太多時間於橫向走勢中，使得圖形排列喪失多頭意味，於是把停止點調到進場價位。

評論

平倉之後不久，圖形排列進一步惡化而適合由反向立場建立部位（參考下一筆交易）。

圖 14.90a

義大利公債連續期貨（日線圖）

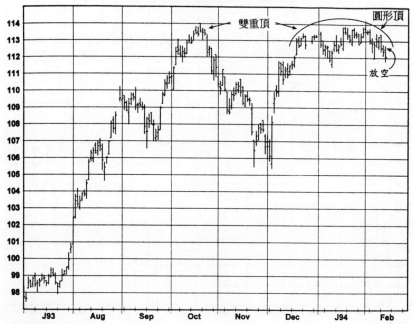

進場理由

1.　雙重頂。

2.　雙重頂的第二個頭部是圓形頂。

你是否同意前述的分析？

翻到下一頁之前，請評估圖中的情況。

圖 14.90*b*
義大利公債連續期貨（日線圖）

出場理由

由於價格處在 11 月底與 12 初低點構成的支撐區，而且完成下檔衡量的目標價位，主動獲利了結。

評論

不到兩個月之前，我開始由多邊交易這個市場。目前這個部位的進場時間，恰好在前一個多頭部位（圖 14.89*a*）平倉之後的一個星期。請注意，當前一筆交易認賠之後，部位不僅平倉而已，並建立反向的空頭部位，使原本錯誤的多頭部位得以最後獲利。

這筆交易也說明如何衡量目標價位，以及如何利用先前的相對低點（或相對高點）做為獲利了結的目標。當部位出場之後，隔天的價格雖然大跌，但立即又反彈，如果採用追蹤性停止點，出場的價位反而不理想。

一般來說，如果情況完全符合下列三個條件，應該主動獲利了結：
1. 未平倉的獲利很大；
2. 價格走勢快速朝有利方向發展；
3. 完成或幾乎完成主要的目標價位。

理由：在前述情況下，即使行情最後仍然朝有利方向發展，短期之內通常會修正而觸發大多數的追蹤性停止點。

圖 14.91a
義大利公債連續期貨（日線圖）

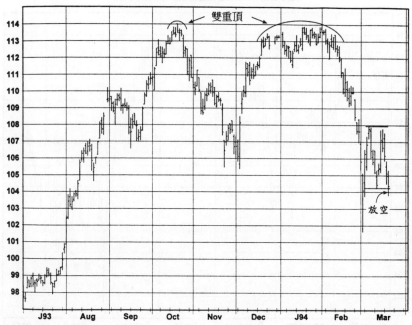

進場理由

1. 雙重頂。
2. 向下突破整理走勢。

你是否同意前述的分析？

翻到下一頁之前，請評估圖中的情況。

圖 14.91*b*
義大利公債連續期貨（日線圖）

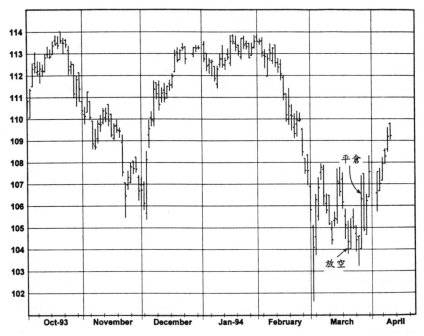

出場理由

　　價格向上強勁反彈而重返整理區間，觸發停損點。

評論

　　認賠並不代表永遠放棄。當情況更為有利時，還可以重新建立部位（請參考下一筆交易）。

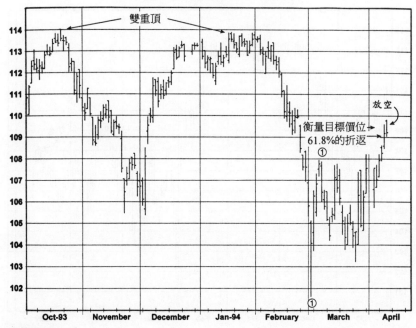

圖 14.92a

義大利公債連續期貨（日線圖）

進場理由

1. 雙重頂。

2. 向上衡量的目標價位（①~①）與 61.8%的折返幅度大約在同一個位置。

你是否同意前述的分析？

翻到下一頁之前，請評估圖中的情況。

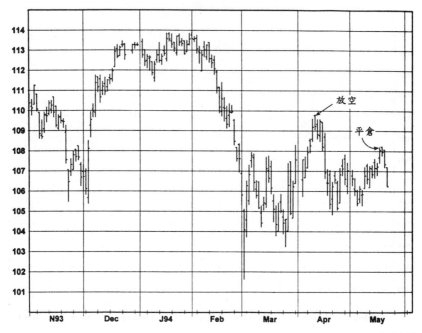

圖 14.92*b*

義大利公債連續期貨（日線圖）

出場理由

　　追蹤性停止點被觸發。

評論

　　如果我們有理由相信主要的趨勢仍然向下，次級反彈的壓力區是很理想的進場點。換言之，在主要趨勢的逆向修正中進場。

　　由事後的立場判斷，我過早調緊停止點。請參考下一筆交易。

圖 14.93a
義大利公債連續期貨（日線圖）

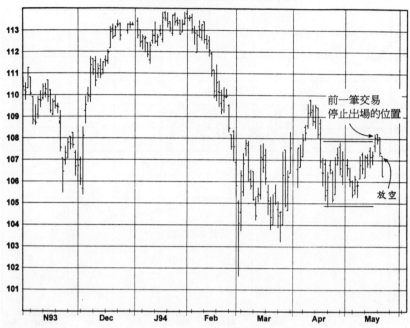

前一筆交易
停止出場的位置

放空

進場理由

這筆交易是前一筆交易的延伸，因為進場的理由仍然有效。觸發先前部位停止點的向上突破，隨後並沒有發生跟進的漲勢，看起來應該是假突破。因此，重新進場建立空頭部位。

你是否同意前述的分析？

翻到下一頁之前，請評估圖中的情況。

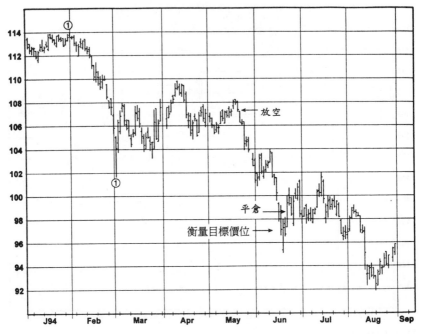

圖 14.93b
義大利公債連續期貨（日線圖）

放空

平倉

衡量目標價位 →

出場理由

完成下檔的衡量目標價位，調緊停止點。

評論

如果在一個看起來是假突破的反彈高點被停止出場，只要對於這個部位還有強烈的信心，就應該咬緊牙關再進場。由這個例子可以發現，交易是一個不斷的程序，不可以因為被停止出場而認定一切已經結束。在這筆交易中，保持重新進場的意願，使我能夠「失而復得」，掌握一個主要的交易機會。

圖 14.94a
義大利公債連續期貨（日線圖）

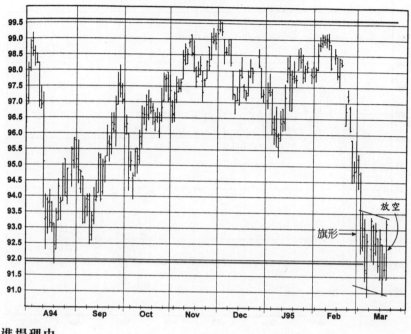

進場理由

寬廣交易區間的下緣附近出現旗形排列，價格可能向下發展。

你是否同意前述的分析？

翻到下一頁之前，請評估圖中的情況。

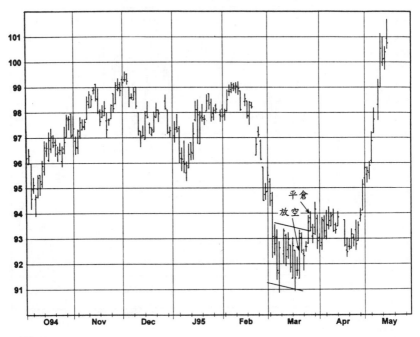

圖 14.94b

義大利公債連續期貨（日線圖）

出場理由

反向突破旗形排列，交易的動機已經不存在。

評論

一旦發生顯著的反向徵兆，立即認賠出場，否則這將是一筆災難性的交易。

554

圖 14.95a

義大利公債連續期貨（日線圖）

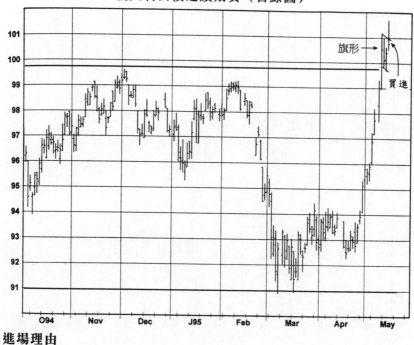

進場理由

　　寬廣交易區間的上側出現旗形排列，價格很可能繼續向上發展。

你是否同意前述的分析？

翻到下一頁之前，請評估圖中的情況。

圖 14.95*b*

義大利公債連續期貨（日線圖）

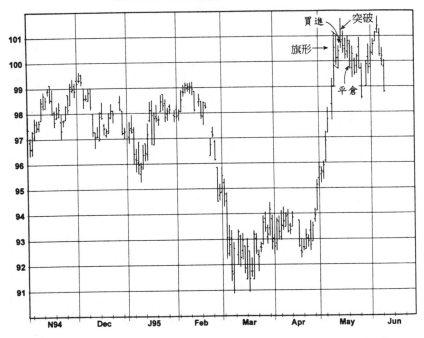

出場理由

　　向上突破之後，價格立即折返旗形排列的下緣，顯示先前的突破為假突破。

評論

　　根據旗形或三角旗形整理排列進行交易的優點之一，是型態判斷錯誤的風險相對有限，因為停損可以設定得很緊密。

圖 14.96a

MATIF 名義債券連續期貨（日線圖）

進場理由

1. 失敗的頭肩頂排列受到確認。
2. 顯著突破先前的交易區間。

你是否同意前述的分析？

翻到下一頁之前，請評估圖中的情況。

557

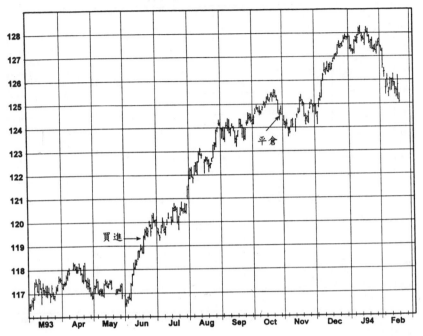

圖 14.96*b*

MATIF 名義債券連續期貨（日線圖）

出場理由

經過大幅的上升走勢之後，調緊追蹤性停止價位。

評論

傳統的圖形排列失敗之後（例如：此處的頭肩頂型態），經常代表絕佳的交易訊號。

圖 14.97a
MATIF 名義債券連續期貨（日線圖）

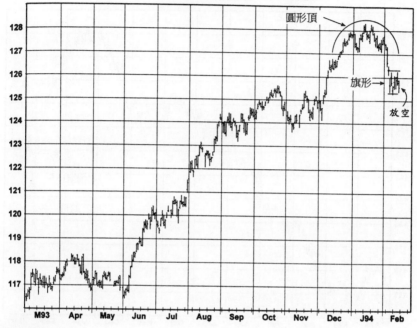

進場理由

1. 圓形頂可能代表主要的高點。

2. 下跌過程中出現旗形排列，次一波的價格走勢可能向下發展。

你是否同意前述的分析？

翻到下一頁之前，請評估圖中的情況。

圖 14.97*b*

MATIF 名義債券連續期貨（日線圖）

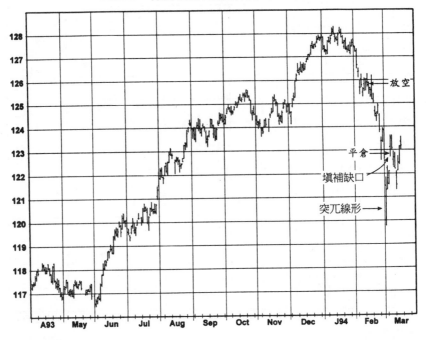

放空

平倉

填補缺口

突兀線形→

出場理由

　　顯著的突兀低點與隨後被填補的向下跳空缺口，強烈顯示**趨勢**向上反轉的可能性。

評論

　　由長期的角度來說，雖然圖形排列還是呈現主要的頭部已經完成，但出場的位置顯示可能的短線反轉。操作的重點在於鎖定獲利，在另一個反彈中尋找放空的機會。

圖 14.98a

MATIF 名義債券連續期貨（日線圖）

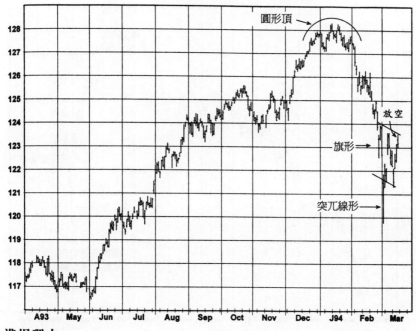

進場理由

1. 這個空頭部位是繼續前一筆交易，後者大約在一個星期之前平倉（參考圖 14.97b）。這筆交易的進場理由還是上檔的大型圓形頂──顯示主要的峰位已經完成。

2. 如果不考慮向下的突兀線形，目前的價格正處於旗形整理中──顯示另一波的跌勢。放空的位置設定在排列的上緣。

你是否同意前述的分析？

翻到下一頁之前，請評估圖中的情況。

圖 14.98*b*
MATIF 名義債券連續期貨（日線圖）

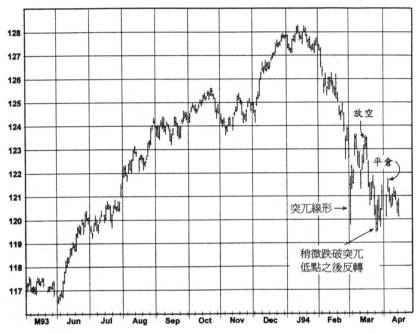

放空

平倉

突兀線形→

稍微跌破突兀
低點之後反轉

出場理由

價格突破前一個突兀低點之後向上反彈，調緊停止點。

評論

某些情況下，圖形的解釋可以不考慮突兀線形，因為它通常代表市場的極端反應，可能扭曲型態的基本結構。

由事後的角度來說，停止點顯然調得太緊。可是，就當時的情況判斷，價格短暫突破先前的突兀低點之後向上回升，反彈走勢很可能繼續延伸而進入前一個月交易區間的上半部。出場當時的計劃是在另一個反彈走勢中尋找放空機會（請參考下一筆交易）。

圖 14.99a

MATIF 名義債券連續期貨（日線圖）

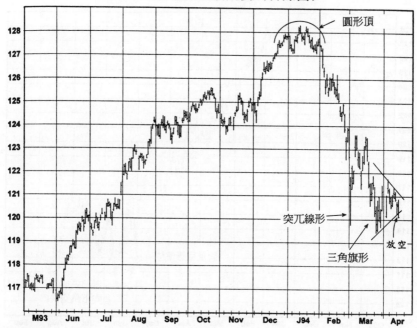

進場理由

1. 交易區間的下緣出現三角旗形，價格很可能向下發展。

2. 價格重返突兀低點，空頭的徵兆。

3. 長期結構基本上還是受制於上檔的圓形頂。

你是否同意前述的分析？

翻到下一頁之前，請評估圖中的情況。

圖 14.99*b*
MATIF 名義債券連續期貨（日線圖）

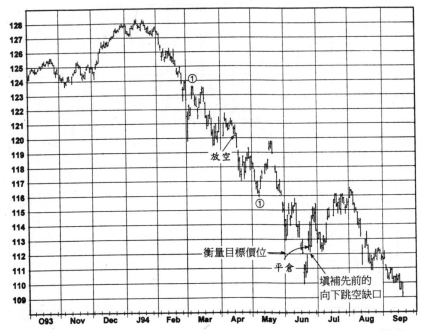

出場理由

完成非常重要的衡量目標價位，調緊停止點。隨後，平倉是發生在向下跳空缺口被填補的位置，這是當時的第一個反轉訊號。

評論

雖然最後還是恢復下降趨勢，但在主要目標價位完成之後出場，顯然有助於取得相對理想的價位，因為隨後的反彈走勢必定會在更高的價位觸發任何合理的停止點。另外，兩個月之後，當反彈走勢結束，空頭部位幾乎在相同的價位重新進場（參考下一筆交易）。

564

圖 14.100a

MATIF 名義債券連續期貨（日線圖）

進場理由

1. 寬廣交易區間的下側出現旗形排列，很可能向下突破。
2. 下降過程中填補先前島狀反轉的跳空缺口，顯示反轉失敗。
3. 根據當時的主要下降趨勢建立空頭部位。

你是否同意前述的分析？

翻到下一頁之前，請評估圖中的情況。

圖 14.100*b*
MATIF 名義債券連續期貨（日線圖）

出場理由

出現可能的空頭陷阱——11 月初的走勢稍微跌破先前的交易區間，然後立即拉回——調緊停止價位。這個停止點很快被觸發。

評論

雖然空頭陷阱的確認需要價格停留在反轉低點之上三、四個星期，或價格反彈到前一個交易區間的上半部，但目前是採用比較寬鬆的條件來設定停止點，因為行情已經出現大波段的下跌，空頭陷阱的些許徵兆就可以用來調緊停止點。事實上，這讓部位得以在最低點附近出場。

566

圖 14.101a

1993 年 9 月份 PIBOR

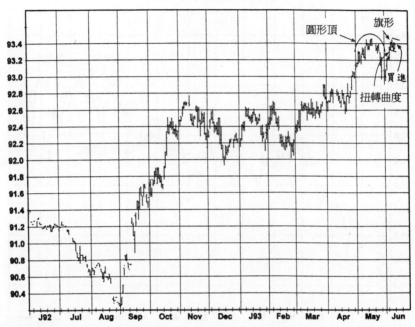

進場理由

1. 扭轉圓形頂的曲度，趨勢可能向上反轉。
2. 寬廣交易區間的上緣出現旗形排列，很可能向上突破。

你是否同意前述的分析？

翻到下一頁之前，請評估圖中的情況。

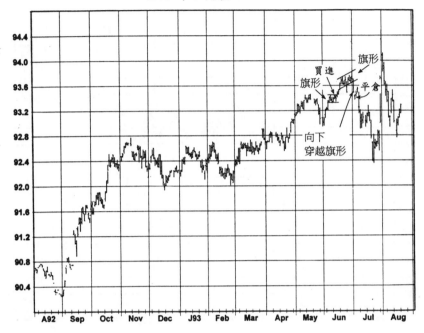

圖 14.101*b*

1993 年 9 月份 PIBOR

出場理由

旗形反向突破。

評論

　　整體而言，這個進場判斷顯然不正確，在主要的相對高點附近放空，但當時的旗形排列還是正確顯示短線的漲勢，使得部位得以全身而退。另外，隨後出現的旗形排列允許部位在技術性價位設定停止點。請注意反向突破如何提供及時的出場訊號，否則這筆交易的損失將非常嚴重。

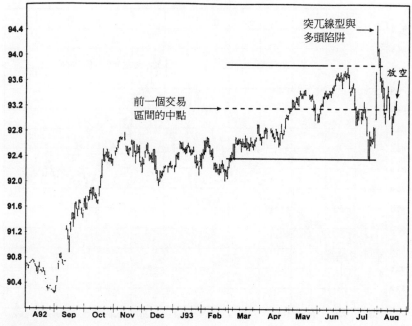

圖 14.102a

1993 年 9 月份 PIBOR

突兀線型與
多頭陷阱

放空

前一個交易
區間的中點

進場理由

1. 突兀高點代表可能的反轉。
2. 隨後,價格折返先前的交易區間,當價格跌破區間的中點,
   確認突兀高點為多頭陷阱。

你是否同意前述的分析?

翻到下一頁之前,請評估圖中的情況。

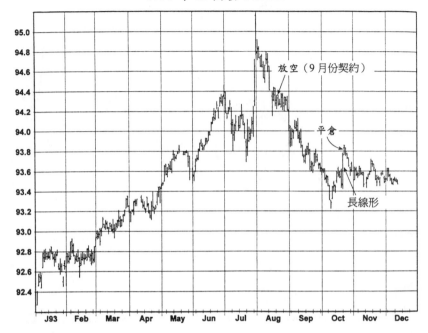

圖 14.102*b*
1993 年 12 月份 PIBOR

（圖表縱軸標示：95.0、94.8、94.6、94.4、94.2、94.0、93.8、93.6、93.4、93.2、93.0、92.8、92.6、92.4）

圖中標註：放空（9月份契約）、平倉、長線形

橫軸標示：J93、Feb、Mar、Apr、May、Jun、Jul、Aug、Sep、Oct、Nov、Dec

出場理由

反向的長線型意味著可能的反轉，調緊停止點。

評論

這個空頭部位基本上也是建立在多頭陷阱的排列上，相當理想的訊號。9 月份契約中的多頭陷阱比較明顯（參考突 14.102*a*），這是最初採用的契約，隨後展延為 12 月份契約。

由事後的角度來說，出場的時機明顯過早。可是，我還是認為當時有充分的理由調緊停止點，僅是在這個案例中不太成功而已。

圖 14.103*a*

1993 年 12 月份 PIBOR

進場理由

　　三角旗形的排列代表既有空頭部位的加碼機會，所採用的停損相對緊密（起始部位的進場理由，請參考前一筆交易）。此處的三角旗形是出現在下降走勢中，隨後應該向下突破。加碼的風險相對有限，因為技術性的停損可以設定在三角旗形上側不遠處。

你是否同意前述的分析？

翻到下一頁之前，請評估圖中的情況。

圖 14.103b

1993 年 12 月份 PIBOR

出場理由

　　價格向上突破旗形排列，趨勢可能發生反轉，調緊停止點。

評論

　　在趨勢的發展過程中，旗形與三角旗形經常代表既有部位的加碼機會，因為可以採用相當緊密而技術上有意義的停損。

圖 14.104*a*
1994 年 3 月份 PIBOR

進場理由

　　由主要的峰位下跌之後形成交易區間,價格可能繼續下挫。當然,交易區間也可能是底部,但這通常是發生在數波段的跌勢之後,或是跌勢已經延伸很長一段期間(至少是六個月到九個月)。

你是否同意前述的分析?

翻到下一頁之前,請評估圖中的情況。

573

圖 14.104*b*

1994 年 6 月份 PIBOR

出場理由

觸發相當寬鬆的停止點。

評論

請注意，3 月底的空頭陷阱隨後獲得確認，因為價格反彈到前一個交易區間的上緣。保持寬鬆的停止點顯然是一項錯誤，這並不是因為價格進一步走高，而是因為我忽略重要的趨勢反轉訊號。雖然這筆交易還是獲利，但一時的疏忽造成獲利減少。

圖 14.105a

1994 年 12 月份 PIBOR

進場理由

1.　行情處於長期下降趨勢中。

2.　向下跳空而脫離前一個交易區間,可能代表一波新跌勢的
　　開始。

你是否同意前述的分析?

翻到下一頁之前,請評估圖中的情況。

575

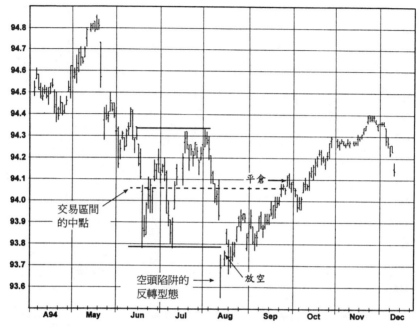

圖 14.105*b*

1994 年 12 月份 PIBOR

(圖表標示:)
交易區間的中點
空頭陷阱的反轉型態
平倉
放空

出場理由

　　價格反彈到前一個交易區間的中點,空頭陷阱的反轉訊號獲得確認。

評論

　　這雖然是一筆慘不忍睹的交易——在主要低點的隔天放空——但當初進場的動機仍然很合理。這種圖形排列通常都會產生獲利的結果,但目前是一個沒有成功的案例。即使是最可靠的圖形排列,失敗的百分率也很高。這完全是機率的問題,關鍵在於成功的獲利程度必須超過失敗的損失。請注意,錯誤的交易與失敗的交易是兩回事。任何的交易都可能失敗,重點是針對失敗的可能性擬定出場的計劃。就這個例子來說,一旦價格穿越先前交易區間的中點而確認空頭陷阱,立即認賠出場。

強檔上線

全新改版

Invest your profession

歡迎大家加入IPC
即可享有會員專屬優惠

我的IPC

書城

BLOG
財金觀點

NEWS
哈燒快訊

課程

www.ipci.com.tw

IPC 寰宇財金網
財金趨勢與產業動態的領航家

寰宇圖書分類

技　術　分　析 (續)

分類號	書名	書號	定價	分類號	書名	書號	定價
81	技術分析精論第五版 (下)	F396	500				
82	不說謊的價量	F416	420				
83	K 線理論 2: 蝴蝶 K 線台股實戰法	F417	380				

智　慧　投　資

分類號	書名	書號	定價	分類號	書名	書號	定價
1	股市大亨	F013	280	34	專業投機原理 I	F303	480
2	新股市大亨	F014	280	35	專業投機原理 II	F304	400
3	新金融怪傑 (上)	F022	280	36	探金實戰・李佛摩手稿解密 (系列 3)	F308	480
4	新金融怪傑 (下)	F023	280	37	證券分析第六增訂版 (上冊)	F316	700
5	金融煉金術	F032	600	38	證券分析第六增訂版 (下冊)	F317	700
6	智慧型股票投資人	F046	500	39	探金實戰・李佛摩資金情緒管理 (系列 4)	F319	350
7	瘋狂、恐慌與崩盤	F056	450	40	探金實戰・李佛摩 18 堂課 (系列 5)	F325	250
8	股票作手回憶錄 (經典版)	F062	380	41	交易贏家的 21 週全紀錄	F330	460
9	超級強勢股	F076	420	42	量子盤感	F339	480
10	約翰・聶夫談投資	F144	400	43	探金實戰・作手談股市內幕 (系列 6)	F345	380
11	與操盤贏家共舞	F174	300	44	柏格頭投資指南	F346	500
12	掌握股票群眾心理	F184	350	45	股票作手回憶錄 - 註解版 (上冊)	F349	600
13	掌握巴菲特選股絕技	F189	390	46	股票作手回憶錄 - 註解版 (下冊)	F350	600
14	高勝算操盤 (上)	F196	320	47	探金實戰・作手從錯中學習	F354	380
15	高勝算操盤 (下)	F197	270	48	趨勢誡律	F355	420
16	透視避險基金	F209	440	49	投資悍客	F356	400
17	倪德厚夫的投機術 (上)	F239	300	50	王力群談股市心理學	F358	420
18	倪德厚夫的投機術 (下)	F240	300	51	新世紀金融怪傑 (上冊)	F359	450
19	圖風勢─股票交易心法	F242	300	52	新世紀金融怪傑 (下冊)	F360	450
20	從躺椅上操作：交易心理學	F247	550	53	金融怪傑 (全新修訂版)(上冊)	F371	350
21	華爾街傳奇：我的生存之道	F248	280	54	金融怪傑 (全新修訂版)(下冊)	F372	350
22	金融投資理論史	F252	600	55	股票作手回憶錄 (完整版)	F374	650
23	華爾街一九〇一	F264	300	56	超越大盤的獲利公式	F380	300
24	費雪・布萊克回憶錄	F265	480	57	智慧型股票投資人 (全新增訂版)	F389	800
25	歐尼爾投資的 24 堂課	F268	300	58	非常潛力股 (經典新譯版)	F393	420
26	探金實戰・李佛摩投機技巧 (系列 2)	F274	320	59	股海奇兵之散戶語錄	F398	380
27	金融風暴求勝術	F278	400	60	投資進化論：揭開 "投腦" 不理性的真相	F400	500
28	交易・創造自己的聖盃 (第二版)	F282	600	61	擊敗群眾的逆向思維	F401	450
29	索羅斯傳奇	F290	450	62	投資檢查表：基金經理人的選股秘訣	F407	580
30	華爾街怪傑巴魯克傳	F292	500	63	魔球投資學 (全新增訂版)	F408	500
31	交易者的 101 堂心理訓練課	F294	500	64	操盤快思 X 投資慢想	F409	420
32	兩岸股市大探索 (上)	F301	450	65	文化衝突：投資，還是投機？	F410	550
33	兩岸股市大探索 (下)	F302	350	66	非理性繁榮：股市・瘋狂・警世預言家	F411	600

債　券　貨　幣

分類號	書名	書號	定價	分類號	書名	書號	定價
1	賺遍全球：貨幣投資全攻略	F260	300	3	外匯套利 I	F311	450
2	外匯交易精論	F281	300	4	外匯套利 II	F388	580

財　務　教　育

分類號	書名	書號	定價	分類號	書名	書號	定價
1	點時成金	F237	260	5	貴族・騙子・華爾街	F287	250
2	蘇黎士投機定律	F280	250	6	就是要好運	F288	350
3	投資心理學 (漫畫版)	F284	200	7	財報編製與財報分析	F331	320
4	歐丹尼成長型股票投資課 (漫畫版)	F285	200	8	交易駭客任務	F365	600

財　務　工　程

分類號	書名	書號	定價	分類號	書名	書號	定價
1	固定收益商品	F226	850	3	可轉換套利交易策略	F238	520
2	信用衍生性 & 結構性商品	F234	520	4	我如何成為華爾街計量金融家	F259	500

國家圖書館出版品預行編目資料

史瓦格期貨技術分析／Jack D. Schwager 著
寰宇財務顧問公司譯.-- 初版.-- 臺北市：
寰宇, 民 87
　　冊；　公分 .--（寰宇技術分析；105-106）
譯自：Technical analysis
ISBN 957-8457-52-9（上冊；平裝）
ISBN 957-8457-53-7（下冊；平裝）

1. 期貨交易

563.5　　　　　　　　　　　　　　　　87009159

寰宇技術分析 105

史瓦格期貨技術分析（上）

作　　者：Jack D. Schwager
譯　　者：寰宇財務顧問公司譯
發 行 人：江聰亮
出 版 者：寰宇出版股份有限公司
　　　　　106 台北市仁愛路四段 109 號 13 樓
　　　　　(02)2721-8138
劃撥帳號：第 1146743-9 號
　E-mail　：service@ipci.com.tw
網　　址：www.ipci.com.tw
登 記 證：局版台業字第 3917 號
定　　價：580 元
西元一九九八年七月初版
西元二〇二〇年六月初版十五刷
ISBN 957-8457-52-9

・本書如有缺頁、破損、裝訂錯誤，請寄回本公司更換。